中國學術思想

研究輯刊

十 編

林 慶 彰 主編

第36冊

從神不滅論到佛性論
——六朝佛教主體思想研究（下）

謝 如 柏 著

花木蘭文化出版社

國家圖書館出版品預行編目資料

從神不滅論到佛性論——六朝佛教主體思想研究（下）／謝如
柏 著 — 初版 — 台北縣永和市：花木蘭文化出版社，2010〔
民 99〕
目 6+232 面；19×26 公分
（中國學術思想研究輯刊 十編；第 36 冊）
ISBN：978-986-254-260-6（精裝）
1. 佛教哲學　2. 魏晉南北朝
220.13　　　　　　　　　　　　　　　99014043

ISBN - 978-986-2542-60-6

9 789862 542606

中國學術思想研究輯刊
十　編　第三六冊　　　　　　ISBN：978-986-254-260-6

從神不滅論到佛性論——六朝佛教主體思想研究（下）

作　　　者	謝如柏
主　　編	林慶彰
總 編 輯	杜潔祥
出　　版	花木蘭文化出版社
發 行 所	花木蘭文化出版社
發 行 人	高小娟
聯絡地址	台北縣永和市中正路五九五號七樓之三
	電話：02-2923-1455／傳真：02-2923-1452
網　　址	http://www.huamulan.tw 信箱 sut81518@ms59.hinet.net
印　　刷	普羅文化出版廣告事業
封面設計	劉開工作室
初　　版	2010 年 9 月
定　　價	十編 40 冊（精裝）新台幣 62,000 元

從神不滅論到佛性論
——六朝佛教主體思想研究（下）

謝如柏　著

上 冊

第一章 緒 論 ……………………………………………… 1

第一節 問題的意義 ……………………………………… 1

第二節 佛教的無我說與主體問題 …………………… 5

一、實踐意義之無我 ……………………………… 6

二、存在意義之無我 ……………………………… 10

三、部派與大乘佛教的主體觀 ………………… 13

四、主體、實體意義的界定 …………………… 21

第三節 本文的研究範圍 ……………………………… 24

**第二章 早期譯經中的主體概念——主體問題的
原初理解** …………………………………… 29

第一節 神 ……………………………………………… 30

一、諸譯經中的神概念 ………………………… 30

二、識、神之對譯及其背景 …………………… 37

第二節 心 ……………………………………………… 41

第三節 意 ……………………………………………… 47

結 語 …………………………………………………… 53

**第三章 神不滅思想的先驅——主體理論的原初
思考** ………………………………………… 55

第一節 早期佛教學者的主體思想 ………………… 55

一、〈牟子理惑論〉 …………………………… 56

二、康僧會 ……………………………………… 58

三、支謙 ………………………………………… 63

四、謝敷 ………………………………………… 67

五、郗超 ………………………………………… 71

第二節 兩晉般若學思潮中的主體觀 ……………… 77

一、道安 ………………………………………… 77

二、支遁 ………………………………………… 90

三、心無義及其他 ……………………………… 97

結 語 …………………………………………………… 102

**第四章 慧遠、宗炳的主體思想——神不滅理論的
形成** ………………………………………… 105

第一節 慧遠之主體理論 …………………………… 106

一、神不滅思想與主體理論 …………………… 106

二、輪迴：神、心的受染作用 ………………… 109

目
次

　　三、解脫：神、心的染淨轉化 ⋯⋯⋯⋯⋯ 113
　　四、慧遠神不滅說的定位與背景 ⋯⋯⋯⋯ 117
　第二節　宗炳之主體理論 ⋯⋯⋯⋯⋯⋯⋯⋯ 120
　　一、神、識的性質與功能 ⋯⋯⋯⋯⋯⋯⋯ 120
　　二、輪迴：心、神受染與情、識相續 ⋯⋯ 123
　　三、解脫：識之作用與唯神境界 ⋯⋯⋯⋯ 126
　　四、宗炳的本淨思想與《涅槃經》 ⋯⋯⋯ 128
　結　語 ⋯⋯⋯⋯⋯⋯⋯⋯⋯⋯⋯⋯⋯⋯⋯ 129

第五章　僧肇的心概念與神明觀——無我說與主
　　　　體思想 ⋯⋯⋯⋯⋯⋯⋯⋯⋯⋯⋯⋯ 131
　第一節　無我與心識相傳 ⋯⋯⋯⋯⋯⋯⋯⋯ 132
　第二節　眾生心：流轉還滅根源 ⋯⋯⋯⋯⋯ 137
　第三節　般若：中觀與玄學式的非有非無 ⋯ 144
　第四節　聖心與無心心 ⋯⋯⋯⋯⋯⋯⋯⋯⋯ 153
　第五節　神、神明概念及其中土背景 ⋯⋯⋯ 164
　結　語 ⋯⋯⋯⋯⋯⋯⋯⋯⋯⋯⋯⋯⋯⋯⋯ 174

第六章　涅槃經的佛性說與正因概念——神不滅
　　　　與佛性思想交涉的理論基礎 ⋯⋯⋯ 175
　第一節　涅槃經的佛性思想 ⋯⋯⋯⋯⋯⋯⋯ 176
　　一、前分的佛性說 ⋯⋯⋯⋯⋯⋯⋯⋯⋯⋯ 177
　　二、續譯部分的佛性說 ⋯⋯⋯⋯⋯⋯⋯⋯ 182
　　　（一）〈現病品〉至〈德王品〉 ⋯⋯⋯ 182
　　　（二）〈師子吼菩薩品〉 ⋯⋯⋯⋯⋯⋯ 186
　　　（三）〈迦葉菩薩品〉 ⋯⋯⋯⋯⋯⋯⋯ 193
　第二節　涅槃經的正因概念 ⋯⋯⋯⋯⋯⋯⋯ 199
　　一、反因中有果 ⋯⋯⋯⋯⋯⋯⋯⋯⋯⋯⋯ 199
　　二、正因即眾生的意義 ⋯⋯⋯⋯⋯⋯⋯⋯ 206
　結　語 ⋯⋯⋯⋯⋯⋯⋯⋯⋯⋯⋯⋯⋯⋯⋯ 212

第七章　竺道生的受報之主概念——佛性當有說
　　　　新探 ⋯⋯⋯⋯⋯⋯⋯⋯⋯⋯⋯⋯⋯ 215
　第一節　佛性當有：佛性論模式重探 ⋯⋯⋯ 216
　　一、問題的意義 ⋯⋯⋯⋯⋯⋯⋯⋯⋯⋯⋯ 216
　　二、詮釋觀點之爭 ⋯⋯⋯⋯⋯⋯⋯⋯⋯⋯ 217

　　　三、生、佛之不二與不一……………………219
　　　四、理爲佛因：理之實相與境界義…………221
　　　五、法爲佛性：法之二義……………………228
　　　六、法性、如之二義…………………………231
　　　七、唯佛是佛性：佛性之本義………………234
　　　八、小結………………………………………238
　　第二節　受報之主：輪迴主體說試探…………239
　　　一、問題的意義………………………………239
　　　二、我與無我非不二…………………………239
　　　三、無我與受報之主…………………………241
　　　四、常存之佛性我……………………………243
　　　五、本有佛性與眾生正因……………………246
　　　六、大悟之分、不易之體……………………249
　　　七、心：波流生死、善行之本………………251
　　　八、小結………………………………………254
　　結　語……………………………………………254

下　冊
第八章　南朝佛性理論之一——眾生爲正因說…255
　　第一節　眾生正因說……………………………259
　　　一、眾生爲正因：道朗、僧旻、白琰………259
　　　二、六法爲正因：僧柔、智藏………………261
　　　三、智藏的心、神明爲正因說………………263
　　　四、智藏、僧旻的本有於當之說……………268
　　第二節　僧亮的佛性思想………………………276
　　　一、因果佛性之別：五種佛性………………277
　　　二、佛果佛性：現無當有……………………278
　　　三、我與無我…………………………………281
　　　四、正因、緣因、境界因……………………284
　　　五、生死因果、心作心受……………………289
　　　六、小結………………………………………291
　　結　語……………………………………………292
第九章　南朝佛性理論之二——理或神明為正因
　　　　說……………………………………………295

第一節　理爲正因說 …………………………………… 295
　　一、當果爲正因：曇愛 ……………………………… 295
　　二、得佛之理爲正因：法瑤、慧令 ………………… 298
　　　　（一）佛性是生善之理：法瑤 ………………… 298
　　　　（二）即昔神明成今法身：慧令 ……………… 304
第二節　神明正因說：僧宗的佛性思想 ………………… 307
　　一、以理釋佛性 ……………………………………… 308
　　二、因果佛性之別：五種佛性 ……………………… 310
　　三、佛果佛性：覺了神慧、澄神虛照 ……………… 311
　　四、境界因：佛性之理的意義 ……………………… 313
　　五、果佛性的當有義 ………………………………… 316
　　六、無神我與佛性我 ………………………………… 318
　　七、神明正因：殊異的緣慮之心 …………………… 320
　　八、神明正因之相續不斷 …………………………… 324
　　九、小結 ……………………………………………… 330
第三節　從才性到佛性：神明佛性概念的源流 ………… 331
結　語 …………………………………………………… 339
第十章　南朝佛性理論之三——心為正因說 ……… 341
第一節　神明妙體避苦求樂之解用爲正因：寶亮 …… 341
　　一、因果佛性之別：四種佛性 …………………… 345
　　二、真俗二諦共成神明：慮知之性 ……………… 347
　　三、神明妙體：法性、真如、如來藏 …………… 351
　　四、正因性：避苦求樂之解用、自性清淨心 …… 364
　　五、緣因性：善心善行、中道觀智 ……………… 377
　　六、果性：菩提智慧與中道、第一義空 ………… 382
　　七、果果性：涅槃與法性 ………………………… 386
　　八、因、果佛性的關係 …………………………… 390
　　　　（一）因果性俱以十二因緣爲體 …………… 390
　　　　（二）涅槃從了因現、非生因果 …………… 391
　　　　（三）佛性之本有與當有義 ………………… 393
　　　　（四）因、果佛性相續之義 ………………… 396
　　　　（五）我與無我之義 ………………………… 397
　　九、小結 …………………………………………… 399
第二節　其他心爲正因說 …………………………… 400

一、心之冥傳不朽爲正因：法安 ············· 400

二、心之避苦求樂之性爲正因：法雲 ········· 402

結　語 ·· 410

第十一章　形神之爭的終結與向佛性說的轉向

　　　　　——沈約、梁武帝的主體思想 ····· 413

第一節　范縝〈神滅論〉之要旨 ··············· 414

第二節　沈約：神不滅思想的轉化 ············· 416

一、背景問題 ······························· 417

二、神不滅思想的內涵 ····················· 418

（一）眾生佛性、知性常傳 ············· 418

（二）受知之具、相續不滅 ············· 421

（三）性識、因緣與內因外緣 ········· 423

（四）無念境界、情照別起 ············· 425

（五）識鑒、性識與兼忘境界 ········· 429

（六）神本非形 ························· 431

三、小結：從神不滅到佛性思想 ··········· 432

第三節　梁武帝：形神論爭的終結與轉向 ····· 434

一、〈立神明成佛義記〉思想分析 ········· 435

（一）神明佛性之特質 ················· 436

（二）無明神明及其本一用殊 ········· 439

二、形神論爭的終結 ······················· 444

（一）最高理論成就 ··················· 444

（二）一元體系之完備 ················· 445

（三）體用觀念之深化 ················· 447

三、從神不滅說轉向佛性思想 ············· 451

（一）神明與中道佛性 ················· 451

（二）神不滅思想的轉向 ··············· 454

四、佛性說的發展：寶亮、梁武帝與《起信論》

·· 457

結　語 ·· 460

第十二章　結　論 ······························· 463

參考書目 ··· 471

後　記 ··· 485

第八章　南朝佛性理論之一
——衆生爲正因說

　　如前章所述，《涅槃經》以「佛性」爲佛之「體性」，續譯部分甚至認爲它是衆生現在沒有、成佛時方能證得的佛果性。相對於此，佛性之「正因」則是證得此佛性的「質料因」；具體而言便是刹那生滅、但卻相續不斷的「衆生」，而「心」的相續不斷也被宣說爲衆生相續的核心。以此爲背景，南北朝的涅槃師們所開展出的「正因佛性」學說，大致上與經文所說仍然十分接近。只是就後世的眼光來看，他們的佛性說便不免過於執實，有偏離「中道」的危險；這當是因爲後世理解的佛性義典範與《涅槃經》所說有差異之故。

　　關於此一時期的涅槃師說，《大般涅槃經集解》提供了相當的材料。此書《大正藏》題爲寶亮（444-509）所編，但《續高僧傳》、《歷代三寶紀》、《大唐內典錄》等云：

> 天監七年，帝以法海浩汗，淺識難尋。……又敕建元僧朗，注大般涅槃經七十二卷，並唱奉別敕，兼贊其功。綸綜終始，緝成部帙。

> 大般涅槃子注經七十二卷。右一部七十二卷，天監年敕建元寺沙門釋法郎注。見寶唱錄。

> 大般涅槃子注經七十二卷。右一部，天監年初，建元寺沙門釋法朗注。見寶唱錄。〔註1〕

此云，梁武帝敕命建元寺僧朗，或法朗、法郎，著成《大般涅槃子注經》。據

<hr>

〔註1〕　唐・道宣：《續高僧傳・寶唱傳》，《大正藏》卷50，頁426c；隋・費長房：《歷代三寶紀》，《大正藏》卷49，頁99b；唐・道宣：《大唐內典錄》，《大正藏》卷55，頁266c。

此，現代學者多認為，此「大般涅槃子注經七十二卷」即今日七十一卷之《大般涅槃經集解》，而編者當即是建元寺法朗。﹝註2﹞內容方面，《集解》蒐集了道生、僧亮、法瑤、曇濟、僧宗、寶亮、智秀、法智、法安、曇准、曇愛、慧朗、曇纖、僧肇、慧基、智藏、法雲、道慧等人的經說，可說是當世《涅槃經》研究成果之集成。但本書材料亦有其局限性：首先，由於其中絕大多數注釋皆取自僧亮、僧宗、寶亮，尤其在佛性思想方面更是如此，因而並不能完整地反映所有涅槃師的觀點；其次，在年代方面，因為《集解》編成於梁武帝在位初期的天監（502-519）初年，對於稍後的學者，如活躍於梁代盛期的「梁代三大師」之學說，便記載甚少或付之闕如；第三，本書所收錄範圍以南朝為主，雖間錄有北方出身或由北入南涅槃師之學說，但整體而言體現的是南方觀點。﹝註3﹞整體說來，《集解》作為帝王御命編纂的總結性著作，無疑地代表了當時涅槃學說的主流觀點；但所能提供的畢竟是少數個別涅槃師說的深入材料，而不是南北朝佛性思想的完整情形。

欲知此時期佛性學說的整體概況，必須借助後世記載。隋·吉藏（549-623）《大乘玄論》卷三則舉出十一家正因佛性說，於《大乘三論略章》舉出十家正因佛性解，於《涅槃經遊意》舉出涅槃用三家；隋·灌頂（561-632）《大般涅槃經玄義》亦舉涅槃用三家；唐·均正（慧均僧正）《大乘四論玄義》卷七舉出本三家、末十家佛性說；新羅·元曉（617-686）《涅槃宗要》則說六家佛性義。除去其中涉及地論、攝論師的部分，這些記錄雖然簡略，並且同樣侷限於南方師說，但足以反映當時涅槃宗人佛性學說的整體趨勢。

本文以下三章的工作，便在於依據上述諸家的記載以及《涅槃經集解》的材料，概述南朝佛性思想的特色與趨勢，目的在於說明涅槃師們普遍以「眾生」、「心」，甚至「神明」來解說「正因」的特殊傾向。﹝註4﹞如前章所說，《涅

﹝註2﹞ 見：湯用彤：《漢魏兩晉南北朝佛教史》（北京，北京大學出版社，1997年），頁482-483、502-503；橫超慧日：〈釋經史考〉，《支那佛教史學》1：1（1937年4月），頁89-91；菅野博史：〈『大般涅槃經集解』の基礎的研究〉，《東洋文化（東京大學）》66（1986年2月），頁100-105。

﹝註3﹞ 除了《集解》編成於南朝之外，或許北朝涅槃學者的注意力集中在護法、戒律思想方面，也是今日所見佛性材料詳南略北的原因。關於北朝涅槃學，參見：安藤俊雄：〈北魏涅槃學の傳統と初期の四論師〉，橫超慧日編：《北魏佛教の研究》（京都，平樂寺書店，1978年），頁179-197。

﹝註4﹞ 關於南北朝佛性學說的研究，參見：湯用彤：同注2，第16、17章，頁425-513；坂本幸男：〈六朝に於ける佛性觀〉，《文化》21：6（1957年），頁113-128；

槃經》對於「佛性」、「正因」有其獨特的界說；我們將可看到各派涅槃師的佛性思想如何以此為基礎發展而成，而「神不滅」思想便在此種新思想土壤中得到新的養分，從而以新的面貌出現。筆者認為在涅槃師之中，沈約繼承了「眾生正因」的思想，而梁武帝發展了寶亮的思想，具體運用於與范縝〈神滅論〉的論辯之上，他們的思想是「神不滅論」轉向「佛性說」的象徵產物，故留待其後作獨立分析。至於竺道生之思想，前章已然進行分析，此處不再討論。

　　必須指出的是，後世的記載，如吉藏、均正、元曉所述，焦點多集中在當時諸家的「正因」觀念方面；這應該與後人等同「正因」與「佛性」的詮釋取向不無關係。南北朝時的涅槃師固然在何為正因方面頗有爭執，但大多並未將「正因」與「佛性」等同視之；他們雖然把「正因」說為「正因佛性」，但亦嚴格劃分因、果佛性。如前章所言，吉藏之《三論略章》便云：

> 常解云：佛性有五。一緣因佛性，二了因佛性，三正因佛性，四果佛性，五果果佛性。緣因佛性，言境界能為觀智作緣，故名緣因，通善惡等法。了因者，即六萬度行，了出佛果，唯取善，不取餘法。言正因法者，如前十釋；以所因能感佛，故名正因也。果性者，即三菩提，名為智德也。果果性者，即大涅槃，名為斷德，以因智而得，是果中之果。（吉藏《大乘三論略章》）〔註5〕

此即云當時流行正因、緣因、了因、果、果果五種佛性之區分法。事實上這只是當時諸多因果佛性區分法之一，除此之外尚有多種因、果佛性的劃分方式；而諸家除了對於「正因」意涵多有異見之外，對其餘各種佛性說法也並不一致。〔註6〕可以發現，此處所說的幾種因、果性之間意涵並不相通，可知

　　賴永海：《中國佛性論》（北京，中國青年出版社，1999 年），頁 31-118；Whalen Lai, "Sinitic speculations on Buddha-nature: The Nirvāna School", Philosophy East and West 32, no.2（1982）, pp.135-149；Liu Ming-Wood, "The early development of the Buddha-nature doctrine in China," Journal of Chinese Philosophy, 16:1（1989）, pp.1-36.

〔註5〕　隋・吉藏：《大乘三論略章》，《卍續藏經》第 97 冊，頁 292b-c。
〔註6〕　依均正記載，關於佛性多少之說法有：1 河西朗法師、壹法師立二因二果四種佛性，2 治城索法師立三因一果四種佛性，3 梁武帝制旨義立六種佛性，4 諸師多用三因二果五種佛性，5 開善智藏立共有四名、各自四名之四種佛性說。見：唐・均正：《大乘四論玄義》，《卍續藏經》第 74 冊，頁 51a-d。參見：湯用彤：同注 2，頁 508-509。均正指出「一正因、二了因、三緣因、四果、五果果性，諸師多同此說也」，與吉藏說「常解云佛性有五」的記載一致，可知

涅槃師大多仍然嚴格區別因、果佛性，未將它們等同視之，此即與後世一般看法不同。由此可見，涅槃師們對於佛性議題的關注並不限於「正因」而已。不但如此，依均正記載：

> 問：五性中何者正是佛性？答：論師等舊云：五性中的取菩提果性是佛，餘四非也。何者？佛以覺爲義，故果性是正是佛性。因性是境思，故非佛性；涅槃是斷德，故亦非佛性。故今的取菩提果智爲正佛性也。（均正《大乘四論玄義》）〔註7〕

此云當時論師多認爲佛之果性才是「佛性」一詞的原意，這顯然是依循《涅槃經》之原旨，而亦與後世將「正因」與「佛性」混同的觀點大異。〔註8〕這是探討涅槃師思想時必須注意的，明乎此，對於理解涅槃師們普遍的詮釋取向至爲關鍵。

雖然如此，我們的討論仍然必須由正因觀念入手。不只是因爲材料上的限制，也是因爲我們的關注焦點——「神不滅論」與「佛性說」的聯繫，關鍵便在於對「正因」的理解。對此，吉藏將當時的佛性學說分爲十一家，並指出：

> 然十一家，大明不出三意。何者？第一家以「眾生」爲正因，第二以「六法」爲正因；此之兩釋，不出假實二義：明眾生即是假人，六法即是五陰及假人也。次以「心」爲正因，及「冥傳不朽」、「避苦求樂」、及以「眞神」、「阿梨耶識」；此之五解，雖復體用眞僞不同，並以心識爲正因也。次有「當果」與「得佛理」及以「眞諦」、「第一義空」；此四之家，並以理爲正因也。（吉藏《大乘玄論》）〔註9〕

他把十一家正因學說分成三大類型：各以（1）眾生，（2）心識，（3）理，爲正因。以下我們便大致借助這一區分方式，來概觀諸家佛性思想以及其中與神不滅論交涉的成分。

　　五種佛性說當是主流意見。

〔註7〕　《大乘四論玄義》，同注6，頁62c。

〔註8〕　後世並非沒有區分佛性的作法。如稍後的三論宗亦持五種佛性說，但根本精神與此大異。均正在此文之後即駁云：「今謂差別無差別義明之，無非佛性。……又正因性中開立四性，將四性還表正覺。四性悉是涅槃體用故，五性並是佛性。」此以「正因」爲正佛性，又認爲其餘四性亦是正因之用，主張五性本質上相通。由此即可看出涅槃宗與後世佛性說的差異處。同注6，頁62c。

〔註9〕　隋・吉藏：《大乘玄論》，《大正藏》卷45，頁35c-36a。

第一節　眾生正因說

　　據吉藏之說，以「眾生」爲正因佛性者其實包括「以眾生爲正因」以及「以六法爲正因」兩家說法。這兩種主張的代表性人物：梁代的莊嚴寺僧旻與開善寺智藏，被後世視爲涅槃學權威而留下了較多紀載，他們的「本有於當」之說更具有極重要的意義。又根據《涅槃經集解》所見，僧亮的思想型態亦與以眾生爲正因之說相似。本節擬先論僧旻、智藏等人之佛性思想，於下節再分析僧亮之佛性說。

一、眾生爲正因：道朗、僧旻、白琰

　　關於「眾生正因」之說的倡導者與學說內容，諸家記載如下：

> 第七、河西道朗法師、末莊嚴旻法師（僧旻）、招提白琰公等云：眾生爲正因體。何者？眾生之用總御心法，眾生之義言其處處受生，令（今）說御心之主，能成大覺。大覺因中，生生流轉，心獲湛然。故謂眾生爲正因，是得佛之本。故《大經・師子吼品》云「正因者謂諸眾生」也。亦執出二諦外。（均正《大乘四論玄義》）

> 第一家云：以眾生爲正因佛性。故經言：「正因者謂諸眾生，緣因者謂六波羅蜜。」既言正因者謂諸眾生，故知以眾生爲正因佛性。又言「一切眾生悉有佛性」，故知眾生是正因也。（吉藏《大乘玄論》）

> 第二師云：現有眾生爲佛性體。何者？眾生之用總御心法，眾生之義處處受生，如是御心之主，必當能成大覺。故說眾生爲正因體。如〈師子吼〉中言：「眾生佛性亦二種，〔正〕因者謂諸眾生也。」莊嚴寺是（旻）法師義也。（元曉《涅槃宗要》）〔註10〕

此處提及的河西道朗乃是曇無讖（384-433）翻譯北本《大般涅槃經》時的助譯，現於經首尚有道朗所作的〈大般涅槃經序〉，可說是最早對大本《涅槃經》進行探究的中國僧人。〔註11〕除河西道朗之外，此說的倡導者有僧旻、白琰。

〔註10〕《大乘四論玄義》，同注6，頁46d；《大乘玄論》，同注9，頁35b；新羅・元曉：《涅槃宗要》，《大正藏》卷38，頁249a。

〔註11〕〈序〉見：北涼・曇無讖譯：《大般涅槃經》，《大正藏》卷12，頁365a-b。又見：梁・僧祐著，蘇晉仁、蘇鍊子點校：《出三藏記集》（北京，中華書局，1995年，頁313-315）卷8，文小異。曇無讖、道朗事跡，見：梁・慧皎著，湯用彤校注：《高僧傳・曇無讖傳》（北京，中華書局，1997年），頁76-81。

莊嚴寺僧旻（467-527）為有名的「梁代三大師」之一，是當時最負盛名的佛教學者之一。〔註12〕招提寺白琰，學者們認為即是招提寺的慧琰，其學術可能便出自莊嚴僧旻一系，亦是梁代活躍的涅槃師。〔註13〕

如引文所見，本說主張「眾生為正因體」、「眾生為正因佛性」、「現有眾生為佛性體」。在這裡，「正因」也被稱為「佛性」。如前章所述，在《涅槃經》中「正因」與「佛性」本應是不同的概念，但因為經文往往將「佛性之因」也擴大解說為「佛性」，因此涅槃師將「正因」說為「佛性」或稱之為「正因佛性」，是可以理解的作法。

我們看到，本派說法的根據正是《涅槃經·師子吼品》：「正因者謂諸眾生，緣因者謂六波羅蜜。」〔註14〕經文原意，是說眾生相續不斷，是將來能成佛的「質料因」。那麼此說又如何論證眾生為正因佛性？分析引文，可知此派學說的要點是：（1）「眾生之用總御心法。」《涅槃經》以為「心」在眾生的相續成佛中扮演著核心的角色。此處說「眾生之用總御心法」，似乎是說眾生的獨特之處在於能夠統御「心法」之作用。廖明活便指出：此說已暗示眾生之所以為正因，是因為其「總御心法」的特質。〔註15〕（2）「眾生之義言其處處受生。」眾生同時也是在六道輪迴中處處受生、相續不斷的連續存在。（3）此處又云「御心之主，能成大覺」：在生死中流轉的眾生，因為擁有「心」，故將來能夠成佛。此以《涅槃經》「凡有心者，定當得成阿耨多羅三藐三菩提」、「離如是等無情之物，是名佛性」之說為本。〔註16〕（4）「大覺因中，生生流轉，心獲湛然。故謂眾生為正因，是得佛之本。」眾生作為覺悟之「正因」，便在生死流轉的過程中逐漸使自身「心獲湛然」，而轉變成佛。此云眾生在流轉生死中逐漸澄心為佛，眾生作為相續不斷的佛「前身」的意思是很明顯的；可知「眾生為正因，是得佛之本」，其意與《涅槃經》說正因為「質料因」亦

〔註12〕 隋·吉藏：《法華玄論》：「爰至梁始，三大法師碩學當時，名高一代，大集數論，遍釋眾經。但開善以《涅槃》騰譽，莊嚴以《十地》、《勝鬘》擅名，光宅《法華》當時獨步。」《大正藏》卷34，頁363c。

〔註13〕 參見：《續高僧傳·僧旻傳》，同註1，頁461c-463c。白琰或慧琰，見：坂本幸男：同註4，頁116；布施浩岳：《涅槃宗の研究（後篇）》（東京，國書刊行會，1973年），頁227-278。

〔註14〕 北涼·曇無讖譯：《大般涅槃經·師子吼菩薩品十一之二》，《大正藏》卷12，頁530c。以下徵引本經，只注明品名及頁數。

〔註15〕 Liu Ming-Wood，同註4，頁14。

〔註16〕 〈師子吼品菩薩品十一之一〉，頁524c；〈迦葉菩薩品十二之五〉，頁581a。

相同。

關於僧旻的佛性說模式，吉藏《三論略章》記載：

> 佛性有五種解釋，他釋不同。開善云：一正因、二緣因、三了因、四果、五果果。正因者，心也，「凡有心者，皆當作佛」，故心爲正因。緣因者，即十二因緣。了因，即所生智慧；了出菩提也。果性即菩提。果果即大涅槃也。莊嚴云：眾生爲正性，經云「正因者，謂諸眾生；緣因謂六波羅密」，餘同開善也。（吉藏《大乘三論略章》）〔註17〕

依此，僧旻亦採時流行的五種佛性說，而以眾生爲正因、六波羅密爲緣因、智慧爲了因、菩提爲果性、大涅槃爲果果性。此與前述「眾生爲正因」的記載相合。僧旻以眾生爲正因，六度爲緣因，皆謹守經文之說。灌頂則指出：

> 莊嚴作四性：是因即了因，是果即涅槃，是因即正因，是果即菩提。
> 非因非果非復是性，但非前義。（灌頂《大般涅槃經疏》）〔註18〕

如此則僧旻亦有正因、了因、果、果果之四種佛性說。正如湯用彤所指出，此應是涅槃師隨時立說不同之故。〔註19〕

總結來看，此一說法以質料因模式來理解正因，並以不斷不滅的眾生爲將來成佛正因，此皆與經文原意相同；惟說此「眾生」爲正因時更強調它統御「心」的特質，但此一發展也以《涅槃經》爲基礎，並未違背經文原旨。可說是最爲嚴格遵守經文說法的一派佛性學說。

但是，主張「正因」就是在生死流轉中不斷不滅相續的眾生，認爲眾生在輪迴之中漸漸轉變澄心作佛，這豈不是承認有某種貫串生死輪迴、卻仍保持同一性的「主體」？此種正因佛性學說，自然容易被神不滅思想所援用。

二、六法爲正因：僧柔、智藏

關於此一主張，各家記載如下：

> 第八、定林柔法師（僧柔）義，開善知藏（智藏）師所用：通而爲語，假實皆是正因，故《大經‧迦葉品》云「不即六法，不離六法。」別則心識爲正因體，故《大經‧師子吼品》云「凡有心者，皆得三

〔註17〕《大乘三論略章》，同注5，頁295d-296a。
〔註18〕隋‧灌頂：《大般涅槃經疏》，《大正藏》卷38，頁177a。
〔註19〕湯用彤：同注2，頁509。

菩提」。故法師云：窮惡闡提，亦有反本之理。如草木無情，一化便罪（盡），無有終得之理。眾生心識相續不斷，終成大聖。今形彼無識，故言眾生有佛性也。故〈迦葉品〉亦云「非佛性者，墻壁瓦石」，無情則簡草木等。此意有心識靈知，能感得三菩提果，果則俱二諦也。（均正《大乘四論玄義》）

第二師以六法為正因佛性。故經云：不即六法不離六法。言六法者，即是五陰及假人也。故知，六法是正因佛性也。

第三師以心為正因佛性。故經云：凡有心者，必定當得無上菩提。以心識異乎木石無情之物，研習必得成佛。故知，心是正因佛性也。

（吉藏《大乘玄論》）〔註20〕

本派倡導者依均正所說，是定林寺僧柔（431-494）及開善寺智藏（458-522）。僧柔是南齊時有名的成實論師，時有「宋世貴道生，開頓悟以通經；齊時重僧柔，影毘曇以講論」之語。智藏則與上述僧旻齊名，同為「梁代三大師」之一；據《續高僧傳》所述，智藏早年「當時柔、次二公玄宗蓋世，初從受學」，與僧柔之間本有學問上之關連。〔註21〕依均正，本派學說有「通」、「別」二義，各以六法假人與心識為正因。吉藏則將其分為二家，依其判分「以心為正因佛性」當屬於以心識為正因一類。在不割裂涅槃師學說的前提下，此處以均正說為準。

本說「通」義云「假實皆是正因」，「假實」是指六法：五陰及其因假而成的人；其實也就是指「眾生」而言。此以《涅槃經》「非即六法，不離六法」之語為證；〔註22〕如前章所說，經文原意是：六法雖非佛性，但乃是佛性之「因」，故離六法則不得佛性。此以六法為正因，當即取自此意。換言之，五陰假人相續不斷乃是未來得佛性之質料因，故說六法即是正因。然則此與「眾生為正因」之說意涵相通，皆著眼於眾生相續不斷，為成佛之質料因之事實而說。

「別」義則以「心識為正因體」。由通、別之區分以及「假實皆是正因」、

〔註20〕《大乘四論玄義》，同注6，頁46d-47a；《大乘玄論》，同注9，頁35b-c。

〔註21〕語見：《續高僧傳‧僧旻傳》，同注1，頁462b。二人事跡見：《高僧傳‧僧柔傳》，同注11，頁322-323；《續高僧傳‧智藏傳》，同注1，頁465c-467b。

〔註22〕〈師子吼菩薩品十一之六〉：「說佛性者亦復如是，非即六法，不離六法。」〈迦葉菩薩品十二之二〉：「眾生說色乃至說識是佛性者亦復如是，雖非佛性，非不佛性。」頁556b、569a。

「心識爲正因『體』」的敘述差異來看，智藏等人似乎把「心識」視爲比「六法正因」更爲根本的深層基礎。〔註23〕爲何說心識爲正因之體？（1）此處亦以《涅槃經》「凡有心者，定當得成阿耨多羅三藐三菩提」、「離如是等無情之物，是名佛性」之語爲基礎，強調眾生與草木無情之差別便在於「心識」。眾生因爲「有心識靈知，能感得三菩提果」、其「心識異乎木石無情之物，研習必得成佛」；正是在眾生獨有心識的這一點上，「形彼無識，故言眾生有佛性也」。擁有心識是眾生所以能得佛的根本因素，因此以心識爲正因之體是當然的。（2）「心識」的重要性更在於其相續不斷。「如草木無情，一化便盡，無有終得之理。眾生心識相續不斷，終成大聖」，眾生心識的特殊之處便在於「相續不斷」，因此才與草木斷滅不同，在未來終能解脫成佛。此亦以「相續不斷」爲正因的要件，但將六法眾生的相續進一步歸結於「心識」的相續之上。必須注意的是，這樣有「心識靈知」但「相續不斷」的「心」、「心識」，顯然不是所謂眞常之心，而只能是緣慮心，這是看待「心爲正因」之說時必須清楚分辨的。

可以看出，此一說法與前述「眾生爲正因」之說十分相似，二者都以生死中相續不斷的眾生六法爲正因，並且進一步指出「心」爲眾生將來自體能轉變成佛、亦即作爲正因的關鍵。二說的差異只在於：前說雖認爲「眾生之用總御心法」，但仍以眾生解釋正因；後者則將眾生拆解爲六法假名，而以心識爲正因之體。而此說也與「眾生爲正因」情形一樣，既然承認眾生六法或心識是某種在生死中相續不斷之物，其與神不滅思想的關係可以想見。

三、智藏的心、神明爲正因說

關於開善智藏的佛性說，後世學者所述較詳。吉藏、灌頂各云：

> 佛性有五種解釋，他釋不同。開善云：一正因、二緣因、三了因、四果、五果果。正因者，心也；「凡有心者，皆當作佛」，故心爲正因。緣因者，即十二因緣。了因，即所生智慧；了出菩提也。果性即菩提。果果即大涅槃也。（吉藏《大乘三論略章》）

> 開善作五性：是因非果即境界性，是果非因即果果性，是因即了因，

〔註23〕有學者認爲此說正因具體、用兩面，心識是正因體，眾生軀體爲正因用。見：任繼愈主編：《中國佛教史（第三卷）》（北京，中國社會科學出版社，1997年），頁380。

是果即菩提果。非因非果即正性，而彼家用眾生爲正性，與非因非果義不相應。（灌頂《大般涅槃經疏》）〔註24〕

二者皆云智藏持五種佛性說，但所說略有所不同。在五性名目方面，前者是：正因、緣因、了因、果、果果，與一般五種佛性說相同；後者則無「緣因」之名而代之以「境界性」。就此，均正引述智藏《佛性義》云：

境界因名，經文無也，直是先輩諸師釋緣因，謂諸法體義，爲心作境界緣，了非境界，異緣因也。（均正《大乘四論玄義》）〔註25〕

智藏指出，「境界因」之名出自先輩涅槃師之創設，是指作爲心之認識對象的「諸法」、「境界」，這是由「緣因」所分離出來的概念；故吉藏、均正所述其實相同。在五性內容方面，吉藏說他以「心」爲正因，灌頂則說「眾生」爲正因，此一差異正好與前文均正所述「通」、「別」二義相合。又均正引智藏《佛性義》云：

開善云：廣論因果，共有四名，各有四名也。共有四名者：一因、二因因、三果、四果果也。各有四名者：因四者，一正因、二緣因、三了因、四境界因也；果四者，一三菩提、二涅槃、三第一義空、四智慧也。……。

故開佛之性略有四，謂因興（與）果，各有其二：因二者，一正因，二緣因；果二者，一智、二斷也。此是智藏法師自手書《佛性義》作此說也。（均正《大乘四論玄義》）〔註26〕

則智藏又有「共有四名」、「各有四名」、「略有四」的區分方式。共有四名是指：因、因因、果、果果；各有四名是指：正、緣、了、境界四因以及三菩提、涅槃、第一義空、智慧四果，共是八種佛性。略開四種，則是正、緣二因與智、斷二果。此蓋如前所說，是涅槃師隨時立說不同之故。這幾種區分已嫌過度繁瑣及形式化，故本文不擬一一討論。以下只依均正《大乘四論玄義》所述，分析其五種佛性的內涵，以略見涅槃師佛性說之一般型態與特徵。〔註27〕

〔註24〕《大乘三論略章》，同注5，頁295d；《大般涅槃經疏》，同注18，頁177a。

〔註25〕《大乘四論玄義》，同注6，頁51c。

〔註26〕《大乘四論玄義》，同注6，頁51a-b、b-c。

〔註27〕關於五性以外的幾性，依均正引述：「直名因者，謂十二因緣，因緣之體，唯觀智作因，無所有更因，故單受因名也。因因者，謂觀智心是了因體，以因前境，復爲三菩提因，故受重因稱也」、「開善云：第一義空，則佛果之時，

首先，關於果、果果二種果性。智藏的看法是：

> 果者，以酬因爲義。果果者，謂從果生果，故名果果也。

> 果者，以三菩提，眾因所得，前來有果，宜單受果名也。果果者，謂大涅槃，此是斷德，不由斷得智，而由智故斷，即涅槃義，是果果果，故重名果果也。

> 但就善（果？）中，不出智慧涅槃。以智慧故，無明永滅；涅槃極果，故生死報已。既果中要不出斯兩，故即立爲二性，以智爲果，涅槃爲果果也。（均正《大乘四論玄義》）〔註28〕

佛果性的內容，大要不出菩提智慧與大涅槃二方面，故將此立爲二種果性。而說智慧爲果、涅槃爲果果，是因爲「三菩提，眾因所得」，乃是諸因性直接之果，又「不由斷得智，而由智故斷」，智德菩提與斷德又有邏輯上的因果關係，故二者分別有此名稱。這些看法大致也是涅槃師的共識，較無爭議。

其次，在緣因、了因、境界因的定義與關係方面，智藏的說明則多少有些模糊不清。

> 開善智藏法師云：……緣因者，緣由爲義。雖有正因，不脩萬行，終不能得果。由藉萬善脩行故得佛果。對正因名緣，名亦名境界。如草木虛空等，其不能了出佛果，但爲觀智所緣，爲心作境，故名境界也。了因者，照了爲義。萬善之類，顯出佛果，故名了因。如燃（燈）照物，譬其對境明了也。

> 因有四者，三是經有之，境界之有，相傳師說。何者？尋因義，唯應緣、正二種，而今因性乃有四者，緣因義則廣觀智境者，束爲緣因，此之緣因，故是緣緣之義。故境界因名，經文無也，直是先輩諸師釋緣因，謂諸法體義，爲心作境界，緣了非境界，異緣因也。……緣因者，善及眾義，助發正因，傍相緣由，故曰緣因。

> 開善釋云：因中神明，是得佛之本，故宜立爲正因；而必藉萬善方現，故須立善爲了因；善心由境發，故復立境界。

> 又無心果不生，無善果不起，而今善名了因者，有二義：一者，以

興（與）法性冥一。……從境爲名目，言第一義空也。言智慧者，明此則真，不同草木。雖復即真而至忘彌存，故言智慧也。」《大乘四論玄義》，同註6，頁51c、54c。

〔註28〕《大乘四論玄義》，同註6，頁46a、51c、52a。

了因之能，本是斷或（惑）顯果；心非別慧，無斷惑之功，善知非斷，故宜名了因也。二者，了因爲用，本是始起，而了昔有法；若論神明，與（與）佛理本來俱有，何所論了？故復起善法，得言了昔神明也。……境界因名者，從了因而立。所以然者，正因之心，不明習學，故無勞說境；了因既明修習，必託境而生，故境界因名從了因而立。（均正《大乘四論玄義》）〔註29〕

（1）「緣因」以「緣由爲義」，分析上文，它的內容應該包括萬善修行等方面，故云「緣因者，善及衆義，助發正因，傍相緣由，故曰緣因」、「不脩萬行，終不能得果」；這是《涅槃經》原本的說法。〔註30〕但智藏又云「萬善之類，顯出佛果，故名了因」、「而必藉萬善方現，故須立善爲了因」，則「了因」亦以萬善爲義，如此則與緣、了因之間意涵有所重複。（2）「了因」以「照了爲義」，此亦以經文爲據；〔註31〕故此云「萬善之類，顯出佛果，故名了因」。智藏又云「善名了因者，有二義：一者，以了因之能，本是斷惑顯果；……二者，了因爲用，本是始起，而了昔有法」；換言之，了因能夠「斷惑顯果」，因爲它是始有之法，能夠照了本有的正因神明。但其照了之義卻包含了萬善概念，而與「緣因」重疊。（3）「境界因」「爲觀智所緣，爲心作境，故名境界」。這是出自涅槃師之創設。既云「經文無也，直是先輩諸師釋緣因，謂諸法體義，爲心作境界」，顯然這是由緣因分離出的概念。智藏也說「緣因義則廣觀智境者，束爲緣因，此之緣因，故是緣緣之義」，則「緣因」應該本來便有作爲觀智所緣對象之意涵。他又說「緣因」「對正因名緣，名亦名境界」，則「緣因」又可稱爲「境界因」，二者的界限似乎也不清楚。（4）他又指出「境界因名者，從了因而立」、「立善爲了因；善心由境發，故復立境界」，則「境界因」之名，似乎又出自「了因」，而與前說衝突。這樣看來，這三種因性的基本內涵雖然不同，但彼此互有交集，並無確定的界限。

此外，智藏還在「了因」概念之下，另外分立「習因」的名目：

開善等云：果性是智，即習因果；果之果即是斷，即功能之果。言果性是習因果者，明果正體本是智慧；因中既有於智，能脩習證果，故果性是習因果也。問：前云三因中無習因，而寧今言果性，便云

<hr />

〔註29〕 《大乘四論玄義》，同注6，頁46a、51c、51d、52a-b。
〔註30〕 〈師子吼菩薩品十一之二〉：「正因者謂諸衆生，緣因者謂六波羅蜜。」頁530c。
〔註31〕 〈光明遍照高貴德王菩薩品十之一〉：「如燈燭等照闇中物，是名了因。」頁492c。

習因果耶？答：前雖無習因之名，若論其體，了因即是習因故。前
明了因有兩用：一者斷惑用，二者得果之功。若論習因，取其得果
之義，不明斷惑之功也。果果是果功能果者，智能斷惑故得涅槃，
所以斷惑之功言是功能果也。……此意《涅槃義》中具釋也。（均正
《大乘四論玄義》）〔註32〕

此云智藏《涅槃義》說「了因」具有兩種功能：「斷惑用」與「得果之功」，
也就是前引文所見的「斷惑顯果」與「了昔有法」。而所謂「習因」乃是「取
其得果之義」，其實是「了因」的一個分支概念，故也可說「了因即是習因」。
在此智藏又將二種「果」與「了因」的二種功能一一對應，以果性爲「習因
果」、果果性爲「功能果」。

最後，關於「正因」的看法。如前節所述，智藏用僧柔之義，主張「正
因」有「六法」、「心識」通、別二義，而比較偏重「心」或「心識」爲正因
體之重要性，這是他與僧旻的差異所在。均正的記載確實也反映了這一點：

次約經開五種佛性，釋名師說不同。開善智藏法師云：正是專當不
偏義。眾生神明與如來種智，雖復大小之殊，而同是智慮。性相感
召，故謂名正因。正感佛果，對緣因爲名，非傍助義。

正因者，謂心是覺知，非（此字疑誤）招大覺，氣類無差，至當無
偏，故名爲正因也。

前言心是正因，善是了因。……而今心名正因者，心爲得佛之本，
善爲得佛之末。所以然者，昔時有心，未起於善，然得佛之理，其
義爲定，非是待後起善，方此理生。故兩法相比，心宜名正因也。……
心非別慧，無斷惑之功，善知非斷，故宜名了因也。……若論神明，
興（與）佛理本來俱有，何所論了？……正因之心，不明習學，故
無勞說境；了因既明修習，必託境而生，故境界因名從了因而立。

開善釋云：因中神明，是得佛之本，故宜立爲正因。（均正《大乘四
論玄義》）〔註33〕

可以發現，智藏除說「心」爲正因之外，也以「神明」爲正因。但比對引文，
不難發現他其實是將「心」與「神明」視爲同義詞而相互代用。如前二段引

〔註32〕《大乘四論玄義》，同注6，頁65a。
〔註33〕《大乘四論玄義》，同注6，頁46a、51c、52a-b、51d。

文皆以「專當不偏」、「至當無偏」描述正因,後二段引文則以「得佛之本」
界定之;這些說明與脈絡是相互一致的,唯具體指為「心」或「神明」之差
異而已。此處又說「眾生神明與如來種智,雖復大小之殊,而同是智慮」、「心
是覺知」;然則智藏將「神明」與「心」界定為「智慮」或「覺知」,這皆是
指認知、思辨等心識精神作用,也就是「緣慮心」而言。由此更可確定「神
明」也就是此緣慮之「心」。此與前文所述智藏以「心識靈知」為正因的說法
是相同的。這無疑是出自《涅槃經》的影響,但智藏特別使用「神明」作為
緣慮「心」的代名詞,則另有傳承自魏晉才性、氣性論思潮的淵源,此由「氣
類無差」的說法可見一斑。以「心」為「神明」同義詞,乃是魏晉時人的普
遍用法,此在前章討論僧肇(384-414)思想時已有論及。對此,筆者將在討
論僧宗(438-496)思想時再作分析。

　　智藏認為,「心」或「神明」「本來俱有」,與後起的了因不同。雖然說此
即是能「智慮」、「覺知」的緣慮之心,智藏卻說「心非別慧,無斷惑之功」、
「正因之心,不明習學」,這也是值得注意的。依此,眾生所本具的「心」雖
能認知思慮,但其中並無天生的智慧,甚至修習之能也不屬於此心;修習與
能照之智慧在智藏看來屬於「了因」,是後天始有的。這也顯示,此所謂「心
為正因」之說,與後世真常佛性思想差異頗大;此「心」仍只是緣慮心,而
不是天生智慧的真常心。

　　至於「心」或「神明」為何是正因?前文已指出,本派強調「眾生心識
相續不斷,終成大聖」,著重的是其「相續不斷」之義。此處說「眾生神明與
如來種智,雖復大小之殊,而同是智慮。性相感召,故謂名正因」、「心是覺
知,非(?)招大覺」,則特別指出眾生的「心」、「神明」與佛地所證「種智」、
「大覺」在本質上同屬「智慮」、「覺知」,二者有因果感召之義。這與前述正
因「相續不斷」之義是相通的,更對理解智藏、僧旻著名的「本有於當」之
說至為關鍵。

四、智藏、僧旻的本有於當之說

　　據載,僧旻與智藏立有「本有於當」之說。此與當時所謂佛性本有、始
有之問題有關。〔註34〕此是《涅槃經》前後部分觀點不一所引發的爭論。吉

〔註34〕此一問題,參見:湯用彤:同注2,賴永海:同注4,頁511-513;99-114。

藏云：

> 本有始有第六。問：佛性爲是本有、爲是始有？答：經有兩文。一云：
> 眾生佛性，譬如暗室瓶瓮、力士額珠、貧女寶藏、雪山甜藥，本自有
> 之，非適今也。所以《如來藏經》明有九種法身義。二云：佛果從妙
> 因生，責騄馬直不責駒直也。明當服蘇今已導臭、食中已有不淨、麻
> 中已有油，則是因中言有之過。故知佛生（性）是始有。經既有兩文，
> 人釋亦成兩種。一師云：眾生佛性本來自有，理性、眞神、阿梨耶識
> 故；涅槃亦有二種，性淨涅槃本來清淨，方便淨涅槃從修始成也。第
> 二解云：經既說佛果從妙因而生，何容食中已有不淨？故知佛性始
> 有。復有人言：本有於當，故名本有。問：若爾便是本有耶？答：復
> 有始有義。又問：若始有應是無常？答：我復有本有義。此何異二人
> 作劫、張王互答耶！（吉藏《大乘玄論》）〔註35〕

此云當時有「本有」、「始有」、「本有於當」三種主張，其中「本有於當」被
描述爲既兼有本、始二面，顯然是某種介於二者之間的說法。後世學者多從
先天（a priori）、後天（a posteriori）的角度來理解「本有」、「始有」之別：本
有說主張眾生已有佛性，始有說則認爲佛性唯成佛時始具。「本有於當」之說
認爲佛性可以兼有二義，遭到吉藏嚴厲批判。此說之倡議者，吉藏云：

> 但解本有義不同，略出數家：第一、開善云：本有於當，常故云本
> 有。第二解云：本來已有眾德，用惑鄣（障）故，不得修習。第三
> 解云：於此無常，即有常義，說爲本有。第四云：本有而非德，道
> 理即是常，例如二諦天然任有也。始有者，佛修因始得，故名始有。
> 　　（吉藏《大乘三論略章》）〔註36〕

此將「本有於當」之說歸之於開善智藏。但《三論略章》只區分本有、始有，
與前引《大乘玄論》區分法不同，「本有於當」則被劃屬於「本有」一類。均
正說法又有不同：

> 第四、明本有始有義。諸師說不同。一云：本有佛性，則無生無滅，
> 故本來是常。并（？）始造、非終成也。故經云：……故眾生身中
> 已有佛性也。但解本有兩家，一云：本有於當，謂眾生本來必有當
> 成佛之理，非今始有成佛之義；《成實論》師宗也。二云：本有藏識，

〔註35〕《大乘玄論》，同注 9，39a-b。
〔註36〕《大乘三論略章》，同注 5，頁 291d。

心性之體也，但客塵煩惱隱覆此心，不顯不照；若除煩惱，本有之
心顯了照用。爾時名佛，不以成佛時方名佛性，正以本有藏心今顯
成佛，其本性不改不失，故名常住佛性也。故彼云：息忘（妄）顯
眞，正是地、攝等論所執也。……二、妁（始）有義。開善「果
體生不生義」云：……。（均正《大乘四論玄義》〔註37〕

此亦是分本有、始有二義。此處「本有於當」也被劃分爲「本有」陣營，但
被指爲是「《成實論》師宗」；至於智藏之說卻被說成是「始有義」，似乎表示
開善與「本有於當」之說無關，與吉藏所言正相反。依湯用彤之見，開善本
即《成實論》師，而因其說原非眞爲本有，故均正直言其說爲執始有。故仍
將「本有於當」歸之於智藏。〔註38〕今從之。更重要的是，從其他材料可知
智藏、僧旻確有兼說本、始有佛性的主張。

　　「本有於當」之說少受學者注意，對其內涵也尙無較深入理解。但這是
當時極具代表性的理論，對我們的關心課題──神不滅與佛性思想之交涉，
更有相當關係。據灌頂與吉藏之記載：

開善、莊嚴云：正因佛性一法無二理，但約本有、始有兩時。若
本有神助（明）有當果之理。若能修行〔圓滿〕，金〔剛〕心謝、
種覺起名爲始有。始有之理本已有之。引〈如來性〉貧女、額珠、
闇室等，證本有。引〈師子〉〈迦葉〉明乳中無酪，但酪從乳生故
言有酪，酪非本有，必假醪暖；種植胡麻，答言有油，油須搗壓
乃可得耳；又引佛性〔非〕三世，眾生未來當有清淨莊嚴之身，
此證當有。雙取二文，意與瑤師（法瑤）不異。又引木石之流無
有成佛之理，則非本有之用。眾生必應作佛，今猶是因；因是本
有，果是始有。本有有始有之理，即是功用義也。（灌頂《大般涅
槃經玄義》）

第三開善具有二義：一者本有，二者始有。更無二體，但將兩義成
定之耳。欲明不有神明，定若有神明則本來有當果之理，此本有義。
但約萬行圓滿、金剛心謝、種覺起時名爲始有。《大經》具有二文，
如貧女寶藏、力士額珠、闇室瓶盆、井中七寶本自有，此證本有之
文。下〈師子吼〉及〈迦葉品〉中皆以乳酪爲譬，明乳中無酪，但

〔註37〕《大乘四論玄義》，同注6，頁56b-c。
〔註38〕湯用彤：同注2，頁511-512。

酪從乳生故言有酪；又云，佛性非三世攝，但眾生未聚莊嚴清淨之
身，故說佛性在於未來，此則證始有之文。故知佛性具有兩義。若
定木石之流無成之理，此眾生必應作佛，則本有義；若於佛則今利
是因中，因中未有果，則始有義也。（吉藏《涅槃經遊意》）〔註39〕

二處文字所說略同，灌頂更以爲莊嚴僧旻也主張兼綜本有、始有的「本有於
當」之說。如上所見，智藏、僧旻之佛性說本極類似，只有偏重眾生或心識
之異，故二人同有此說是可以理解的。此文值得注意的是：

（1）此云「眾生必應作佛，今猶是因。因是本有」、「眾生必應作佛，則
本有義」，這是說：因爲「眾生必應作佛」，是未來能成佛之物，故說眾生「今
猶是因」，「眾生」就是成佛「正因」。這是僧旻、智藏二家共同以「眾生爲正
因」的立場。爲何說「眾生必應作佛」？灌頂云：

開善四解。一云：滅據法、度據人。生死之法滅已還無，生死之人
轉而作佛。二云：滅名目無，滅有還無故；度名目有，從此至彼故。
實法道邊人法俱滅，相續道中人法俱度。（灌頂《大般涅槃經玄義》）
〔註40〕

智藏認爲生死之法雖滅，但生死之人能夠轉而作佛；因爲就「實法」來看人
雖斷滅，但就「假名」而言可說相續不斷，故可說有相續解脫。眾生即本有
正因的意義，即是指此「生死之人轉而作佛」而言；這也就是以「眾生」的
「相續不斷」來說明「眾生爲正因」，並以此爲「本有」之義。這與前述僧旻
說「大覺因中，生生流轉，心獲湛然」、智藏說「眾生心識相續不斷，終成大
聖」，是完全一致的。所謂「本有」是指「正因」、「眾生」存在的事實而言，
這完全以《涅槃經》爲根據。

（2）所謂「眾生」本身即是「本有」，進一步說，是說眾生「本有神助
（明）有當果之理」、「若有神明則本來有當果之理」。前節的討論已經證明，
所謂「神明」也就是能緣慮之「心」：

開善智藏法師云：正是專當不偏義。眾生神明與如來種智，雖復小
大之殊，而同是智慮。性相感召，故謂名正因。

正因者，謂心是覺知，非（疑誤）招大覺，氣類無差，至當無偏，

〔註39〕隋·灌頂：《大般涅槃經玄義》，《大正藏》卷38，頁10b；隋·吉藏：《涅槃
經遊意》，《大正藏》卷38，頁237c。

〔註40〕《大般涅槃經玄義》，同註39，頁2b。

故名爲正因也。（均正《大乘四論玄義》）〔註41〕

「心」、「神明」都是指「智慮」、「覺知」之精神作用，亦即所謂「緣慮心」。將此處「木石之流無有成佛之理，則非本有之用」、「若定木石之流無成之理」以及「若有神明則本來有當果之理」的說法對照來看，眾生有神明故可成佛，木石無情則無成佛之理，亦可證知「神明」乃是眾生有別於無情之物的心識、情識能力。這與僧旻云「御心之主，能成大覺」、智藏云「心識異乎木石無情之物，研習必得成佛」之意旨是相通的；此以「心」、「神明」爲「眾生正因本有」的更進一步說明，亦與智藏所謂通、別二義的區分相合。

（3）「本有」是指現在已有「眾生」或其「心、神明」，那麼「始有」是指什麼？此處說「若能修行〔圓滿〕，金〔剛〕心謝、種覺起名爲始有」、「果是始有」、「但約萬行圓滿、金剛心謝、種覺起時名爲始有」，然則「始有」與「本有」所指的對象完全不同，乃是專就成佛時才能得證的果性「種覺」而言。〔註42〕這樣看來，看似矛盾的本有、始有二義爲何能夠並立便不難理解：本有是指眾生「正因」本有，始有是指種覺「果性」始有，原本所指的就是兩回事，故全無自相衝突的問題。這一點是以涅槃師們普遍承認的因、果佛性之別爲基礎的。前面看到吉藏以「此何異二人作劫、張王互答」來批評「本有於當」，這是因爲在他的想法中沒有因、果佛性分立的觀念，因此不能正確地理解其意義。

（4）本有指眾生神明，始有指果性種覺，但「本有於當」的意涵尚不只於此。此相續不斷、生生流轉的「神明」或「心」，不但與佛之種智同屬「智慮」，而且與菩薩後心「金剛心」以及佛所證得的種智、種覺，是同一體的，只在時間序列上本有、始有不同。故云「正因佛性一法無二理，但約本有、始有兩時。若本有神助（明）有當果之理。若能修行〔圓滿〕，金〔剛〕心謝種覺起名爲始有。」、「一者本有，二者始有。更無二體，但將兩義成定之耳。欲明不有神明，定若有神明則本來有當果之理。此本有義，但約萬行圓滿金剛心謝種覺起時名爲始有。」也就是說，現爲眾生時的「神明」就是未來成佛時的「種覺」，雖然一爲本有、一爲始有，但它們相續不斷，乃是時間上的

〔註41〕　《大乘四論玄義》，同注6，頁46a、51c。
〔註42〕　隋・智顗：《妙法蓮華經玄義》：「等覺位即是等覺性。若望菩薩，名等覺佛，若望佛地，名金剛心菩薩。」《大正藏》卷33，頁732a；《觀無量壽佛經疏》：「唯佛與佛，乃能究盡諸法實相，邊際智滿種覺頓圓。」《大正藏》卷37，頁187b。

連續同一體。僧旻說眾生「生生流轉，心獲湛然」、智藏說「眾生心識相續不斷，終成大聖」，即是此意。如上所述，智藏、僧旻同以眾生六法為正因；若進一步推究眾生所以將來能轉變成佛的原因，則歸之於「心」的相續不斷。此處則更清楚地顯示「心」、「神明」相續不斷的意義：如同眾生相續為佛的前身，同樣地眾生的「神明」也就是將來所得的金剛心、種覺。

（5）順此，所謂「本有於當」的主張，事實上是說：在「眾生→佛」或「神明→種覺」的因果關係中，「因是本有，果是始有」，現在「本有」的只是眾生神明，佛與種覺是未來「始有」的；但本有始有並不為二，因為佛種覺就是眾生神明，它們是在時間上連續的同一體。因此說「本有於當」，意指：現在本有的眾生就是未來當有的佛，因性與果性相續一體。顯然這是以《涅槃經》主張「眾生」相續不斷成佛之說為根據。

對於智藏這種本有、始有相續一體的觀點，均正亦有記述：

> 二、妇（始）有義。開善「果體生不生義」云：尋佛性本有必得義，
> 故本有；而本時是未得，得時是始得，實是生義。生故續金剛，是
> 眾生不斷成佛，成佛得涅槃，理實皎然。若佛性不生，是實已本有
> 義；已本有，無續金剛義，金剛若滅，實便斷竟，誰成佛、誰得涅
> 槃？……。

> 而經深諱生者，復有二義，不得是生。俱此之不生，不傷向生耳。二
> 義者：一、以當果性是理，本應有故，佛體理極，爾時佛是理，本有
> 非始有，故非生也。二、體理時無生死，故生死非理本有。所以虛妄
> 流轉、萬化所遷，正以由有佛性義，故有生死相。因果亦言由因有果，
> 是緣由佛性耳。亦以生死中生生便是動，以其體有初中後，生住滅異；
> 果佛果常，法無初中後，既體無初中後，待誰為始曰生耶？

> 是故帶眾生語，可言本未得、今始得，以為生，生故續金剛成佛，
> 如上。但據佛體語，是二種無義不生，故是常。佛自皆然矣。此是
> 開善法師明言也。（均正《大乘四論玄義》）〔註43〕

這是專由「果」佛性「生、不生」二義的角度來論佛性本、始問題，與前說多少有些不同；或許因為如此，故均正將其視為始有義，但由此仍可看出「本有於當」的根本立場。（1）所謂「佛性本有必得義，故本有」，與吉藏所述「此

〔註43〕《大乘四論玄義》，同註6，頁56c-d。

眾生必應作佛，則本有義」意旨相同，是指現在「本有」的眾生將來「必得」佛性，故說本有，此「本有」是指「正因」眾生言。另一方面，就現在眾生的角度看，「本時是未得，得時是始得，實是生義」，佛性是現無未有的，故得證佛性必須有「生」之過程，此「生義」則是就「果性」說的。「本有」與「生」兩概念所指既不同，因此並不矛盾。

（2）智藏云「生故續金剛，是眾生不斷成佛」。「眾生不斷成佛」本是《涅槃經》對於眾生之為正因的說明。如果佛性是指果性，如果「眾生不斷成佛」、菩薩金剛心相續變成佛之種覺，那麼佛果佛性有「生」義便是理所當然的；因為正因眾生的「不斷相續」即是果佛性「生」的過程，二者是一體的兩面。反之，智藏認為，如果認為佛性本有，主張眾生已經具有佛果佛性、佛性「不生」，則眾生不斷相續成佛、「續金剛義」等經文揭櫫的大前提就會被破壞，而導致自相矛盾。可以看到，佛性即果性、眾生相續不斷成佛，乃是智藏所強調的論證前提。

此處「金剛若滅，實便斷竟，誰成佛、誰得涅槃」這一句話亦值得關注。可見智藏主張「眾生不斷成佛」不只是因為這是《涅槃經》的教說，更重要的是，他認為若不立「眾生相續」之義，則成佛、得涅槃之「主體」問題便無從說明。當然，如前章所言，《涅槃經》本從「質料因」的角度界定眾生正因的意義，眾生正因本就是將來能成佛的東西，智藏的理解事實上也合乎經文原意。但此說的關注問題顯然也與「神不滅論」有所重疊，於此便可看出佛性說與神不滅論的交集所在。

（3）從另一方面，也可說佛性「不生」，但「此之不生，不傷向生」，與前文並無衝突。此「不生義」是就已然體證佛果時的角度說的，具有二面：「一、以當果性是理，本應有故，佛體理極，爾時佛是理，本有非始有，故非生也」：這是說「佛體理極」，理既是「本有非始有」，因此體理之佛也恆常不變；而「佛性」即是佛之果性體性，因此可說佛性也是恆常而「不生」。這是將「佛性」解說為佛的永恆體性，因此說它無所謂生滅。智藏又說：「生死中生生便是動，以其體有初中後，生住滅異；果佛果常，法無初中後，既體無初中後，待誰為始曰生耶？」生死無常，有生住滅三相變化，果佛性常，則無所謂變化；以此說佛性恆常不生，意亦同。

（4）智藏又云「二、體理時無生死，故生死非理本有。所以虛妄流轉、萬化所遷，正以由有佛性義，故有生死相。因果亦言由因有果，是緣由佛性

耳」。生死無常，體理則常，是故不生。但由此文看來，智藏認爲「虛妄流轉、萬化所遷」等「生死相」，皆是因爲有「佛性」爲根據而能成立。這事實上等於是將生死流轉，收攝於恆常不變佛性概念之中，已經具備後世所謂佛教「唯心」思想之型態。這也很值得注意。下文將論及，從寶亮（444-509）以下，梁武帝（464-549）等人也都有類似的看法。似乎從梁代開始所謂「唯心」之説之雛型已漸漸出現，這是中國佛教思想史上的重要現象。

（5）綜上所述，佛性之「生義」是就眾生相續的角度説的，而「不生義」則是指佛果體性的恆常不變而言，故智藏云「是故帶眾生語，可言本未得、今始得，以爲生，……但據佛體語，是二種無義不生，故是常。」在此要指出的，是此一説法其實也是以《涅槃經》爲依據：

> 佛性者猶如虛空，非過去、非未來、非現在。一切眾生有三種身，
> 所謂過去、未來、現在。眾生未來具足莊嚴清淨之身，得見佛性，
> 是故我言佛性未來。〔註44〕

經文認爲佛性本身是無爲法，本無三世之別，但眾生有過、現、未分別，因此説眾生佛性未來才有。智藏所説佛性生、不生義，即以此爲據。

以上所見的僧旻、智藏「本有於當」理論，看似繁瑣，其實其根本觀念只在於利用因、果佛性的區別，以及由眾生心識神明直至佛果種智的相續一體，來解決本有、始有的問題。如前所述，《涅槃經》前分主張眾生「本有」具足佛體性，但續譯部分則轉而認爲眾生未來「始有」佛之體性，這是經文本身的不一致；由智藏與僧旻引述的經文便可看出這一現象。但由於多數涅槃師皆採取區分「因」、「果」佛性的模式，因此解決此一衝突並不困難。具體方法則是以續譯部分的「正因」等因性概念爲「因」佛性，以便與續譯部分的「果」佛性區隔；因性本有，果性始有，如此便可以合理地解釋經文的自相矛盾。而僧旻、智藏的「本有於當」之説，相較之下則更進一步：他們認爲眾生神明是本有的「正因佛性」，成佛種覺是佛之果性，並説二者是相續同一的；如此不但消解了《涅槃經》原來本有、始有自相矛盾的問題，並且還顧及了原本「正因」作爲質料因相續不斷的意涵。這實在是極爲巧妙的理論。但後世學者對此説多有譏評，如吉藏説：

> 復有人言：本有於當故名本有。問：若爾便是本有耶？答復有始有
> 義。又問：若始有應是無常？答我復有本有義。此何異二人作劫、

〔註44〕〈迦葉菩薩品十二之一〉，頁562c。

張王互答耶？彼若如本有，應如《如來藏經》諸喻；若言始有，應
是無常。而言本有於當，此是何語，定本定當耶？（吉藏《大乘玄
論》）〔註45〕

從常識觀點看，本有、始有確實相互矛盾。關鍵在於：後人不再由相續不斷
的角度理解「正因」，也不再用因、果佛性對待成義的模式理解「正因」、「果
佛性」的關係，因此不但不能理解本有、始有何以能夠同時成立，更也不能
看出本有、始有相續一體的重要意義，對「本有於當」的評價自然甚低。以
下論及各家佛性說時將會看到，事實上可說多數涅槃師都兼採本有、始有之
說，與僧旻、智藏作法相似。因此，所謂佛性「本有」、「始有」之爭，在涅
槃師們心目中的意義可能與後世所想像的大不相同。筆者認為，所謂「本有、
始有之爭」這樣看似對立的現象，很可能只是稍後吉藏、均正、灌頂等學者
的詮釋觀點，而不是南朝涅槃宗的實際情形。

綜上所述，可以發現「眾生為正因」、「六法為正因」之說，其實基本上仍
遵守《涅槃經》佛性說之原旨，只是比起經文原意更強化了「心」、「神明」的
重要性。他們認為眾生相續轉變成佛，進一步推究乃是「心」、「神明」相續轉
變成大覺種智。可以發現，雖然此類佛性說被歸類為「以眾生為正因」，但其實
其內容涉及心、神明等概念，與其他佛性說之間其實並無涇渭分明的區隔。對
我們關注的課題來說，這是值得注意的。眾生、心、神明是「生生流轉」、「相
續不斷」的連續體，由眾生至佛更被宣說為是「更無二體」的；在此，念念相
續的眾生或神明雖然不是某種固定不變的「實體」，但卻具有「人格同一性」
（personal identity）。這樣的佛性理論說明了眾生成佛的根據，同時不也確定了
生死輪迴中眾生不斷不滅的延續性？「心」或「神明」雖然不是「實體」，但卻
以時空連續體的型式貫串輪迴生死的歷程。雖然它不以「神不滅論」的型式出
現，但卻已具備神不滅論的特質，並且展示了神不滅理論的全新可能模式。可
以看到神不滅論者，如沈約，正以此說為基礎建立新的理論。

第二節　僧亮的佛性思想

《大般涅槃經集解》所引師說中，僧亮之註釋佔了最大份量。〔註46〕根

〔註45〕《大乘玄論》，同注 9，頁 39b。
〔註46〕據菅野博史的統計，達 2130 條，遠勝過第 2 位的僧宗（1145）。菅野博史：

據布施浩岳考證，此僧亮即《高僧傳》所見「宋京師北多寶寺釋道亮」，人稱廣州大亮。其年時推定約在 400-468 之間。〔註47〕吉藏等人的分類中並未提及僧亮，但其正因佛性說與「眾生爲正因」之說相合，故附論於此。

僧亮與道生（372？-434）年時相及，其說亦受道生影響。如僧亮云「法者，無非法之義」，即由道生「法者，無復非法之義也」而來。〔註48〕但其說自有其特色。《集解》所保存的較完整的僧亮思想資料，可供我們進行較深入的分析，並有助我們深入了解涅槃師學說的一般特色。茲概述如下。

一、因果佛性之別：五種佛性

《涅槃經》續譯部分把「佛性」界定爲佛之體性果性，並另外提出「正因」觀念與之相對，而經文本身也有因果佛性的說法。因此，如前所述，多數涅槃師傾向把佛性劃分爲正因佛性與佛果佛性。現存僧亮思想的材料便很清楚地展現了這一模式。他說：

> （〈師子吼品〉釋題）案：僧亮曰：……大而言之，不離涅槃、因果佛性。今明性名雖同，因果相異。識之則不違，如師子吼問是也；不識則違，後迦葉問是也。

> 爾時佛告一切大眾（至）有來問我不能答者。案：僧亮曰：上說因果，皆名佛性，若不說識其異，則因果俱昧，昧則生疑，疑則有無未判。故命令決疑也。

> 善男子如汝所言以何義故（至）三菩提中道種子。……僧亮曰：已說因果二性，今通釋二性得名之所由，答第二問也。性有二義：一謂種類相生，二謂守分不改。今言種子者，通說因性，亦通是種矣。

> 佛言善男子如汝所問（至）然諸眾生悉未具足。案：僧亮曰：夫一豪知見，皆是佛理。未足者名因性，具足者名果性。性名雖同，具不具異也。〔註49〕

此處很清楚地區別「因」、「果」佛性的不同：「因性」以「種類相生」、「未足」

同注 2，頁 170-171。

〔註47〕 布施浩岳：同注 13，頁 232-241。《高僧傳・道亮傳》，同注 11，頁 286。
〔註48〕 梁・寶亮集：《大般涅槃經集解》，《大正藏》卷 37，頁 421b、419c。以下徵引簡稱《集解》並只注明頁數。
〔註49〕 《集解》，頁 541c、542a、545c、549c。「釋題」等字乃筆者所加。

為義，而「果性」以「守分不改」、「具足」為義；換言之，果性是已經具足的常法佛體性，而因性是能得出此具足果性、但本身尚未完成佛體性的因。二者「性名雖同，因果相異」、「不說識其異，則因果俱昧」，故必須嚴加分別。此一區別對於理解僧亮或其他涅槃師的佛性思想是至為重要的。由此，僧亮亦依《涅槃經》而說二種四重因果佛性：

> 有因者即十二因緣。案：僧亮曰：十二因緣，能生觀智，故名因也。
>
> 因因者即是智慧。安（案）：……僧亮曰：觀智於涅槃為因因也。以菩提智是涅槃觀智，是菩提故。所以不於菩提為因因者，周歷四法故耳。
>
> 有果者即是阿耨多羅三藐三菩提。案：僧亮曰：菩提於觀智為果也。
>
> 果果者即是無上大般涅槃。……僧亮曰：涅槃是菩提之果，望觀智而言是果果義也。
>
> 善男子是因非果如佛性。……僧亮曰：正因性，於四法最是。
>
> 是果非因如大涅槃。……僧亮曰：無復果也。
>
> 是因是果如十二因緣所生之法。……僧亮曰：觀智也。於正因為果，於菩提為因也。
>
> 非因果故常恒無變。……僧亮曰：菩提果性，非因所作，所以名第一義也。〔註50〕

因性方面，此處除「正因」之外，還提及「十二因緣」、「觀智」。下文將論及，僧亮採用正因、緣因、境界因之「三因說」。比對之下，可以推知十二因緣為「因」乃是「境界因」；觀智則是「因因」、「是因是果」，此乃是「緣因」；「正因」則被說為「是因非果」。果性方面，雖然沒有特別說明，由此文可知是以菩提、涅槃各為果、果果。然則僧亮亦是採取五種佛性的模式：正因、緣因、境界因、果、果果。唯與後來的僧旻、智藏等人名目不同。

二、佛果佛性：現無當有

如上所述，果佛性包括「果」、「果果」二面。首先，僧亮以涅槃為「果果」佛性。關於涅槃之性質，《涅槃經集解》所引僧亮〈經題序〉云：

〔註50〕《集解》，頁547c、548a-b。

　　案：僧亮曰：此是如來神道之極號，常樂八味之都名。……言涅槃
　　者，中正天竺之音也。名含眾義，此方無一名譯之，存其胡本焉。
　　般涅言不，亦名爲無；槃者名生、名滅、名因、名相也。生是八苦
　　之本，佛既無之，不生也；壽與太虛等量，不滅也；不從作因得，
　　故無因也；體無十相，無相也。無學地法，皆是其體。略說三相，
　　以標神道。一般若，二法身，三解脫。談般若，則三達之功顯；論
　　法身，則應化之理同；言解脫，則眾德所以備也。語此三法，足明
　　神道之極矣。……如來始自道場，終於雙樹，凡三說涅槃，二是方
　　便，一眞實也。初開三究竟，是一方便，但說解脫是涅槃，而身智
　　是有爲也。二方便中，說法華破三究竟，而身智故是有爲耳。今雙
　　樹之說，身智即涅槃，謂究竟無餘之說也。〔註51〕

僧亮云涅槃「名含眾義，此方無一名譯之」，此是「不翻」之說。他認爲涅槃是
佛陀「神道之極號，常樂八味之都名」，是如來不生、不滅、無因、無相等諸德
相之總名。僧亮並依經文說涅槃三德：解脫、法身、般若。並認爲前此經教說
涅槃時只言及解脫，唯有《涅槃經》說出解脫、法身、般若一體之涅槃觀，此
是究竟之說。僧亮以涅槃爲果果佛性，顯然是以佛體性的角度理解佛性。

　　其次，以菩提爲「果」佛性方面，此是以覺智爲佛性。在〈師子吼品〉
註釋中，僧亮把後世說爲正因佛性的「第一義空」理解爲佛陀所照之「境」
與照境之「智」。他說：

　　善男子佛性者名第一義空。……僧亮曰：佛智之境，是因性也。

　　第一義空名爲智慧。……僧亮曰：佛照境之智，是果性也。所以境
　　智雙舉者：智以照境爲能，境若不深，無以顯智之能；若智照不明，
　　無以表境之深。要以境智相發，智功乃顯也。「第一義」者是涅槃，
　　涅槃眞俗皆實，總名第一義也；「空」者是生死，生死是俗皆虛，總
　　名爲空也。

　　見一切空不見不空（至）不見我者不名中道。……僧亮曰：釋佛智
　　也。先辨偏見者非佛，以非是顯是也。

　　中道者名爲佛性。案：僧亮曰：舉不偏之見，以顯照無不周，所以
　　稱佛也。

以是義故佛性常恒無有變易。……僧亮曰：結智所以是佛也。照周則惑盡，惑盡則無變易也。

諸佛菩薩所脩之道不上不下，以是義故名爲中道。案：僧亮曰：第一義空，唯佛乃見。今該取菩薩者，以後身少見佛性，方之九地，名見中道者也。〔註52〕

僧亮分第一義空爲二部分：「第一義」表涅槃；「空」表生死。而「第一義空」又兼表涅槃生死不二之「境」因性，亦表兼見空與不空之「智」果性，這也是當時流行的特殊說法。至於「中道」則是專指智慧果性而言。果性意義的「第一義空」是佛「照境之智」，是「唯佛乃見」的果性。後身菩薩少可得見，故勉強亦可說能見此「中道」。此種「不偏之見」是能「照無不周」的佛智，即兼見空與不空的中道智慧，正是在此意義上說「佛性常恒無有變易」。可知僧亮基本上是把「果」佛性解釋爲唯佛能有的智慧境界，此與前章所說《涅槃經‧師子吼品》原意相合。

　　果、果果佛性作爲佛之體性，《涅槃經》認爲是「未來有」、「當有」的。僧亮同樣也如此主張：

迦葉菩薩白佛言世尊實無有我。案：僧亮曰：上說眾生有我，我即佛性。夫有有二種：現在有，當來有也。而有義未分，須以十一事爲難，以難現在之有，成當有之旨也。

善男子十二因緣一切眾生（至）一切眾生悉有佛性。案：僧亮曰：亦內者，正見也；亦外者，耶見也。等有者，未來有也。

善男子世間答難凡有三種（至）有佛性以當見故。案：僧亮曰：正義宗也。終以定當有故言有耳。

如世間中眾生我性（至）當見故故言眾生悉有佛性。案：僧亮曰：以世我爲譬，以證現無之義也。以當見故者：上言眾生現在無有常名，悉有苦故。以當見爲有，非現有也。

善男子眾生佛性雖現在無不可言無。案：僧亮曰：雖無現相，而終得爲用。以終得用故，於眾生爲有也。

善男子眾生佛性非有非無（至）眾生佛性非有非無。案：僧亮曰：……非有非無者：非〔有非〕虛空之有，非無非菟角之無。亦有者，是

〔註52〕《集解》，頁544a-c、546b。

當有也；亦無者，是現無也。

若有說言眾生佛性（至）隨意語故名三藐三佛陀。案：僧亮曰：……

亦有亦無者：有是將有，無是現無也。〔註53〕

僧亮承襲《涅槃經》「有者凡有三種：一未來有，二現在有，三過去有」的說法，〔註54〕同樣把佛性視為是未來才有的佛果性。因此面對經文「眾生悉有佛性」之處，都將其解釋為「當有」、「未來有」、「定當有故言有」、「當見為有」、「終得用故，於眾生為有」，並且明白地說佛性「現無」；經文說佛性「亦有亦無」，僧亮亦釋之為「亦有者，是當有也；亦無者，是現無也」、「有是將有，無是現無也」。值得注意的是：此處僧亮直接說「佛性」現無、未來當有，但根據他對因果佛性的區分，可知這只是指「果佛性」，「因佛性」自非現無當有。僧亮這種往往以「佛性」表示「果佛性」而不加以區分的作法，也常見諸《集解》中其他涅槃師之注解。此一現象顯然是受《涅槃經》原來用法的影響；我們知道，經文所謂佛性原是指佛體佛果性，正因緣因等原本並非佛性。僧亮等涅槃師雖然把正因說為「正因佛性」，但畢竟仍深受經文影響；在不加以刻意區別的情況下，「佛性」往往是專指「果佛性」而言。這一點對於理解《集解》中諸師的思想是非常重要的。

三、我與無我

與果佛性相關的是「我」的概念。僧亮以「我」或「常我」指稱斷盡煩惱、涅槃成佛的狀態：

佛言善男子我者即是如來藏義一切眾生悉有。案：僧亮曰：夫如來藏、我及佛性，體一而義異也。具八自在為我義；乘如實道名為如來，以不改故謂佛性也。悉有者，常樂我淨，是佛性也，本由行也，有心求得。故因果不斷，互得相有。因亦有果，果亦有因，故言一切眾生悉有也。

善男子有名涅槃非大涅槃（至）亦得稱為大般涅槃。案：僧亮曰：答第二難也。明見佛性故，得名常樂。若不見佛性，則習氣未盡，不得常我。但分段苦盡，得名樂淨耳。〔註55〕

〔註53〕《集解》，頁 450c-a、551a、556c、574a-b、588b、598a。
〔註54〕〈師子吼菩薩品十一之一〉，頁 524b。
〔註55〕《集解》，頁 448a、534b。

此云「常樂我淨，是佛性也，本由行也，有心求得」，可知佛性是指眾生有心即能求得之佛果性；至於「眾生悉有」，僧亮則以「因果不斷，互得相有」，亦即以「未來有」解釋，此皆與前文所說不異。僧亮又指出，二乘人只能斷分段生死，得到涅槃樂淨，唯有佛能照見佛性，斷盡習氣而得大涅槃「常我」。為何佛所證大涅槃稱為常我？因為根據「具八自在為我義」的定義，唯有佛能具備八種自在力，故說佛有「我」或「常我」，並說「如來藏、我及佛性，體一而義異也」。這一關於「我」概念的界定方式，是以《涅槃經》為依據的：

> 云何復名為大涅槃？有大我故名大涅槃，涅槃無我，大自在故名為大我。云何名為大自在耶？有八自在則名為我。何等為八？一者能示一身以為多身，身數大小猶如微塵充滿十方無量世界。……二者示一塵身滿於三千大千世界。……三者能以滿此三千大千世界之身輕舉飛空，過於二十恒河沙等諸佛世界而無障礙。……四者以自在故而得自在。云何自在？如來一心安住不動，所可示化無量形類各令有心。……五者根自在故。云何名為根自在耶？如來一根亦能見色聞聲嗅香別味覺觸知法，如來六根亦不見色聞聲嗅香別味覺觸知法。……六者以自在故得一切法。……七者說自在故，如來演說一偈之義，經無量劫義亦不盡。……八者如來遍滿一切諸處猶如虛空。……如是自在名為大我，如是大我名大涅槃，以是義故名大涅槃。

> 善男子，如來常住則名為我。如來法身無邊無礙，不生不滅，得八自在，是名為我。〔註56〕

相對於二乘所得的小涅槃「無我」，佛因具有「如是自在名為大我」、「如是大我名大涅槃」。經文將「我」定義為「有八自在則名為我」，所謂「八自在」事實上即是佛所獨具的功德神通，與「佛性」作為佛之體性的原意相通。這是《涅槃經》續譯部分的主張，與前分近似神我說的觀點不同。依此定義，唯有具備八自在的佛可以說「有我」，二乘以下的眾生是「無我」的。僧亮所言，其實不出此意。他說：

> 迦葉汝今當善分別三歸如是三歸性則是我之性。案：僧亮曰：自在者，是我義。

〔註56〕〈光明遍照高貴德王菩薩品十之三〉，頁 502c-503a；〈師子吼菩薩品十一之六〉，頁 556c。

善男子汝亦説言當受地獄（至）何因緣故説我作耶。案：僧亮曰：
我以自在爲義。

無我我想我無我想（至）是名第三顚倒。案：僧亮曰：「無佛性」者：
佛性無惑，故自在不斷；惑故不應自在也。〔註57〕

僧亮追隨經文的説法，正以「自在」理解「我」。因此説佛所證得的佛體性是
「自在不斷」的無惑境界；而眾生有惑不得自在，因此無我，只是「無我我
想、我無我想」，橫生顚倒而已。值得注意的是此一以「自在」解釋「我」的
定義方式。一般説佛教所説之「我」是「常一主宰」之義；此以「自在」釋
「我」，以不受限制的自在神通説「我」，對「我」之「主宰義」的強調，顯
然更勝於其「常一不變」義。僧亮此説雖以《涅槃經》爲本，但也可能受鳩
摩羅什以來的主流看法所影響。羅什即云：

凡言我，即主也。經云有二十二根，二十二根亦即二十二主也；雖
云無眞宰，而有事用之主，是猶廢主而立主也。故於我、無我而不
二，乃無我耳。

眾生、神、主、我，是一義耳……如邪見眾生於非我見我，無常苦
至，隨緣散壞，乃知非我，亦復如是。〔註58〕

此皆是以「主」釋「我」，而以「無主」來説「無我」。如前章所言，羅什的
弟子，如僧肇、竺道生，也都繼承了此一説法：

肇曰：縱任自由，謂之我。而外火起滅由薪，火不自在；火不自在，
火無我也。外火既無我，內火類亦然。

肇曰：妙主常存，我也。身及萬物，我所也。我所我之有也，法既
無我，誰有之者。

何等爲義無我者即生死我者即如來。案：道生曰：生死不得自在，
故曰無我。

善男子如來有因緣故（至）而説無我得自在故。案：道生曰：常故
自在，是我義也。〔註59〕

僧肇以「縱任自由」、「妙主常存」爲我，顯然傳承羅什的主張。道生則是跟

〔註57〕《集解》，頁 456a、607c、447b。

〔註58〕後秦・僧肇選：《注維摩詰經》，《大正藏》卷 38，頁 354b、383c。

〔註59〕《注維摩詰經》，同註 58，頁 341c、397a；《集解》，頁 450b、550b。

從《涅槃經》的說法，以「常故自在」為我義，但其所說我、無我之意仍與羅什、僧肇相通。以「主宰」定義「我」也是後世的標準說法。比較羅什所傳以及《涅槃經》之說，雖然二者所釋「我」都偏重於主宰義，但後者顯然在意義上更為狹窄，只限於佛所得的八種自在之力；且《涅槃經》認為佛有常我，此亦與羅什的中觀思想不合。僧亮既然受其影響，其對於無我的看法便與羅什諸法無我的思想有差異：

> 醫占王病應用乳藥（至）王今患熱正應服乳。……僧亮曰：既以無
> 我為倒，應以八自在為治，故云應服乳也。「是大妄語」者：無我者，
> 旨在生死，而云一切，是則妄語也。

> 善男子如來亦爾為度一切（至）為除世間諸妄見故。案：僧亮曰：
> 三界虛妄，計之為我，是名妄見也。〔註60〕

既然佛有八自在「常我」，因此「無我」只限於「生死」、「三界虛妄」的範圍，並不及於一切法。更重要的是，既然以「自在」定義「我」，則所謂生死之中「無我」便只是說眾生於生死之中不得自在，或者更精確地說，不具備八自在神通。這一點是很重要的：由於「無我」的內涵只限於此，是故眾生在六道生死輪迴中是否有「主體」或不變「實體」的問題，便與所謂「無我」之教說不相關。事實上，不只是僧亮，《集解》所見諸師皆持此種「我」概念與「無我」觀；也許因為如此，涅槃師們能以相續不斷之眾生、心、神明為正因佛性，而不覺得與「無我說」有何矛盾之處。當然，生滅相續的觀念也未違反佛教對無我的看法，只是後世學者若以不同的「無我」標準來檢視，難免會對涅槃師們的主張有所不滿。

四、正因、緣因、境界因

僧亮將因性分為三種：

> 師子吼言：世尊眾生為悉（至）亦不應說佛性如空。案：僧亮曰：
> 因有三種：正因、緣因則別，境界因則共也。何者？三達智，一法
> 不知，則非佛三世因緣也。〔註61〕

此處經文是問：「眾生佛性，為悉共有？為各各有？」〔註62〕僧亮認為，因性

〔註60〕 《集解》，頁409a、450c。
〔註61〕 《集解》，頁561a。
〔註62〕 〈師子吼菩薩品十一之三〉，頁539a。

有三種：正因、緣因人人殊異，唯有境界因是眾生皆同的；這一點頗值得注意。僧亮並不認爲正因是眾生具有的「普遍性」，反而就「差異性」的角度來說明，此與後世的佛性觀差異甚大。以下試分析三因之意涵。

先釋緣因義。《涅槃經》說「緣因者謂六波羅蜜」，〔註63〕以菩薩所修行之六度爲成佛「緣因」。僧亮所釋大致亦不離此意：

> 復次善男子眾生起見（至）如是觀智是名佛性。……僧亮曰：上說境界，今說智者緣因也。智能斷除斷常之惑，無謬斷常之過也。

> 師子吼菩薩言世尊（至）何以故法性爾故。案：僧亮曰：釋究竟義。亦明從戒生法，終至涅槃，皆是緣因義也。曰推因也，有十一重相釋。〔註64〕

僧亮說「從戒生法，終至涅槃」中所有修行工夫「皆是緣因義」，此是依《涅槃經》而說。另外，他也以「觀智」爲緣因。此因性觀智與前述果性佛智有所不同，是眾生所有的智慧。由於每個人的修行智慧深淺不一，一闡提甚至「斷緣因善根」，因此僧亮說「緣因是無常也」，並說眾生有緣因其實是指「說緣因性，眾生必得，故名有也」。〔註65〕因此，緣因是人人各別而後起的，並不是眾生同質遍有的因性。

「境界因」之名不見於《涅槃經》，本是出自涅槃師之創造；前引均正《四論玄義》已指出「境界因名，經文無也。直是先輩諸師釋緣因，謂諸法體義，爲心作境界緣」。〔註66〕據均正，「境界因」是指能作爲心之認識對象的諸法，此正是僧亮之意。前文提及僧亮說第一義空具有因、果二義，「佛智之境，是因性也」，這是以佛智所照的「境」，即認識對象爲因佛性；此即是境界因。前引文亦云「上說境界，今說智者緣因也」，其中「境界」與「智者緣因」相對，可知境界不是觀智。僧亮又云「境界因則共也。何者？三達智，一法不知，則非佛三世因緣也」；「三達智」是佛遍知三世的神通力〔註67〕，此云所

〔註63〕〈師子吼菩薩品十一之二〉，頁530c。

〔註64〕《集解》，頁546c、553a。

〔註65〕《集解》，頁574a、523c、570c。

〔註66〕《大乘四論玄義》，同注6，頁51c。案：姚秦・曇摩耶舍、曇摩崛多等譯：《舍利弗阿毘曇論》：「何謂境界因？一切法境界如事因若有因法因，是名境界因。」《大正藏》卷28，頁687c。未知僧亮等人是否以此爲據？

〔註67〕「三達（智）」即佛所具之天眼、宿命、漏盡「三明」。是故唐・澄觀：《華嚴經探玄記》云：「十是三達智亦有宿命智。」「次觀三世是三達智。」《大正藏》卷35，頁203c、377b。

有眾生之境界因是相同的，因爲他們都必須認識三世一切法方可成佛，而所認識的諸法是相同的。這樣看來，眾生相同的成佛因緣，即是成佛時所同見的三世一切法。可知所謂「境界」乃是指認知主體所對之「境、界」，換言之即是認識對象或客體。僧亮又云：

> 復次善男子生死本際（至）生老病死之苦是名中道。……僧亮曰：說境界因也。……無明是現在苦本，愛是未來苦本也。明二世之苦以惑爲本，具一切空也。〔註68〕

「無明是現在苦本，愛是未來苦本」亦是境界因；此以無明、愛而起的生死流轉現象爲境界因，即前文僧亮說「十二因緣，能生觀智，故名因也」之意。可知所謂「境界因」確實是指智慧所認識之觀照對象。僧亮之意，應是認爲由認識對象才能生起觀智緣因，因此對象境界也是眾生能成佛的因緣條件之一，故立爲境界因。「境界」既是客觀的觀照對象，因此對眾生而言是同一無異的；但嚴格來說則非眾生內在的成佛因素。

關於「正因」，僧亮有以下說明：

> 世尊如佛所說有二種因（至）緣因者謂六波羅蜜。案：僧亮曰：含識之類，厭苦求樂，性之常也。雖人天同，此性不異。雜惑名正因，除惑名緣因，無惑可除，名之爲佛。〔註69〕

他指出：一切含識有情眾生，皆有「厭苦求樂」的常性。此以《勝鬘經》云「若無如來藏者，不得厭苦樂求涅槃……如來藏者，無前際、不起不滅法，種諸苦，得厭苦樂求涅槃」爲基礎。〔註70〕經意謂如來藏是眾生煩惱與解脫之所依。「厭苦求樂」概念常爲涅槃師們所援用，而僧亮似乎是造成此一風尚的關鍵人物。〔註71〕《勝鬘經》宣說如來藏，但他卻不以如來藏、甚至厭苦求樂性爲正因。此云「雜惑名正因，除惑名緣因，無惑可除，名之爲佛」，是說眾生雖有厭苦求樂之常性，但卻夾雜著無明煩惱；眾生「雜惑」的狀態便稱爲正因，「除惑」的工夫爲緣因，至無惑可除之時便成爲佛。又云：

> 以是常故不可思議（至）以不見故不得涅槃。案：僧亮曰：業果即

〔註68〕《集解》，頁 546b。
〔註69〕《集解》，頁 555c。
〔註70〕劉宋・求那跋陀羅譯：《勝鬘師子吼一乘大方便方廣經》，《大正藏》卷 12，頁 222b。
〔註71〕小川弘貫：〈シナ初期の佛性解釋〉，《駒澤大學佛教學部研究紀要》21（1962 年 3 月），頁 92。

眾生，即正因性也。名爲常者，煩惱故言常耳。

善男子一切無明煩惱等結（至）如來佛性猶如醍醐。案：僧亮曰：
正因性也。上說佛及十地佛性不同，未說凡夫佛性，今從凡夫至佛，
更以譬說辨其精麤也。

善男子譬如王子犯罪繫獄（至）大慈大悲大喜大捨。案：僧亮曰：……
群生是內行因，涅槃佛性是內行果也。

善男子我於此經說言佛性（至）眾生佛性離眾生有。案：僧亮曰：
第九地（十九諍論）。佛性有因有果：因即眾生非難（離）也；果非
眾生，繫屬於因，亦不說離也。而或者以眾生無常，便言其離，是
則失旨也。〔註72〕

此則明言「業果即眾生，即正因性也」、「群生是內行因」、「因即眾生」。他雖
亦隨順經文而有「一切無明煩惱等結」爲正因性的說法，但眾生即是無明煩
惱所起的十二因緣流轉，故整體來看，僧亮應是以現在有種種無明煩惱的眾
生爲正因。由於眾生千差萬別，「雜惑」的情形也不相同，因此正因性是人人
殊異的，並不是眾生普遍同具的同一性。又云：

有無之法體性不定譬如四大其性不同各自違反。案：僧亮曰：不定
謂不偏也。涅槃實故，名妙有也；生死虛故，名爲無也。因果相續，
一體之中，而有二相。不定者，此明法理不偏也。

以佛性因緣則可得救（至）一闡提輩亦復如是。案：僧亮曰：謂正
因性也，斷緣因善根，非斷正因也。由正因力故，久善還生。非三
世者，釋不斷義也。正因是相續常，常故無去來也。

若言眾生中有佛性者（至）應定答言亦生不生。案：僧亮曰：……
有淨不淨者：釋學與無學，相續是一。不淨名學，謂眾生也；淨名
無學，謂佛也。豈容學中，別有無學耶！〔註73〕

僧亮也認爲「正因是相續常」，換言之，煩惱眾生是相續不斷的。由「生死」
至「涅槃」妙有的過程是「因果相續」的，不淨有學的「眾生」與清淨無學
的「佛」亦「相續是一」；二者是相續不斷的同一體，只不過因果相續故「一
體之中，而有二相」。凡此皆與上述「以眾生爲正因」、「以六法爲正因」等說

〔註72〕　《集解》，頁 558a、586c、416a、582c-583a。
〔註73〕　《集解》，頁 459c、574a、589a。

相同,而亦同樣皆以《涅槃經》之眾生相續不斷正因說為根基。以「相續為一」說明生死涅槃不二、或眾生與佛不二,是此一時期流行的看法,此與後世看法亦不同,頗值得注意。由此可以推知,僧亮說眾生為正因,也正是著眼於眾生相續不斷為佛之前身的這一點。

關於三因的性質,僧亮又以生因、了因區別的角度來說明:

> 善男子汝言因緣故(至)乃得名為大涅槃因。案:僧亮曰:既已別答,更追釋涅槃因是了因非作因,故常也。

> 復有生因所謂信心六波羅蜜。案:僧亮曰:本無今有,是生也;本有今見,是了也。如無常見常是生,無常見無常是了也。

> 眾生佛性亦復如是(至)爾時得見不名為作。案:僧亮曰:從了因見,故非本無今有也。內謂緣因,外謂正因,遍因無內外也。因中不可得,故非有;從二因見,故非無也;亦非遍因。故非此彼,非無因緣,以修道得見,故非餘來也。

> 善男子如世間法或說生因(至)唯有了因無有生因。案:僧亮曰:有為法,生因有二種:一以業生名生因,二以近為生因也。了因亦二種:一以果不生名了,二以遠為了。……出世亦如是者:出世無為,無為無起因,無所生名了因。有近遠,近則名生因。〔註74〕

生因、了因之別在於「本無今有,是生也;本有今見,是了也」;涅槃是「本有今見」的常法,只能由「從了因見」;不是「本無今有」的有為法,故不從「生因」而生。此亦是根據經文而說。因此作為涅槃因之三種因性,都屬於了因而非生因,必須互相配合才能「以修道得見」涅槃果佛性。但有時三因亦可說為生因,這是因為生因、了因亦可以由近、遠來區別之故。

在此必須特別指出的,是僧亮以「差異性」來詮釋正因佛性的作法。值得注意的是,此一說法與魏晉時期「順氣以下論性」,注重殊異才性、氣性的人性論傾向有類似之處。〔註75〕前面也曾提及,智藏說「正因者,謂心是覺知,非(此字疑誤)招大覺,氣類無差,至當無偏,故名為正因也」,〔註76〕這更是直接以「氣類」解釋正因。我們知道,以質料因相續不斷的角度解說

〔註74〕 《集解》,頁 552a、554b、570a、597b。

〔註75〕 順氣、逆氣,或據才性、德性論性之區別及特色,見:牟宗三:《才性與玄理》(臺北,臺灣學生書局,1997 年),頁 1-8、46-51。

〔註76〕 《大乘四論玄義》,同註 6,頁 51c。

「正因」，是《涅槃經》本來已有的；但強調「正因」是眾生各自不同的差異性，則是僧亮等涅槃師的新說。筆者認為，這一看法確實是受到魏晉人性論的影響，此由僧宗等以「神明」為殊異正因性之說法可以推知，下文將再論及。

　　關於正因的內涵方面，其實僧亮已根據《勝鬘經》論及「厭苦求樂」之普遍常性，而說「眾生」為正因則是依循《涅槃經》的說法。《涅槃經》本以「質料因」來界定正因之意義，故僧亮有此看法並不令人意外。《勝鬘經》與《涅槃經》同為涅槃師所宗習的根本經典，但後者往往在學者們思想義理的建構上更具優先性。僧亮與其他諸師不像後世學者以《勝鬘經》的「如來藏」、「自性清淨心」來解說正因，除了「正因」概念自身本有特殊界說之外，《涅槃經》把「心」理解為念念生滅的意識心，或許也妨礙了他們對「真常心」思想的認識。

五、生死因果、心作心受

　　此由僧亮的「心」概念可知。僧亮雖然不以「心」或「厭苦求樂性」為正因，但在他的思想系統中「心」仍佔據重要地位：

> 若無明轉則變為明（至）亦復如是無有二相。案：僧亮曰：眾生有心，知苦可厭，知樂可求。不識苦故，名無明也，識則無明之名轉也。是則有明闇之異不一也。

> 復次善男子菩薩摩訶薩（至）入正解脫是名為知。案：僧亮曰：……是人雖行邪道，厭苦情至。此厭心出苦，必求正解脫。

> 善男子譬如有人家有乳酪（至）一切眾生悉有佛性。案：僧亮曰：凡有心者，向言定得。今明有心求樂，求者皆得，但遲速為論耳。

〔註77〕

在此，僧亮明確地指出因為「眾生有心」故能「厭心出苦」、「有心求樂」，可知「心」其實才是眾生「厭苦求樂」、能得解脫的根源。這雖符合《涅槃經》「凡有心者，定當得成阿耨多羅三藐三菩提」之說，但顯然是以《勝鬘經》所說「如來藏者，無前際、不起不滅法，種諸苦，得厭苦樂求涅槃」為基礎。不只如此，僧亮同樣還把「心」說為眾生染淨之根源，甚至是解脫、輪迴的

〔註77〕《集解》，頁461c、502b、550a。

根本：

> 如汝所言一闡提輩（至）一闡提業亦復如是。案：僧亮曰：心爲善
> 惡之主，而爲邪見所壞。

> 善男子我於經中作如是說（至）一切凡夫亦復如是。案：僧亮曰：
> 經說苦樂，以心爲主。心有解惑，惑名無明，解名正見。正見是樂
> 因，無明是苦本，此二是心之異能也。立爲數法，五陰是苦，從無
> 明生，說癡過患也。

> 善男子阿耨多羅三藐（至）是故復名不可思議。案：僧亮曰：菩提
> 果，心是因。因果皆不可以事比說，《涅槃經》説之。

> 佛言善男子若我周遍（至）修諸善法爲受天身。案：僧亮曰：生死因
> 果，心作心受。眾生皆有五道之業，一心不並起，不一時受。〔註78〕

他說「心爲善惡之主」，是能主善惡之關鍵。「而爲邪見所壞」一語，似乎暗
示心應該是本淨或本善的。他又說「苦樂以心爲主」，報應也是由心所造；因
爲「心有解惑」這二面向，亦即「正見」與「無明」，此二面是「心之異能」，
由此帶來或苦或樂的結果。在此意義下，僧亮說「菩提果，心是因」，明確地
承認此一能選擇爲善、厭苦求樂的「心」是覺悟之因；並云「生死因果，心
作心受」，「心」不但是帶來生死輪迴、因果報應的根源，同時他自身也就是
此一輪迴報應的承受者。

　　此說意義十分重大，我們看到：（1）「心」的「主體」意味十分強烈，它
是能選擇善惡的主宰者，自身並有厭苦求樂的傾向；僧亮雖然不將心說爲佛
性，但也承認心是菩提之因。事實上，若根據後世的標準，可以說在他的思
想系統中「心」才是眾生成佛的根本因或解脫「主體」。（2）「心」不只能善
能惡，也造成苦樂報應，「心」同時又是自身所帶來報應的受者。「心作」並
且「心受」，則「心」其實便是在生死輪迴能造業並受報的之輪迴「主體」。
僧亮「心」概念的這兩個意義，正與「佛性」與「神不滅」有關，二者交涉
的現象及其理論背景，由此便可以看出。（3）僧亮說「心有解惑」，並且說「此
二是心之異能」；此「心」具染淨二面的圖像，如前所見，本是早期佛教學者
的普遍看法。此在寶亮、梁武帝那裡有更深刻的發展，對後世心性思想的發
展有重大意義。此下章當再討論。

〔註78〕《集解》，頁 574c、580c、508c、607a。

　　看來僧亮的「心」概念似乎深受《勝鬘經》影響；不只厭苦求樂而已，《勝鬘經》不也說「生死者，依如來藏」、「自性清淨心而有染污」？〔註79〕僧亮之說法與此多少有類似之處。但二者之後仍然有一重大的根本差異：僧亮之「心」雖有輪迴與解脫「主體」之義，但卻說「眾生皆有五道之業，一心不並起，不一時受」；此「心」是念念不並起而相續存在的，並不是如《勝鬘經》所言的那種真常不變的實體心。這基本上仍是以《涅槃經》為依據，經云：

> 「眾生五陰空無所有，誰有受教修習道者？」「一切眾生，皆有念心、慧心、發心、勤精進心、信心、定心。如是等法雖念念生滅，猶故相似相續不斷，故名修道。」〔註80〕

《涅槃經》認為相續不斷的「心」是眾生受教習道的「主體」。但心不是一個貫串三世生死、恆常不變的「實體」，而是指輪迴過程中「念心、慧心、發心、勤精進心、信心、定心」的相續；換言之，「心」只是這些心意識之連續流動而已，此一「心」概念比較近似所謂的「緣慮心」。僧亮的「心」概念便與此相同；如前所見，智藏、僧旻等人的「心」、「神明」概念也是如此，這是當時涅槃師普遍抱持的想法。此種詮釋方式，除了源自《涅槃經》之外，可能也受到齊梁之際盛行的《成實論》之影響：

> 多心。所以者何？識名為心，而色識異，香等識亦異，是故多心。……又淨不淨等諸受差別，故心亦異。又所作差別，故心有異。又淨不淨，心性各異。……又隨苦樂等受差別，故心亦不一。……又經中說：身或住十載，而心念念生滅。又說當觀住心無常，此心相續故住，念念不停。……故知多心。〔註81〕

《成實論》並不區別心、意、識，並且把它視為是認知、感受、造作等作用之相續集合，故主張「多心」。南朝的涅槃師們在這樣的背景薰陶之下，不取「真常心」的思想路向是可以理解的。

六、小　結

　　比較僧亮與前述「眾生為正因」、「六法為正因」諸家，可以看出其類似

〔註79〕《勝鬘師子吼一乘大方便方廣經》，同註70，頁222b、c。
〔註80〕〈師子吼菩薩品十一之三〉，頁537a-b。
〔註81〕訶梨跋摩造，姚秦・鳩摩羅什譯：《成實論・多心品》，《大正藏》卷32，頁278b-c。

性：他們其實都依《涅槃經》說「眾生」爲正因，但也都強調「心」或「神明」的重要性，並且皆著眼於其念念相續不斷的性質立說；因此他的佛性說實可歸於此類。「厭苦求樂」概念，後來被法雲等人視爲正因，由此亦可見諸家佛性說之間其實關聯甚深。僧亮的正因佛性學說，也與智藏、僧旻一樣，其中雖然沒有貫串三世同一不變的「實體」，但相續不斷的眾生，或精確地說是「心」，卻擔負著造業與受報「主體」的角色。此處「神不滅論」的特色是很強烈的，並且也同樣顯示神不滅思維的新方向。

在僧亮處，我們可以更清楚地了解涅槃師們學說的一般模式，如：我與無我的特殊意義，普遍區分因果佛性的作法等。由此也可以進一步看出「本有、始有」問題的意義與複雜性。能不能說僧亮持佛性「始有說」？就佛果性而言卻是如此；但他另有關於因性的理論，這一方面則是「本有」的。就此而言，亦可說這是一種兼融「本有、始有」之說，與前述智藏、僧旻等人的「本有於當」思想有類似之處。事實上不只是僧亮，就《集解》所見，僧宗、寶亮等涅槃宗師也都持相同的詮釋模式。關鍵在於：他們對因果佛性有所區隔，因此分別說因果爲本有、始有並不矛盾。然而，後世的學者，如吉藏，多從「非有非無、非本非始、亦非當現」的角度詮釋佛性，〔註82〕「正因」已不再具有純粹因性的意義。因此，後人考慮「本有、始有」問題的角度事實上與南朝涅槃師是有相當差異的。

結　語

根據本章所說，可以發現僧旻、智藏等人的「眾生爲正因」、「六法爲正因」之說，基本上仍遵守《涅槃經》佛性說之原旨，只是比起經文原意更強化了「心」、「神明」的重要性。他們認爲眾生之爲「正因」，是因爲它在生死輪迴中相續不斷轉變成佛；進一步推究，「眾生」之相續成佛乃是「心」、「神明」相續轉變成大覺種智。而僧亮的佛性思想，基本上也屬於「眾生正因」的類型。他主張因果有別的五種佛性說，主張佛性現無當有等思想特色，此則有助於我們理解涅槃師的一般理論傾向。僧亮也著眼於「眾生」念念相續不斷的性質說其爲「正因」，認爲雖然沒有貫串三世的不變「實體」，但相續不斷的眾生，或精確地說是「心」，卻擔負著造業與受報「主體」的角色。

〔註82〕《大乘玄論》，同注9，頁39b。

　　對我們關注的課題來說，這是值得注意的。眾生、心、神明是「生生流轉」、「相續不斷」的連續體，由眾生至佛更被宣說為是「更無二體」的；在此，念念相續的眾生或神明雖然不是某種固定不變的「實體」，但卻是具有「人格同一性」的「主體」。這樣的佛性理論說明了眾生成佛的根據，同時不也確定了生死輪迴中眾生不斷不滅的延續性？「心」或「神明」雖然不是不變的實體，但卻以時空連續體的型式貫串輪迴生死的歷程。雖然它不以「神不滅論」的型式出現，但卻已具備神不滅論的特質，並且展示了神不滅理論的全新可能模式。神不滅論者，如沈約，正以此說為基礎建立新的理論。

第九章　南朝佛性理論之二
——理或神明爲正因說

　　根據吉藏的判分，以「理」爲正因者有四家：「前之兩家，以當果與得佛之理爲正因佛性者，彼言是世諦之理。次有兩家，以眞諦與第一義空爲正因佛性者，此是眞諦之理也。」並云後兩家中，「以第一義空爲正因佛性者，此是北地摩訶衍師所用」、「眞諦爲佛性者。此是和法師小亮法師所用」。〔註 1〕此「第一義空爲正因」之說，吉藏云「北地摩訶衍師所用」，坂本幸男認爲是指北方地論師；但依元曉（617-686）則屬攝論師說。〔註 2〕無論如何，由於已超出涅槃宗之範圍，此處不論。至於「眞諦爲佛性」，乃是寶亮（444-509）之說；但依今日觀點，寶亮的正因佛性說其實比較接近以「心」爲正因一類，與「理」之一類不相侔。故此處只就「當果」、「得佛之理」二說進行分析，並依據《集解》材料附論屬於得佛之理一系、但實則以「神明」爲正因的僧宗（438-496）思想。

第一節　理爲正因說

一、當果爲正因：曇愛

　　以「當有」或「當果」爲佛性之說，據載出於竺道生（372？-434）。均正云：

〔註 1〕　隋・吉藏：《大乘玄論》，《大正藏》卷 45，頁 36c。
〔註 2〕　坂本幸男：〈六朝に於ける佛性觀〉，《文化》21：6（1957 年），頁 127；新羅・元曉：《涅槃宗要》：「第六師云：阿摩羅識眞如解性爲佛性體。如經言：佛性者名第一義空，第一義空名爲智惠。」《大正藏》卷 38，頁 249b。

一、道生法師執云：當有爲佛性體。法師意一切眾生，即云無有佛性，而當必淨悟。悟時離四句百非，非三世攝。而約未悟眾生，望四句百非，爲當果也。（均正《大乘四論玄義》）〔註3〕

此云道生以「當有爲佛性體」，認爲現在「一切眾生，即云無有佛性」；就現在未悟眾生而言，未來所證得的「四句百非，非三世攝」之境界是「當果」，即未來「當有」的佛性果體。關於竺道生的佛性說，前章已有獨立分析，此不具論。

據載，道生的後繼者確實主張佛性「當有說」：

第一、白馬愛法師，執生公義云：當果爲正因，則簡異木石無當果義。無明初念不有而已，有心則有當果性。故脩萬行剋果，故當果爲正因體。此師終取《成論》意，釋生師意，未必爾。法師既非凡人，五事證知故也。非法師亦有同此說。正言顯即是果，隱即爲因，只是一切轉側以爲同果也。（均正《大乘四論玄義》）

第一師云：當有佛果爲佛性體。如下〈師子吼〉中說言：「一闡提等無有善法。」佛亦言：「以未來有故，悉有佛性。」又言：「以現在世煩惱因緣能斷善根，未來佛性力因緣故遂生善根。」故知當果即是正因。所以然者，無明初念不有而已，有心即有當果之性。故修萬行以剋現果，現果即成當果爲本。故說當果而爲正因。此是白馬寺愛法師述生公義也。（元曉《涅槃宗要》）

第八師以當果爲正因佛性，即是當果之理也。（吉藏《大乘玄論》）

〔註4〕

白馬愛法師，布施浩岳認爲即是《涅槃經集解》所見的曇愛，其生平不詳，推測與曇纖（432-495）約略同時。〔註5〕此云「白馬寺愛法師述生公義」，可知祖述竺道生之說，但已明確地以「當果爲正因」。此說早期似乎甚爲流行，由吉藏云「當果爲正因佛性，此是古舊諸師多用此義，此是始有義」可知。〔註6〕

《集解》援引曇愛資料甚少，且多無關宏旨。由上引資料看來，當果正

〔註3〕 唐‧均正：《大乘四論玄義》，《卍續藏經》第74冊，頁46b。

〔註4〕 《大乘四論玄義》，同注3，頁46b-c；《涅槃宗要》，同注2，頁249a；《大乘玄論》，同注1，頁35c。

〔註5〕 布施浩岳：《涅槃宗の研究（後篇）》（東京，國書刊行會，1973年），頁245-246，293-294。

〔註6〕 《大乘玄論》，同注1，頁36c。

因說確實即以《涅槃經》續譯部分爲依據；此本是經文之主張。以未來當有的「當果」爲佛性，此固無疑義；問題是，若說「當果爲正因」則是何義？當果佛性未來才有，眾生現在自然無此「當果」，則說現在有的「正因」即是未來有的「當果」豈不矛盾？根據吉藏的說法，「以當果爲正因佛性，即是當果之理也」、「以當果與得佛之理爲正因佛性者，彼言是世諦之理」；則似乎所謂「當果爲正因」是指某種「當果之理」。換言之，佛性雖是未來的當果，但是眾生已經有能得此當果之「理」，故稱之爲正因。但吉藏又云此是「世諦之理」，則此理顯然不是指性空、第一義諦、眞如等超越眞理；事實上，如前所見，吉藏把「以眞諦與第一義空爲正因佛性者」稱爲「眞諦之理」，與「世諦之理」區別。由此可以推測，所謂「當果之理」並不是某種超越性的、獨立於物的存在，可能只是一般常識性用法中所說的「理」，即理由、原因之意。若是如此，則所謂「當果爲正因」其實並不是說某種「理體」爲成佛正因，只是說眾生有能得到未來當果的理由，以此說爲正因。

　　此一推測可以由均正、元曉的記載得到支持。在二人的敘述中完全沒有提及「理」字，但對「當有」說卻有較詳細的說明；如果吉藏「當果之理」的說法正確無誤，均正、元曉的解釋也應該可以補充其內容。注意其解說，可以發現：（1）「當果爲正因，則簡異木石無當果義。」此亦與前述諸說一樣，皆著眼於眾生與無情之物的差別，強調有情才能夠成佛。此云「木石無當果」，即是表示唯「眾生有當果」；但這只是說眾生未來當有佛果而木石則無，「當果」在此並不是指某種現在眾生已有之物。（2）值得注意的是：「當果爲正因」與「則簡異木石無當果義」相對成文，這裡前句顯然省略主詞「眾生」；此若非說眾生當果，則與後句「木石無當果」即無「簡異」之處，下文「有心」、「修行」云云亦無著落。然則「（眾生）當果爲正因」句中，當果是未來之果非現在已有；現在已有，在主詞位置可以說爲「正因」者，其實便只有「眾生」。這樣看來，曇愛其實是以能得當果，而說「眾生」爲正因。〔註7〕（3）但爲何眾生能有當來之果？下云「所以然者，無明初念不有而已，有心即有當果之性」，之所以必得當果，是因爲眾生皆有具有「無明初念」之「心」。在此，無明初念與心被代換地使用，可知「心」在此是

〔註7〕　廖明活認爲：曇愛之正因佛性暗指一切能得果之有情眾生；雖未見論證，蓋即此意歟？見：Liu Ming-Wood, "The early development of the Buddha-nature doctrine in China," Journal of Chinese Philosophy, 16:1（1989）, p.11。

指眾生未脫煩惱的緣慮、智識心。此應是以《涅槃經》「一切無明煩惱等結，悉是佛性。何以故？佛性因故」之說為基礎；〔註8〕經文是擴大地以佛性之因為佛性。曇愛將它與「凡有心者，定當得成阿耨多羅三藐三菩提」的說法結合，認為眾生因獨具「無明煩惱」與「心」，因此必定能「脩萬行剋果」。此仍是就有情無情之區別立論。（4）由此看來，此說「當果為正因體」，應當不是指眾生現在有某種稱為「當果」之物為正因，而是指「眾生」因為具有無明之心，修行必得「當果」，故說為眾生為正因。如果進一步追究眾生的「當果之理」是什麼，則答案應該就是：眾生皆有此無明之心。我們看到，這其實與前述諸說一樣，在追究「正因」的內涵時走向以「心」為解答的方向。

　　由上所述，可知此說與以「眾生」、「六法」為正因之諸說其實亦有類似之處。基本上他們都深受《涅槃經》以質料因界定正因觀念，並說眾生或心念念相續為佛性正因之影響。亦可知在諸家對正因佛性的討論中，不斷滅之「心」被一致公認具有重要地位。

二、得佛之理為正因：法瑤、慧令

（一）佛性是生善之理：法瑤

　　本說的創始者是法瑤（404？-475）。〔註9〕據均正云，法瑤立說，介於竺道生「當有為佛性體」及曇無讖「本有中道真如為佛性體」之間。云：

　　　三、於生（竺道生）、遠（讖）（曇無讖）之間執云：得佛之理為佛

　　　性，是望（瑤）法師義也。（均正《大乘四論玄義》）〔註10〕

吉藏云「第九師以得佛之理為正因佛性也」，〔註11〕亦是指法瑤一系而言。此說以「得佛之理」為佛性。湯用彤指出：此是以「理」釋本體，於中國哲學理論之發展有甚深之關係；〔註12〕這也是法瑤的佛性學說與其他涅槃師之間

〔註8〕　北涼・曇無讖譯：《大般涅槃經・迦葉菩薩品十二之三》，《大正藏》卷12，頁571c。以下徵引本經，只注明品名及頁數。

〔註9〕　參見：梁・慧皎著，湯用彤校注：《高僧傳・法瑤傳》（北京，中華書局，1997年），頁298-299。

〔註10〕《大乘四論玄義》，同注3，頁46b。

〔註11〕《大乘玄論》，同注1，頁35c。

〔註12〕湯用彤：《漢魏兩晉南北朝佛教史》（北京，北京大學出版社，1997年），頁488-491；〈釋法瑤〉，氏著：《理學、佛學、玄學》（臺北，淑馨出版社，1992

差異最大之處。由《涅槃經集解》中所保存的法瑤注釋，亦可見此特色：

> （〈如來性品〉釋題）法瑤曰：……上〈四依〉以來，大意明行者修善護法，是善業也。今明善業所由生者，即佛性。佛性是生善之理，理若無者，善何由生？是則佛性是作善業之根本也。佛性是正因，善業是緣因也。

> 迦葉菩薩白佛言甚奇世尊（至）如汝所歎不違我說。……法瑤曰：從……上三歸中，明我性有佛性，似如有神我之性爲佛性也。是以今廣明佛性非有非無，離乎二邊，處於中道。無相可執，若執則墮斷常二見也。其性玄妙，非二乘所測，十住大士，猶尚暧昧，豈非難見耶。

> 復次善男子譬如金礦（至）以斷無量億煩惱故。案：法瑤曰：前譬明緣因佛性同耳，此明正因果佛性也。明三乘同有此性，脩道斷結，陶冶成佛。此理非是本有今無，本無今有也。〔註13〕

他說佛性是「善業所由生者」、「生善之理」、「是作善業之根本」；進一步說「佛性是正因」，由佛性所生之「善業」是「緣因」。這是以眾生所具能生善業之「理」理解正因佛性。說佛性是生善之根本，其實是當時涅槃師們的共識，此一看法是以《涅槃經》的科段判分爲根據的。北本〈壽命品一之三〉偈云：

> 云何得<u>長壽</u>／<u>金剛不壞身</u>／復以何因緣／得大堅固力／<u>云何於此經</u>／究竟到彼岸／願佛開微密／廣爲眾生說／<u>云何得廣大</u>／<u>爲眾作依止</u>／實非阿羅漢／而與羅漢等／<u>云何知天魔</u>／<u>爲眾作留難</u>／佛說波旬說／<u>云何分別知</u>／云何諸調御／心喜說眞諦／<u>正善具成就</u>／演說四顚倒／<u>云何作善業</u>／大仙今當說／<u>云何諸菩薩</u>／<u>能見難見性</u>〔註14〕

此文底線部分，即是南本《涅槃經》品目名稱之由來，據此依次劃分出：〈長壽〉、〈金剛身〉、〈名字功德〉、〈四相〉、〈四依〉、〈分別邪正〉、〈四諦〉、〈四倒〉及〈如來性品〉之名。〔註15〕由於「云何作善業/大仙今當說/云何諸菩薩/能見難見性」被認定是指〈如來性品〉，亦即北本〈如來性品四之四〉而說的，

年），頁 199-202。

〔註13〕 梁・寶亮集：《大般涅槃經集解》，《大正藏》卷 37，頁 447c、462b、472a-b。以下微引簡稱《集解》並只注明頁數。

〔註14〕 〈壽命品一之三〉，頁 379c。

〔註15〕 高崎直道：《如來藏思想の形成》（東京，春秋社，1978 年），頁 134-135。

是故當時的涅槃師們皆不免根據此偈而主張佛性爲「作善業」之本，此由《涅槃經集解》即可知。

法瑤則將作善業之根本說爲「理」。從引文看來，法瑤的說法與其他涅槃師有許多不同：（1）他直言「佛性是正因」，認爲二者之間並無區別。（2）法瑤並云「佛性非有非無，離乎二邊，處於中道」，正因佛性在他看來是某種超越有無斷常的「理」。（3）既然正因即是佛性，是眾生所以能生善之「理」，那麼佛性當然也是現在眾生「本有」的。法瑤云「此理非是本有今無，本無今有」，是不變的常法，眾生便是因爲「同有此性」，故能據此「脩道斷結，陶冶成佛」。此種說法，與後世的佛性觀比較接近，而與當時普遍區分因果佛性、以佛性爲佛果性、以現實中眾生或心之相續不斷爲正因的佛性思想型態差異甚大。法瑤強調眾生已有此佛性之理：

> 善男子如貧女人。……法瑤曰：眾生有成佛之理，理由慈惻，爲女人也。成佛之理，於我未有用，譬貧也。
>
> 多有眞金之藏。……法瑤曰：身中佛性，理必屛然，如彼舍内寶藏之義也。
>
> 力士見已心懷驚怪生奇特想。案：法瑤曰：受教之徒，聞見佛性，方生信解。身中乃有此之勝理，生奇特想也。〔註16〕

此釋《涅槃經》前分的貧女人、力士額珠喻。此云「成佛之理」是眾生已有的「身中佛性」，佛性「本有」的意味是十分清楚的。但法瑤也認爲「成佛之理，於我未有用」，眾生雖有此理，但它尚未能發揮功能：

> 是人答言我今審能。法瑤曰：此理唯佛能照，始可稱審也。
>
> 是珠入皮即便停住。……法瑤曰：佛性之理，終爲心用。雖復暫爲煩惱所隱，如珠在皮中，出不久也。〔註17〕

唯有佛才能照見此佛性之理。眾生被煩惱所覆時「佛性之理」並無作用，但終會爲「心」所用。《涅槃經集解》所見法瑤正因佛性之說，大致如上。

由此看來，法瑤以本有之「理」爲正因佛性，並無疑義。然而，此「理」的內容是什麼？吉藏將此說判爲說「理」一類；若依呂澂之解釋，這是「指境」的佛性觀，是以認識所緣的實相、法性來說佛性。〔註18〕由「佛性非有

〔註16〕《集解》，頁448c、452c。

〔註17〕《集解》，頁449b-c、452a。

〔註18〕呂澂：《中國佛學源流略講》（臺北，里仁書局，1998年），頁128-130。

非無」、「此理唯佛能照」的說法來看，此說不無根據。但考慮前引吉藏「以當果與得佛之理爲正因佛性者，彼言是世諦之理」的判分，則此理似乎不是指非有非無的實相法性，否則便與吉藏判分的「第一義空」、「中道」等其他諸家無從分別。法瑤說「善業所由生者，即佛性」、「佛性是生善之理」、「佛性是作善業之根本也」，依此則佛性是某種能生出善業之物，「理」亦是指「生善之理」；那麼所謂「生善之理」又是什麼？法瑤有云「眾生有成佛之理，理由慈惻」，由此觀之，作爲「生善之理」的佛性，其具體內容應該就是指「慈惻」的特質。此云「慈惻」是成佛之理，由此生出善業；法瑤之意，應是說眾生因爲具有「慈惻」的本能或本性，因此能夠造作善業，並進一步積德成佛，「三乘同有此性，脩道斷結，陶冶成佛」云云，即是此意。眾生皆具「慈惻」本性作爲成佛的基礎，故說眾生有成佛之理，並以此說爲佛性。然則根據此一詮釋，「佛性非有非無」只是對「慈惻」之性的形容，並不是說佛性自身等同於中道。「唯佛能照」亦只是說唯佛能夠完全了解慈惻之性。「佛性之理，終爲心用」，則是說眾生之心終究能表現出慈惻之作用。筆者認爲，此種詮釋應是最爲合理的。

然而，後人對法瑤思想的記載與此卻有很大差異。其中一個令人困惑的問題，是佛性的「本有」、「始有」。如前所述，法瑤將正因等同於佛性，並持本有說；就《集解》的材料來看此亦無庸置疑。但是，前引均正的記載，說他「於生、遠（識）之間執云：得佛之理爲佛性」。由均正行文的脈絡來看，竺道生以「當有爲佛性體」，曇無讖主張「本有中道眞如爲佛性體」；則所謂立說「於生、遠（識）之間」，唯一合理的解釋只有：法瑤的佛性說介於「本有」與「當有」之間。不只均正有此記錄，灌頂亦云：

> 新安述小山瑤解云：眾生心神不斷，正因佛性附此眾生，而未具萬德。必當有成佛之理，取必成之理爲本有用也。（灌頂《大般涅槃經玄義》）〔註19〕

依灌頂所釋，法瑤認爲眾生「心神不斷」但「未具萬德」，必當成佛故言本有。這是把佛性之「理」解釋爲「必當有成佛之理」、「必成之理」，似乎與前述「當有爲佛性」之說相同。灌頂接著又在敘述智藏、僧旻的「本有於當」學說時云：

> ……引〈如來性〉貧女、額珠、闇室等，證本有。引〈師子〉〈迦葉〉

〔註19〕隋・灌頂：《大般涅槃經玄義》，《大正藏》卷38，頁10b。

明乳中無酪，但酪從乳生故言有酪，酪非本有，必假醪暖；種植胡
麻，答言有油，油須擣壓乃可得耳；又引佛性〔非〕三世，眾生未
來當有清淨莊嚴之身，此證當有。雙取二文，意與瑤師（法瑤）不
異。（灌頂《大般涅槃經玄義》）〔註20〕

此云法瑤與智藏、僧旻一樣，「雙取」《涅槃經》本身本有、始有之文，以證明
佛性「本有」、「當有」二義。法瑤引〈如來性品〉之貧女人、力士額珠喻以證
本有，前文已引；但《涅槃經集解》現存的法瑤注釋卻不見有證「當有」之文。
事實上，《涅槃經》續譯部分是發揮佛性始有義之處，但《集解》續譯部分引用
法瑤注釋甚少，尤其最關鍵的〈迦葉品〉只有 5 條，〈師子吼品〉更是連一條也
無；這個現象頗值得注意。〔註21〕若灌頂所言無誤，則這二品法瑤應有注釋，
只是不被《集解》編集者採用。法瑤在〈迦葉品〉開頭「釋題」云：

〈〈迦葉品〉釋題〉……法瑤曰：前品廣說佛性不一。或因或果、非
因非果；或因或緣，或善非善；或言心是，或言心非；或言離陰，
或不如是。眾說雖非一途，而佛性一也。是則不可偏執一法爲是，
而餘法非也。迦葉今引四十九年，不定之說。偏執者，皆失佛意；
謂執往既失，執今豈得耶！若有偏執上所說者，皆不得佛意也。經
有明文：下至煩惱諸結眾生，五陰善法，皆是佛性。又說：性非內
非外、亦內亦外，非有非無、亦有亦無。又就闡提或善根人，四句
互明佛性。復引恒河七人不離佛性水，又言如是七人，若善不善、
若方便道、若解脫道、若因若果，悉是佛性。經文如此，豈可以一
法偏執乎！若不尋結始末，所論佛性，各舉一邊，以爲決定，但以
果爲佛性者，恐失其知旨矣。〔註22〕

法瑤此語針對性意味甚強。他廣引《涅槃經》，是要批評「但以果爲佛性者，
恐失其知旨矣」。我們知道，法瑤並不區分正因與佛性；但就《集解》所見，
區分因、果佛性是當時普遍的主流意見，多數涅槃師在不特意區別的情形
下，甚至直接用「佛性」來指稱果佛性。如前文所見，稍早的僧亮便是如此，
晚於法瑤的學者，如下文將論及的僧宗（438-476）、寶亮（444-509）等人亦

〔註20〕同注 19，頁 10b。
〔註21〕《集解》中法瑤注釋總數有 267 條，續譯部分只有 33 條。菅野博史：〈『大般
涅槃經集解』の基礎的研究〉，《東洋文化（東京大學）》66（1986 年 2 月），
頁 170-171。
〔註22〕《集解》，頁 571c-527a。

是如此，而此三人的注釋正是《涅槃經集解》的意見主體。看來法瑤所云「但以果爲佛性者」所指便是這種主流意見。考慮《集解》〈師子吼品〉法瑤全無注釋的現象，會不會是因爲他的想法偏離主流意見太遠，因此全被捨棄呢？此一可能性應是存在的。至於法瑤如何能夠一方面不區別正因、佛性，同時又立說於本有、當有之間？還是均正、灌頂所記有誤？由於關鍵材料的缺乏，已不可得知。若依灌頂所述，或許法瑤之意是：眾生已有的成佛之理是本有，但佛之萬德的完成是始有。下文將論及，其後繼者靈根寺慧令便持此種意見，未知法瑤是否如此？

　　另一個問題，是對正因的詮釋。吉藏云：

> 次有障（新）安瑤師云：眾生有成佛之道理，此理是常，故説此眾生爲正因佛性。此理附於眾生，故説爲本有也。（吉藏《涅槃經遊意》）
> 〔註23〕

據吉藏，法瑤認爲成佛之理「附於眾生」，並且以「眾生爲正因佛性」。由均正所記以及《集解》所見，法瑤以得佛之理爲佛性是無庸置疑的，吉藏所言可能有誤。但爲何會有此種現象？值得注意的是，依吉藏，正因佛性之理「附於眾生」，前引灌頂的引述也說「眾生心神不斷，正因佛性附此眾生」；二人的記載都強調「附於眾生」的特點，灌頂還特別指明是「心神不斷」之「眾生」。這似乎顯示法瑤所說的正因佛性，在旁人看來只是依附在眾生無常身中的「理」；吉藏便說此只是「世諦之理」。或許原因在於：雖然法瑤把正因佛性界定爲「非有非無」的常法，但他以「慈惻」作爲「佛性之理」概念的核心，便難免涉及現實眾生之慈惻心，而落入有爲無常的領域。因此，「佛性之理」容易被認爲是現實中相續不斷的眾生或心神所具有的某種慈惻特質，如此便不易與前述各種以眾生、心、神明爲正因之說劃清界線。事實上，法瑤把「眾生」視爲佛性「緣因」之一：

> 善男子斷有二種（至）是故我言斷諸善根。……法瑤曰：益前有無之問也。以現在無故，得言斷善根；未來有故，得言悉有佛性也。
>
> 若有說言斷善根者定有佛性定無佛性是名置答。……法瑤曰：答前亦有亦斷問也。斷善根故，不得言定有也；善根還生，不得言定無也。可言亦有無者，此明萬善緣因性也。

〔註23〕隋・吉藏：《涅槃經遊意》，《大正藏》卷38，頁237c。

> 迦葉菩薩白佛言世尊（至）眾生佛性非內非外。……法瑤曰：色陰
> 為外，四陰為內，緣因性耳。正因佛性非色，非內非外也。上來非
> 內非外，非有非無，中道義也，是以復發斯問也。〔註24〕

與正因常法不同，緣因是善業，故可以「亦有亦無」。但他又說「色陰為外，四陰為內，緣因性耳」，認為五陰也屬於緣因之範疇；眾生即五陰之積聚，故此等於說眾生是緣因。這與其他涅槃師普遍以眾生為正因不同。但無論法瑤本人怎麼說，法瑤所說的「得佛之理」在後人理解中似乎只是落實、依附在眾生中的某種有為之物，以致於吉藏以為他以「眾生為正因」。更重要的是，法瑤思想的繼承者，如僧宗、慧令等人，雖然仍以「理」解釋佛性，但也都已經改以眾生、神明為學說重心，或甚至直接說眾生、神明即是正因。此一旨趣上的轉變，顯示在此派的傳承演變中，「佛性」概念確實逐漸被落實化、形下化，以致於與其他以心、神明為正因之佛性說不再有決定性的區別。這是很值得注意的。看來，法瑤的思想在涅槃師之中雖較特殊，但處在當時的環境，這樣的特殊性終究不敵主流意見，而漸漸與其合流。

（二）即昔神明成今法身：慧令

法瑤佛性說的繼承者，有靈根寺僧正慧令：

> 第二、靈根令正，執望（瑤）師義云：一切眾生本有得佛之理，為
> 正因體。即是因中得佛理，理常也。故（取）兩文為證：一者〈師
> 子吼品〉云佛性者「十二因緣，名為佛性。」何以故？「一切諸佛
> 以此為性。」此明正因性，而言諸佛以此為性，故證知因中有得佛
> 之理也。二者師子吼菩薩問言：「若一切眾生已有佛性，何用修道？」
> 佛答：「佛與佛性，雖無差別，而諸眾生，悉未具足。」此正自有性
> 而無佛，故言未具足。亦簡異木石等無性也。此性也此兩師異者，
> 愛公約玄（？）常住果明之，令正約即因中得佛之理常也。（均正《大
> 乘四論玄義》）〔註25〕

據布施浩岳考證，此慧令是梁代學僧，曾與寶瓊（504-584）論難《成實論》義。〔註26〕吉藏對此說評價最高，云「得佛理為佛性者，此是零根僧正所用。

〔註24〕《集解》，頁573c-574a、586b、587b。

〔註25〕《大乘四論玄義》，同註3，頁46c。

〔註26〕布施浩岳：同註5，頁250-251。唐・道宣：《續高僧傳・寶瓊傳》，《大正藏》
　　　　卷50，頁478c-479a。

此義最長」，〔註27〕蓋因法瑤、慧令一派思想與後世佛性觀念接近之故。

慧令思想雖無法詳知，由引文看來，其佛性說確實與法瑤類似。（1）他說「眾生本有得佛之理」，以此「因中得佛之理」爲「正因體」，但正因並不與果性相對成義。他揉合〈師子吼品〉「十二因緣名爲佛性」與「一切諸佛以此爲性」二文，以證明眾生所有的「正因性」即是佛之果性。此二文原非屬於同一脈絡，原經文云：「善男子，譬如胡瓜名爲熱病。何以故？能爲熱病作因緣故。十二因緣亦復如是。」十二因緣能生觀智，故說爲佛性，這純粹是擴大地就因性之角度說。經又云：「若有人見十二緣者，即是見法；見法者，即是見佛；佛者，即是佛性。」此則是指觀察十二因緣所得的境界智慧，是就果性而言。〔註28〕慧令把二者等同視之，可知他與法瑤一樣，並無因、果佛性之區別。（2）如果因、果佛性沒有區別，則要如何說明「若一切眾生已有佛性，何用脩道」的問題？在此，慧令的解釋是極巧妙的。他引用「佛與佛性，雖無差別，而諸眾生，悉未具足」之語來解釋；經文原意是說現在眾生並未具足佛性，即佛體性，「一切眾生定得阿耨多羅三藐三菩提故，是故我說一切眾生悉有佛性」。〔註29〕但慧令的理解是「此正自有性而無佛，故言未具足」；換言之，眾生本已具足佛性，所未具足的只是「成佛」。此處的關鍵在於：慧令不像《涅槃經》與多數涅槃師那樣由「佛體性」的角度來理解佛性；因此，眾生有佛性卻非佛對他而言不是困難。（3）均正特別提及慧令與曇愛學說的差異。如前所述，曇愛以「當果爲正因」，是就眾生未來當成佛果而言正因，故云「愛公約玄常住果明之」；與此相反，「令正約即因中得佛之理常也」，認爲正因是現在已有的得佛常理。二家乃是本有、當有之別。

但值得注意的是此處「有性而無佛，故言未具足」的說法，令人聯想到前述灌頂對法瑤佛性說的敘述：「正因佛性附此眾生，而未具萬德。必當有成佛之理，取必成之理爲本有用也。」依均正、灌頂所述，法瑤立說於本有、當有之間。若比對法瑤後學慧令的說法，或許法瑤之意正如筆者前文之推測：本有是指「有性」，是指眾生已有成佛之理；當有是指「無佛」，指眾生未來始有佛之涅槃萬德。若是如此，則法瑤、慧令的學說也可視爲一種本有、始有兼綜之說。佛性本、始問題的複雜性由此亦可見。

〔註27〕《大乘玄論》，同注1，頁36c。
〔註28〕〈師子吼菩薩品十一之一〉，頁524a、b。
〔註29〕同注28，頁524b。

慧令所說的「本有得佛之理」、「因中得佛之理」，其具體內容是什麼？據均正引述，慧令引「十二因緣，名爲佛性」之文，而云「此明正因性」；此似顯示他以十二因緣爲正因。均正所述「正因」與「正因體」是有區別的，此由前述智藏之例可知。那麼，若十二因緣爲正因，「一切眾生本有得佛之理，爲正因體」，則作爲「因中得佛之理」之正因體，應該便是十二因緣中所蘊含的某種眞理。這是指什麼而言？一般論及十二因緣之理，多是指緣起性空。但慧令又說眾生有佛性「亦簡異木石等無性也」，則恐怕此理並不是緣起之理；否則無情之物同樣也緣起無自性，爲何說木石無性？這樣看來，此「理」必定是針對有情無情之間的差異而言。十二因緣，是由無明起始，緣行、識、名色以至於生、老死等等的流轉過程；這是眾生所獨有的，是對眾生歷時性的分析方式。這樣看來，所謂「眾生本有得佛之理」很可能指的就是這十二因緣生死流轉的事實。然則，眾生所以獨有得佛之理，是因爲眾生在十二因緣中生生流轉而木石則否。若進一步問：爲何是因緣流轉者便有佛性？慧令固然沒有解說，但由無情無性的立場反推，恐怕關鍵因素仍然是眾生獨具的無明心識。前面提及吉藏稱許慧令之說「此義最長」，但他又云：

> 得佛理爲佛性者，此是零根僧正所用。此義最長，然闕無師資相傳。學問之體，要須依師承習。今問：以得佛理爲正因佛性者，何經所明？承習是誰？其師既以心爲正因佛性，而弟子以得佛理爲正因佛性者，豈非背師自作推畫耶？故不可用也。〔註30〕

此云慧令之師本以「心」爲正因佛性，但慧令違背師說自作推畫。慧令之師是誰不能確知。〔註31〕但若其師以心爲正因，則慧令或許多少受其影響。可能他強調眾生有佛性「亦簡異木石等無性」亦是以此爲本。

如果這就是慧令的意思，那麼法瑤與慧令在佛性說的形態上雖仍然相同，但前者主張「佛性非有非無，離乎二邊，處於中道」，後繼者卻只將佛性說爲十二因緣生生流轉，此中的轉變甚大。其實，十二因緣流轉與五陰六法一樣，都是對眾生的分析方式；就此而言，慧令以十二因緣爲正因性，與智藏、僧旻等以眾生爲正因性，在本質上已經沒有多大區別，都是以現實中眾

〔註30〕《大乘玄論》，同注1，頁36c。

〔註31〕鐮田茂雄認爲慧令之師是開善寺智藏。不知何據？待考。見：鐮田茂雄著，佛光編輯部譯：《中國佛教通史（第四卷）》（高雄，佛光出版社，1993年），頁341。

生的流轉來說正因。正如上文所說，此派學說確實漸漸與其他家佛性說旨趣相近而合流。

另一個具指標意義的現象，是慧令對「神明」觀念的導入。吉藏云：

> 靈正云：涅槃體者，法身是也。尋此法身更非遠物，即昔神明成今法身。神明既是生死萬累之體，法身亦是涅槃萬德之體。（吉藏《大乘玄論》）〔註32〕

此論涅槃體。慧令認爲：涅槃體即法身，但法身不是別的，它就是現在眾生擁有的「神明」。「神明」是在生死中流轉不停、充滿煩惱之物，法身則具涅槃萬德；但後者即由前者而來，二者其實是一體的。在生死中輪轉的神明，相續轉變爲成佛時的法身，這個觀點讓人很自然地聯想到智藏、僧旻的「本有於當」之說。然則慧令雖然不把「神明」概念用在正因佛性的解釋上，但事實上卻已經接受了涅槃師們的主流想法：相續不斷的眾生或心、神明，便是將來的佛，相續不斷的「質料因」概念乃是正因佛性議題討論的核心；而這都以《涅槃經》的觀點爲基礎。進一步看，「神明」「既是生死萬累之體」，它事實上也就是在生死流轉中不變的「主體」，能夠保持同一性故能自身成佛。此說自然也充滿「神不滅論」的色彩。〔註33〕

第二節　神明正因說：僧宗的佛性思想

在《涅槃經集解》中，僧宗的注釋份量僅次於僧亮。南齊・太昌寺僧宗（438-496）是當時赫赫有名的涅槃宗師，據《高僧傳》本傳記載：「魏主元宏遙挹風德，屢致書并請開講。齊太祖不許外出。」其聲名之盛可見一斑。僧宗乃法瑗（409-489）弟子，並曾受道於曇斌、曇濟，〔註34〕而曇斌則曾就學於法瑤；〔註35〕因此學者認爲僧宗之佛性思想傳承自法瑤。〔註36〕由《集解》看來，僧宗思想確實與法瑤以「理」爲佛性之說關係甚深；雖然如此，但其旨趣畢竟已有相當差異。以下試以《集解》爲依據，分析其佛性學說。

〔註32〕《大乘玄論》，同注1，頁46b。
〔註33〕湯用彤便指出：慧令所言與梁武帝之義有相似處，皆以靈魂爲佛性；當然後半的敘述筆者不同意。同注12，頁507。
〔註34〕並見：《高僧傳・僧宗傳》，同注9，頁328。
〔註35〕《高僧傳・曇斌傳》，同注9，頁290-291。
〔註36〕湯用彤：同注12，頁489；布施浩岳：同注5，頁213。

一、以理釋佛性

僧宗佛性說的首要特色，便是以「理」爲佛性，這一點被認爲是繼承法瑤而來的。《集解》之中多處可見此一說法：

> 三乘若無性云何而得說猶如樂未生云何名受樂。案：僧宗曰：……依昔經教，明三乘無性，各有涅槃；畢既有殊，性不容同。如其無性，云何上答純陀「常命色力，常果無差」？……就佛下答：以有理故，不得言無；未現用故，不得言有。是則三乘皆同有性也。

> 若能諦觀察我性有佛性當知如是人得入祕密藏。案：僧宗曰：性理不殊，正以隱顯爲異。若捨我歸彼，是則棄本從末，非謂真歸，是以勸令深識自身當果之生。此識既審，則無始造之滯、終成之惑也。

> 光明遍照高貴德王（至）何故名爲一闡提耶。……僧宗曰：此問之生，由前而來。前六難，初句令本無今有。如來已釋此義，明非是始有。言佛性之理，萬化之表，生死之外，其旨已彰。

> 善男子佛性者非陰界入（至）無邊功德之所成就。……僧宗曰：第八更寄譬顯非內非外之理也。煩惱覆故非內，惑盡則見故非外也。
> 〔註37〕

僧宗以「有理」來說明三乘皆有佛性，以「性理不殊」解釋「我性有佛性」，以「非內非外之理」解說佛性非陰界入攝，並說「佛性之理，萬化之表，生死之外」；此皆是以「理」說明佛性。並且他亦以「理」之常存，說明佛性「非是始有」。又云：

> 復次迦葉諸佛所師（至）以法常故諸佛亦常。……僧宗曰：上已佛教，今就理釋。以常師圓極，此理湛然，隱顯爲異；及人會時，非爲始起。人既秉法，法既是常，人豈無常耶？

> 如是我義從本已來（至）是故眾生不能得見。……僧宗曰：此理曾不暫無，但以隱顯爲異也。何者？夫解之與惑，二途而已。若乖理起惑，則生死紛紜；若扶理生解，則涅槃寂靜。正以煩惱所覆，則隱而不彰，義稱爲藏。理非始造，不得言無；未有見用，不得言有，中道之說，則非病。若計已有，則成倒也。

> 佛告迦葉善男子譬如王家（至）其人眉間有金剛珠。……僧宗曰：

〔註37〕《集解》，頁 414a-b、456b-c、522b-c、551b。

此譬意明非無常性，但爲惑所映，不得現用；不可以現在未用，便
令都無也。

是珠入皮即便停住。……僧宗曰：圓解之理，無時暫絕，乃可事有
廢興，其理常存，如停住也。〔註38〕

僧宗指出「理」，也就是佛性，是「湛然」、「常存」、「曾不暫無」、「無時暫絕」
的，只是對人而言有隱、顯之異。眾生因爲「乖理起惑」，常理爲煩惱所覆，
隱而不彰，因而流轉生死；反之若「扶理生解」，便能得到涅槃寂靜。然則佛
性之理乃是常存本有的，只是人爲煩惱覆蓋而不能見而已；僧宗以「理非始
造，不得言無；未有見用，不得言有」之「中道」來描述此一狀況。雖說他
以「非有非無」來形容「理」，但所謂「非有」顯然只是說眾生尙不能見，他
眞正要強調的是「理非始造」、「及人會時，非爲始起」之「非無」。主張「本
有」，這一點也與法瑤相同。

與法瑤情況不同的是，僧宗很明確地指「境」爲佛性：

一切諸法中悉有安樂性唯願大仙尊爲我分別說。案：僧宗曰：行之
所生，必由乎境；境中之妙，不過佛性。〈師子吼〉是略，〈迦葉〉
是廣也。

（〈如來性品〉釋題）僧宗曰：……境中之妙，不過佛性；說此眞境，
生其下品聞慧。雖爲微解，非不藉此生於勝行，終能見性。是故皆
名善業義也。

（〈師子吼品〉釋題）……僧宗曰：……故第三廣明五行十功德也。
夫行之所生，專在照境；境中之妙，唯佛性。自此下答第三十四問，
一切諸法中，悉有安樂性也。〔註39〕

此亦是以佛性爲善業之本。但僧宗認爲「行之所生，必由乎境；境中之妙，
不過佛性」，佛性之所以能出善業，是因爲佛性是「境中之妙」者，由對此「境」
的認識能生起「勝行」，最後積行見性而成佛。既然僧宗以佛性爲「理」，此
又云佛性是「境」，這似乎表示他所說的佛性乃是某種可被認識的「境」中之
「理」。湯用彤認爲此說「以理釋本體」，呂澂說此「指境」爲佛性，蓋即就
此而論。〔註40〕但是這只是僧宗思想的表象而已，以下我們將看到，他的學

〔註38〕《集解》，頁431a、448b、451b、452a。
〔註39〕《集解》，頁415a、447c、542a。
〔註40〕湯用彤：同注12，頁489-490；呂澂：同注18。

說本質上屬於涅槃學主流，與法瑤並不相同。必須將「理」概念放在僧宗佛
性說的整體架構中來理解，才能明白其真正意義。

二、因果佛性之別：五種佛性

　　僧宗與法瑤不同，而與主流涅槃學說一致之標誌，是他對因、果佛性的
區別：

> 復有六相一者解脫（至）如來法僧實相虛空。案：僧宗曰：……涅
> 槃者，果地大涅槃也。佛性通因果也。……有八者，先釋佛果八事
> 也。一盡者，謂盡一切惑也；翻惡既盡，即稱善性也。虛偽之法既
> 盡，故真實獨存也。
>
> 善男子如來復有隨自意語（至）十二因緣是名為無。……僧宗曰：
> 第六段定因果，明佛性有之與無義也。有者，謂十力、四無所畏；
> 妙有之法，即是果性也。既得果，則無過去諸不善、無記業等。當
> 知果時無因，因時豈有果耶！是謂定因果，不得雜也。〔註41〕

他認為佛性一語兼有因、果二義。所謂果性，便是大涅槃，這是「翻惡既盡」
之「善性」，也就是十力、四無畏等佛之體性；得果時則無因地諸種不善。僧宗
特別強調「果時無因，因時豈有果」、「定因果，不得雜」，顯然是嚴格區分因、
果佛性，主張眾生唯有因性沒有果性，唯佛得有果性。這正是多數涅槃師的共
同看法。至於因、果佛性的劃分法，僧宗亦依《涅槃經》區別四重因果：

> 善男子佛性者有因有因因有果有果果。……僧宗曰：第四翻也。有
> 因者十二因緣，為智作因也。因因者，即是智慧；此智為菩提作因，
> 菩提為涅槃作因，是為因家之因，故言因因也。有果有果果者，菩
> 提是果，而涅槃又是菩提家果也。
>
> 善男子是因非果如佛性。……僧宗曰：此下第六因果門也。謂十二
> 因緣境界性也。
>
> 是果非因如大涅槃。……僧宗曰：極果報也。
>
> 是因是果如十二因緣所生之法。……僧宗曰：取觀照之智，通因果
> 也。
>
> 非因果故常恒無變。……僧宗曰：謂三菩提也。非因故非因，不為

〔註41〕《集解》，頁 532a、590c。

生所生故非果也。以非生因所得故，所以常恆也。〔註42〕

此以十二因緣「境界性」爲佛性「因」，「是因非果」；觀智爲「因因」、「是因是果」；菩提是「果」、「非因果故常恆無變」；大涅槃則是「果果」，「是果非因」。這是依經文作二因二果的區分。但事實上，僧宗在因性方面也持「三因」模式：

> 以何義故名爲佛性。……僧宗曰：此問因性也。謂不改之義，可得在果，而因中以何理而稱性耶？

> 善男子不見中道者（至）二定苦行三苦樂行。……僧宗曰：從此下答第二問也。答中凡有三種：初明正因，第二明緣因，第三明境界因。〔註43〕

後段引文是對前段的回答。僧宗把因性分爲正因、緣因、境界因三種。比對前引文，可知境界因即是前述十二因緣境界性；下文將再對此進行分析。綜而言之，可知僧宗亦是主張三因二果之五種佛性説：正因、緣因、境界因、果、果果。如前所述，僧亮、僧旻、智藏等人亦持五種佛性説，雖則各家內容各有不同，但此一模式當時似乎甚爲流行。可以看出，僧宗的佛性説型態與主流涅槃學説完全相合。我們知道，法瑤並不區分因、果佛性，也不區別正因、佛性概念；在這方面，僧宗與法瑤完全不同。既然僧宗持五種佛性説，則他所謂「理」爲佛性，是指那一種佛性而言？必須再進一步確認。

三、佛果佛性：覺了神慧、澄神虛照

在果佛性方面，僧宗與僧亮一樣以涅槃爲「果果」，以菩提爲「果」。關於前者，僧宗的〈經題序〉云：

> 案：僧宗曰：此累盡之都名，萬善之極稱也。……涅槃者，天竺正音，此言解脫，謂脫於萬累者也。累患既息，體備衆德；今略舉有三，可以貫衆。一法身，二般若，三解脫也。妙有清淨，體無非法，故言法也；妙體介然，異於太虛，故曰身也。澄神虛照，鑒無不同，故曰般若。道高萬惑之表，體無垢累，故稱解脫也。此三德者，體一而義異。一體之上，義目有三。而今所以唯錄取解脫，以標經者，有三義。一明理在萬惑之外，二者斥昔解脫。何者？以昔日小乘，

〔註42〕《集解》，頁 547b、548a-b。
〔註43〕《集解》，頁 543b、545a。

患身智起動，求滅此患。情憑解脫，以身智俱盡，是孤解脫，故知小也。今日所明，體備眾德，帶法身般若，以常存故，以稱大也。

〔註44〕

與僧亮不同之處，是僧宗以解脫釋涅槃，此是「有翻」說。〔註 45〕僧宗以為涅槃是「累盡之都名，萬善之極稱」，亦依經文說涅槃三德：法身、解脫、般若，並說此三者「體一而義異」。他也認為昔日經教只以「身智俱盡」為涅槃，不如本經說解脫同時「帶法身般若」之究竟。這些看法與僧亮實大同小異，說涅槃為佛性也是由佛體性之角度而言。較值得注意的是：「體無非法，故言法也」一語似乎是從道生「法者，無復非法之義也」之說變化而來。〔註 46〕而「澄神虛照，鑒無不周，故曰般若」一語也值得關注：此處用「澄神虛照」來解釋般若智慧，與他以「神明」為正因的立場有關；事實上僧宗主張眾生神明相續不斷成佛，與慧令、僧旻、智藏等人相同，此下文將再論及。

「澄神虛照」是佛般若智慧之形容，其實也即是說菩提「果」性。僧宗云：

師子吼菩薩摩訶薩白佛言世尊云何為佛性。……僧宗曰：凡六問。前三問，問因果性；後三問，問見義以證有也。此問果性也。果是宗極，所以命言先問也。下答以覺了神慧、體相下（不）改為性也。本有天真之理，在乎萬化之表；行滿照周，始會此理。不離神慧而說性也。

善男子佛性者名第一義空。……僧宗曰：答初問也。初問果，今答云：以覺了為佛，下（不）改名性；為第一義空，舉境以辨果智之用也。境下不過常以無常。常是理中之極，故稱第一義也；空者金剛，以是體是苦集，不免壞敗，故可空也。

第一義空名為智慧。……僧宗曰：向已舉境。今明善識第一之與空者，即名佛果能照之智慧也。

中道者名為佛性。……僧宗曰：指果地性也。〔註47〕

他以「覺了神慧、體相不改」定義佛果性。也就是說，覺了佛果的，乃是恆常不改的「神慧」，即說此「神慧」為佛果性；這與上文「澄神虛照」之說相

〔註44〕《集解》，頁 378b。
〔註45〕關於涅槃有翻、無翻之說及當時諸師之立場，見：布施浩岳：同注 5，頁 322-326。
〔註46〕《集解》，頁 419c。
〔註47〕《集解》，頁 543a-b、544a-b、544c。

通。這是很有意義的現象，從年代上考慮，僧宗可能是最早將「神慧」、「神明」概念帶入佛性論題的學者之一。〔註 48〕以體相不改的「覺了神慧」、「澄神虛照」爲佛果性，彷彿說佛陀觀照智慧的背後，有一「神」或「神慧」爲發動主體。這是值得注意的。

　　那麼，佛陀的「神慧」所照的對象是什麼？此即是僧宗一再論及的「佛性之理」。他說：「本有天眞之理，在乎萬化之表；行滿照周，始會此理。不離神慧而說性也。」前引文中他也說「佛性之理，萬化之表，生死之外」，兩相對照，可知此「理」即是前文所說的佛性之理。由此文，所謂「理」乃是成佛之後「行滿照周」，才能「始會」之理；然則「理」是佛智慧之覺照對象，但它自身並不是佛果性。佛果性是能照之「神慧」，「理」則只是所照之境。他又說「舉境以辨果智之用」，可知作爲神慧對象之「理」也被稱爲「境」。如前所述，僧宗一再表示「境中之妙，不過佛性」，在彼處被宣說爲「境」之佛性，顯然亦與此處神慧所照之「境」意義相通。

　　進一步看，僧宗把「境」、「理」的內涵分成兩個部分：「境下不過常以無常」。與僧亮一樣，他將第一義空分爲「第一義」與「空」，分別指此「常」與「無常」二面。然則「境」便是指雙攝此常與無常二者之「理」。但他又說，此處論及第一義空乃是「舉境以辨果智之用」，所要強調的其實是能兼見不偏常與無常之理的「果智」；能夠雙見「第一之與空者」，稱爲「佛果能照之智慧」，也就是「中道」果地性。顯然，僧宗認爲「果」佛性是指如來的觀照智慧而言，此種佛智或稱爲「智慧」、「中道」，或可以「神慧」、「澄神」形容之。把佛果性限制在佛之觀智範圍，這是當時涅槃師們的普遍看法；僧宗特別以神慧來界定佛智，是其特殊之處。

四、境界因：佛性之理的意義

　　在此，我們先把焦點集中在佛性之「理」的內涵上。已知「理」或「境」是佛果性智慧所見的對象，但它本身又不是佛果性；但它卻又被僧宗宣說爲湛然常存的佛性，則「理」在僧宗佛性說體系中的定位究竟如何？他說：

> 以是義故十二因緣名爲佛性（至）佛者名爲涅槃。……僧宗曰：謂境界性也。第一義空者，謂照境之智也。名中道者，謂智照不偏也。

〔註 48〕鎌田茂雄論梁武帝「眞神佛性說」的形成過程，即以僧宗爲提出「因地神明」概念的前導者。見：鎌田茂雄：同注 31，頁 340。

中道名佛性者，解圓成極果也。即涅槃者，果之果也。〔註49〕

此是解釋經文「以是義故，十二因緣名為佛性；佛性者即第一義空；第一義空名為中道；中道者即名為佛；佛者名為涅槃」。〔註50〕僧宗把此文分成二部分：（1）十二因緣作為佛性是指「境界性」。前文論及兩種四重因果性時，曾引及「有因者十二因緣，為智作因也」、「十二因緣境界性也」之語，說明僧宗以十二因緣為「境界性」，這是「是因非果」的佛性「因」。前文也曾提到，境界因是僧宗所說「三因」之一。（2）至於後半部分，則是論觀智果性：如前文所述，第一義空之提出原是「舉境以辨果智之用」，此處則直接說是「照境之智」；中道則是指「智照不偏」；以下「解圓成極果」、「涅槃者，果之果」也都是指果性而言。

應注意的是，此處先說十二因緣為「境界性」，緊接著又說「第一義空者，謂照境之智」；換言之，佛果性照境之智所照見的對象之「境」，就是十二因緣境界性。我們知道「境界因」在涅槃師的用法中本來就是指「諸法體義，為心作境界」，〔註51〕也就是認識對象之意；僧宗以境界性為佛智對象，用法不異於彼。但如前所說，佛果神慧所照的對象乃是「理」、「境」，故云「本有天真之理，在乎萬化之表；行滿照周，始會此理」、「舉境以辨果智之用」。同為佛智所照之對象，彼處指出境、理，在此則說為境界性，比對二者說法，可以合理地推斷：僧宗所說的「佛性之理」其實就是「境界性」或「境界因」。僧宗又云：

是故佛性常樂我淨。……僧宗曰：言性理是常，眾生以惑覆故，不得
常用。雖未得常用，要是常因。承此句，可以義合第三問也。〔註52〕

僧宗以理說佛性，往往性、理連言，前文已見其例。此處說「性理是常」、「雖未得常用，要是常因」，由此看來，僧宗似乎把「性理」，也就是佛性之理，說為常果之「因」。此則是由「因性」之角度來說理為佛性，亦可為「理」確實指「境界因」而言之旁證。

僧宗以十二因緣為境界因。又說：

復次善男子生死本際（至）生老病死之苦是名中道。……僧宗曰：
此下釋境界性也。……而過去世中，但取無明；現世中，但取有愛

〔註49〕《集解》，頁 549b-c。

〔註50〕〈師子吼菩薩品十一之一〉，頁 524b。

〔註51〕《大乘四論玄義》，同注3，頁 51c。

〔註52〕《集解》，頁 546b-c。

也。無明爲現在本際，有愛爲未來本際。此之因果，即爲中道也。
〔註53〕

這是就緣起的內容，詳細說明十二因緣爲境界因的意義：過去世的無明與現在世之愛乃是生死流轉之因，此種中道之理可被認識，故稱爲境界因。但問題是，前面既說佛性之理是佛智神慧「始會」的觀照對象，它如何能是眾生便能得見的境界因？對此，僧宗依《涅槃經》說十二因緣觀智有深淺之別：

善男子觀十二緣智（至）得阿耨多羅三藐三菩提道。……僧宗曰：

第八翻。謂四種人，淺深觀之。唯上上觀，乃窮故知深也。〔註54〕

經文說：「觀十二緣智凡有四種：一者下，二者中，三者上，四者上上。……上上智觀者見了了故，得阿耨多羅三藐三菩提道。」〔註55〕僧宗即依此爲說。十二因緣之理雖是一，但因觀智高下不同，所得便有深淺之別，唯有佛能夠「窮故知深」。由所見境界對象的內容來看，唯有佛能「善識第一之與空」而兼見生死無常與涅槃之常，二乘可能只見到緣起流轉的無常而已。由此看來，說唯佛「始會此理」是說唯佛能盡得十二因緣之理，與「佛性之理」作爲眾生之「境界因」並無自相矛盾之處。前文曾引及僧宗之語云：

（〈如來性品〉釋題）僧宗曰：……境中之妙，不過佛性；說此眞境，
生其下品聞慧。雖爲微解，非不藉此生於勝行，終能見性。是故皆
名善業義也。〔註56〕

此云佛性作爲「境」，能夠生出「下品聞慧」，並說「雖爲微解，非不藉此生於勝行」，此「境」顯然不限於佛智所照，而是眾生也能認識並得到聞慧之理境；由此才能夠展開修行之路，這正是以「因性」角度說佛性。這些都說明，所謂「佛性之理」在僧宗而言，確實是指作爲認識對象、能夠導引眾生走向解脫之「境界因」。

由此出發，前述僧宗關於佛性之理的說法便不難理解。「理」乃是蘊藏在十二因緣中的常與無常之理，而十二因緣之理原本即被認爲是「若佛出世，若未出世，此法常住，法住法界」的，〔註57〕故云「理」湛然常存。「理」既然常存，對人而言當然是本有的，故云「理非始造，不得言無」、「及人會時，

〔註53〕《集解》，頁546b。
〔註54〕《集解》，頁549b。
〔註55〕〈師子吼菩薩品十一之一〉，頁524b。
〔註56〕《集解》，頁447c。
〔註57〕劉宋・求那跋陀羅譯：《雜阿含經・二九六經》，《大正藏》卷2，頁84b。

非為始起」。至於此理之隱、顯，眾生「乖理起惑」或「扶理生解」，顯然則是指眾生觀智的高下有無而言。

但是，此所謂佛性常存、本有，也只是指此作為認識對象之「理」而說。「佛性之理」在僧宗的思想系統中只具有「境界因」的地位，只是其五種佛性中的一種而已。此客觀之理能夠生起觀智，能夠導向涅槃，故被說為佛性「因」；但就後世對佛性一語的觀點來看，「境界因」其實不是眾生內在的真正成佛原因。很明顯地，僧宗雖然自法瑤處繼承了以「理」說「佛性」的方法，但其理論的型態與內容卻均與法瑤完全不同。湯用彤、呂澂二位認為此是「以理釋本體」、「指境」為佛性，此固不錯，但這只是僧宗佛性思想的一小部分而已。問題的關鍵仍然在於因、果佛性的區分模式：由於後世學者並不以此架構詮釋佛性問題，因此無法正確地理解「以理釋佛性」的意義與地位。

五、果佛性的當有義

現在，我們再把注意力帶回果佛性方面。如前所說，僧宗既區分因、果佛性，又以神慧、涅槃為果、果果佛性，則主張果佛性「當有」自是理所當然：

> 如汝所言佛性不斷（至）非有漏非無漏是故不斷。……僧宗曰：……佛性非內外，故非無常也。闡提佛性，既是當有，非為已有，豈可責令遮地獄？既言當有，豈得有常樂我淨義？……以斷起作之善，故稱闡提。佛性理常，性相恒爾，豈可斷耶？

> 如我上說若遇善友諸佛菩薩（至）何以故以命盡故。……僧宗曰：答第二難也。其難言：既遇與不遇，悉不能發，此人當得菩提。今答言：闡提時斷善根，及其後生善之時，非復闡提；此人遇與不遇，俱不離闡提心。是故言不可治，不言斷當性也。

> 善男子如汝所言（至）即墮三趣故名一闡提。……僧宗曰：答第三子句也。以當有故言有。既非已有，云何責能遮地獄耶！譬如王聞篋篋音者，此成向答也，言欲聞其音，必須方便，不可一往而求。佛性亦爾，要假方法也。〔註58〕

這幾處文字是說明一闡提的佛性問題。僧宗說「闡提佛性，既是當有，非為已有」、「以當有故言有」，此「非為已有」、「當有」的佛性是指果佛性而言，

────────────

〔註58〕《集解》，頁 523b-c、539b、c。

這是說闡提人現在雖然斷善，但不阻礙他未來得到佛之體性，故云「不言斷當性」。佛之果性體性是闡提未來「當有」的，對於一般眾生而言又何獨不然？應注意的是，在首段引文中，僧宗說「闡提佛性，既是當有，非爲已有」，又說「佛性理常，性相恒爾，豈可斷耶」，一說未來當有，一說本有恆常，看似矛盾。這是僧宗使用「佛性」一詞的多義之處：當有非已有的是未來的果佛性，而性相恆常的則是作爲境界因性的「佛性理」。似此，僧宗在使用上除了常以佛性指稱「境界性」之「理」外，也常以佛性直接表示佛果性而不加說明，對此必須審慎判別。如引文以「筌筷喻」爲例說「佛性亦爾，要假方法也」，此處佛性一詞顯然是特指當有的佛果性。似此之例甚多：

> 云何真實說未來成佛道未來若不成云何歸三寶。……僧宗曰：此下六偈半，有無疑也。佛上勸我，歸依自身未來佛性。

> 師子吼菩薩言世尊（至）說言佛性非內非外。……僧宗曰：……今師子吼欲成前中道之旨，假爲定有定無之難。如來解釋：不可一向定有，亦不可一向定無，故爲中道義也。……佛性不內者，即時未有也；非外者，不離因而有果也。

> 善男子眾生佛性非有非無（至）眾生佛性非有非無。……僧宗曰：此第二以非有非無釋內外也。言所以爾者，正以非有故非內，正以非無故非外。佛性雖有，非如虛空者：言虛空體無，故見在於人有用；佛性見雖無，而當必有，不同空也。無故不同菟角者：言菟角是永無，此性非永無，故不同也。〔註59〕

此處說佛性「即時未有」、「佛性見雖無」，又說「自身未來佛性」、佛性「不離因而有果」、「當必有」、「非永無」，無疑地，所謂佛性不是現在已有的因性，而是未來當有的果性。有時，僧宗在因果對待的狀況下，也仍以佛性專指果性：

> 善男子譬如有王告一大臣（至）以是故說色爲佛性。……僧宗曰：……非即六法，不離六法者，以五陰成假名人；佛性在果，豈即六法？非因無以感果，故言不離也。

> 善男子我於此經說言佛性（至）眾生佛性離眾生有。……僧宗曰：第十九諍論也。若論正義，佛性於中道而言。因與果異，不得言即；不離因而得果，不得異也。聞說同於虛空，謂一向離眾生外別有此

〔註59〕　《集解》，頁 457a-b、554c、588b-c。

性，都不相關；聞說實藏，便言已有，在於因中。皆不當理，為諍論也。

是故如來說於中道（至）故名中道是名分別答。……僧宗曰：凡夫所計，理則不然。佛性之理，理非內外，先舉六入，以顯義也。若言但內〔外〕，二俱不當也。今言佛性，假內假外。合用者，即有正因，即有境界因，不離此而成；故就合用之功，以為中道也。〔註60〕

這幾段引文都是論因果之間的關係。首段說到「非即六法，不離六法」，僧宗解云「佛性在果，豈即六法？非因無以感果，故言不離也」：這是主張六法假人乃是佛性之因，故言不離；但「佛性在果」，故云不即。次段論佛性與眾生之離即關係意涵亦相同：眾生是佛性因，「因與果異，不得言即」；但「不離因而得果，不得異也」。在此僧宗以六法、眾生為佛性之因，與其神明正因說有關，亦可以看出其與僧亮、僧旻、智藏等人思想的相通之處，其實此說毋寧說是涅槃師們的共識。第三引文係釋經文「眾生佛性非內六入非外六入，內外合故名為中道」，〔註61〕僧宗把「內外合」理解為合用「正因」與「境界因」，說佛性不離此而成。應注意的是，即使是在此處因性果性對待的狀況下，僧宗仍然將「佛性」一詞的意義指定為果佛性義，強調「佛性在果」。此種以「佛性」為佛果性而不刻意區別的作法，與僧亮是一樣的，皆是受到《涅槃經》本以佛性為佛之體性的影響。不過，僧宗另有以佛性指境界因之「理」的作法，這點比較特殊。

似此，僧宗其實也主張「佛性當有」。但正如前文所說，佛性的本有、始有是極為複雜的問題，往往依各別涅槃師的系統而有不同意義，僧宗說佛性之「理」非是始有，又說佛性當有，又是一例。

六、無神我與佛性我

在此必須略論僧宗關於「我」的看法。如前所說，僧亮以佛所體證之「自在」體性為我，並以此說眾生無我。僧宗的看法亦與此相同：

我者即是佛義（至）憍慢貢高流轉生死。……僧宗曰：更分明顯前所以是倒也。我以自在為義，佛以覺了為義；由覺萬法，所以自在。應云佛是我義，辭倒也。下句例爾。

〔註60〕《集解》，頁 570b-c、582c-583a、588a-b。
〔註61〕〈迦葉菩薩品十二之三〉，頁 572a。

復告女人若兒長大（至）令諸弟子悉皆甘嗜。……僧宗曰：……無
我之言，不自在故違情，如苦味之不悅人也。……我者，制御自由，
物無能礙，如辛味之通發也。常理湛然，一相無別，如淡味之無分
別也。〔註62〕

僧宗說「我以自在為義」、「我者，制御自由，物無能礙」，此定義方式與僧亮
不異；如前所說，這也是羅什以後主流的說法。此又云「佛以覺了為義」，此
與僧宗對果佛性的界定「以覺了神慧、體相不改為性」完全一致。「由覺萬法，
所以自在」，顯然他亦將「我」視為成佛之後才能證得之體性；換言之，只有
解脫之佛陀可說有「我」，故云「佛是我義」。與此相對，一般眾生則「無我」：

唯斷取著不斷我見（至）真解脫者即是如來。案：僧宗曰：生死非
我，橫生我心，此是取著應斷也。佛性是理，不斷此也。

若被罵辱復於何處（至）則墮地獄畜生餓鬼。……僧宗曰：或息是
我者，第六即是心意止觀也。但見生滅念念流謝，豈有一神常而不
滅耶！何處當有受罵辱者？此明無我，但見眾法我心自息也。

善男子譬如有王告一大臣（至）以是故說色為佛性。……僧宗曰：……
眾生無慧，乃計陰說我也。說離陰有我者，此計太過，下當非之也。
〔註63〕

此言世俗或「計陰說我」、或「說離陰有我」，其實都是於「生死非我，橫生
我心」之謬見。生死流轉「生滅念念流謝」，「豈有一神常而不滅」，這些看法
都是佛教標準的無我之說。但是，「無我」的範圍並不包含未來成佛時所得之
「我」；我見應斷，但「佛性是理，不斷此也」。如前所說，僧宗認為佛性之
「理」包括第一義之「常」與空之「無常」二部分，在十二因緣生死無常之
外，另有涅槃常法，這是唯佛能見的。故此處不應斷的佛性我見，便是佛所
獨得之自在常我。換言之，對僧宗來說，「無我」與「有我」是分別屬於眾生
與佛的兩個不同階段。僧宗、僧亮其實都同樣持此看法，可知此種觀點在當
時影響力之巨。

　　由僧宗對於眾生「無我」、「無神我」的詮釋，可知他對無我之說其實有
正確的了解。因此，不能輕易地將僧宗的「神明正因」貶斥為神我說。下文
將論及此。

─────────────────

〔註62〕《集解》，頁 404b、427a-b。
〔註63〕《集解》，頁 435a、479b、570b-c。

七、神明正因：殊異的緣慮之心

如前所述，僧宗主張正因、緣因、境界因之三因說。前文已分析過境界因之意涵，此處擬分析其餘二種因性概念，而以其神明正因說爲討論焦點。本節擬先分析其「神明」概念的意涵。僧宗明確地指出：

> 師子吼言世尊如佛所說（至）以是二因應無縛解。……僧宗曰：……
> 以此二因者：正因即神明，緣因即萬善。此自是有爲，居在於縛，
> 乃至金剛亦未免於惑。是則金剛爲累，生在於前；佛心無累，起在
> 於後，豈有從縛至解耶！〔註64〕

此文明白指出「正因即神明，緣因即萬善」。以緣因爲萬善，這與《涅槃經》說緣因爲六波羅密之原意相通，此無大問題。但對於「神明」的意義與定位，學者們卻有不同解釋。因爲僧宗曾說：

> 復次善男子譬如雪山。……僧宗曰：前譬明起惑乖理，不得現用；
> 此譬明若欲取者，有方則得，乖方則失也。雪山譬金剛以下，因地
> 之神明也。

> 佛性雄猛難可毀壞（至）一切無能毀壞燒滅。……僧宗曰：此語偏
> 主第十一難。難云：若斷身時我亦隨斷。合答言：不離因地神明而
> 有，故言有耳。豈可責令與陰爲一，枝陰滅我斷也！

> 佛告迦葉實有殺生（至）差別之相流轉生死。……僧宗曰：釋所以
> 雖有殺生，而佛性無損也。何者？夫因果之道，義實相關；有因則
> 有果，無因則無果。正以佛性不離因地神明，故言住陰中耳。豈得
> 責使已有一法，與陰爲一，不可傷耶！所以有殺罪者，以五陰是有
> 爲相續之法，力爲斷緣，具四因緣，故有殺罪。罪從斷陰邊生，不
> 可令陰斷，故性亦俱傷，性是常故。陰亦不可壞也。〔註65〕

在此處提到了「因地神明」一語。湯用彤認爲：「僧宗似以神明爲正因。但詳究其所謂神明爲正因者，乃以佛性之理，不離因地神明。」言下之意，正因是理，神明實非正因。任繼愈等人則承認此神明爲正因，但認爲僧宗將神明等同於理、佛性。〔註66〕諸說不同。事實上，關鍵仍在於對因、果模式的掌

〔註64〕《集解》，頁 558b-c。

〔註65〕《集解》，頁 453a-b、454a-b、454b。

〔註66〕湯用彤：同注 12，頁 490；任繼愈主編：《中國佛教史（第三卷）》（北京，中國社會科學出版社，1997 年），頁 388。

握：對於僧宗而言，佛性之理爲境界因，神明是正因，這都是因佛性；而覺了之神慧涅槃才是果佛性，「佛性」一語往往只專指此而言。此由本處引文亦可察知：既云「因果之道，義實相關」、「有因則有果」，可知此是就因果對待立説。又云「因地神明」，顯然「神明」是因性；而説佛性「不離因地神明而有」、「佛性不離因地神明」，顯然其中所説佛性乃是「果佛性」。此處僧宗所要説明的，是因、果佛性之間的關係：神明是因、果佛性是果，有因方有果，故果佛性不能離神明而有。這與前述僧宗詮釋佛性「非即六法、不離六法」的主張是相通的。種種異説，皆因不明此一模式而起。

　　那麼，「神明」概念的具體內涵是什麼？引文後兩段是論《涅槃經》前分所説「眾生佛性住五陰中，若壞五陰名曰殺生」的問題。〔註 67〕經文主張五陰之中的佛性即是眞我，這是前分神我色彩濃厚的如來藏説。但僧宗由因、果佛性對待的角度來解説，巧妙地避開了此一説法。他説「正以佛性不離因地神明，故言住陰中耳」，把「佛性住五陰」解釋爲「果佛性」不離「因地神明」而有。如此一來「佛性」便只是果地佛性，並不實際住於五陰之中；而「住五陰」實是指「不離因地神明」。這一點是很重要的，僧宗既然用不離「神明」解釋住「陰」中，這便顯示「神明」對他而言是某種屬於「五陰」構成的事物。僧宗又云：

> 善男子不見中道者（至）二定苦行三苦樂行。……僧宗曰：從此下答第二問也。答中凡有三種：初明正因，第二明緣因，第三明境界因。其前問云：生死無常，復以何理亦稱性耶？今先收因地三種人，神明斯盡。以其有正因之義，必有成佛之理，非木石也。因中説果，亦稱爲性耳。

> 善男子如汝所言以何義故（至）三菩提中道種子。……僧宗曰：舉其問而答也。向三種心，能生菩提之功，故稱爲性耳。非是果故稱性也。〔註 68〕

此二段文字解釋經文「不見中道者凡有三種：一者定樂行，二者定苦行，三者苦樂行」至「佛性者，即是一切諸佛阿耨多羅三藐三菩提中道種子」。〔註 69〕三種不見中道者，分別指菩薩、凡夫、二乘人。在此，僧宗把這三種人的不同

〔註 67〕　〈如來性品四之四〉，頁 408c。
〔註 68〕　《集解》，頁 545a、545b-c。
〔註 69〕　〈師子吼菩薩品十一之一〉，頁 523b-c。

解釋爲「神明」的不同，云：「今先收因地三種人，神明斯盡。以其有正因之義，必有成佛之理，非木石也」。換言之，三種人則有三種「神明」，此種區分已經窮盡了所有「神明」類型；此三種人雖然不見中道，但因爲皆具有「神明」爲正因，與木石無情不同，將來必可成佛。下文僧宗接著又說：「向三種心，能生菩提之功，故稱爲性耳。」此則是以此三種人所具有的「三種心」爲性，即正因性。分析此言，可知：（1）僧宗先以三種神明爲正因，後又說三種心爲佛性，顯然「神明」也就是「心」，故二者可同義互用。（2）「神明」或「心」不是一切眾生普遍相同的，它可以被區分爲三種類型。也就是說，指此「神明」或「心」爲正因乃是從眾生的「差異性」角度而言的。雖然如此，但眾生因爲皆有「神明」或「心」而「能生菩提之功」，故必能成佛，此是與木石無情不同之處。

似此，僧宗不但將「神明」理解爲「心」，並且認爲有「心」就是眾生之所以異於無情之物而獨能成佛的原因。現在，比對此說以及前述僧宗「不離因地神明，故言住陰中」的看法。我們知道，色、受、想、行、識五陰的區分涵蓋了眾生的色、心現象。既然僧宗認爲「神明」屬於五陰一類，又認爲「神明」即是「心」，則可以推測僧宗應當是將「神明」理解爲五陰中受、想、行、識等心理作用。而且，他又認爲「神明」或「心」分爲三類，是眾生彼此殊異的，由此看來，他所謂的「神明」，也就是「心」，應該便不是後世所謂眾生同一的眞常之心，而只是眾生各自不同、作爲一般心意識或精神作用之「緣慮心」。這一點也可以由僧宗的說法得到證實：

> 善男子一切無明煩惱等結（至）如來佛性猶如醍醐。……僧宗曰：此辨正因性也。言此神明是佛正因，因此能生善五陰，乃至菩提。以眾生如雜血，以有煩惱在體故也，如眾生皆精血得成。明雖有佛性，要假萬善，得成佛也。須陀洹、斯陀含，同斷欲界思惟未盡，有少善故，佛性如乳也。那含斷欲界盡，譬酪。羅漢三界惑盡，譬生蘇。緣覺至十地菩薩，斷三界外惑，如熟蘇。佛如醍醐也。

> 善男子或有佛性一闡提有（至）眾生云何一向作解。……僧宗曰：闡提有者，更辨佛性不得雜之意也。闡提斷一切善盡，唯有大惡；以其惡時無善，因時何得已有果耶！此惡即是神明，異於土木。當有成佛之義，亦得名爲正因性也。〔註70〕

〔註70〕《集解》，頁 586c、591a。

經文說「一切無明煩惱等結」皆是佛性，僧宗認爲這是說「言此神明是佛正因」。「神明」作爲正因能夠導出菩提，但眾生的神明由於「煩惱在體」，猶如雜血乳，必須待緣因「萬善」才能轉變成佛。由眾生至須陀洹、斯陀含、阿那含、阿羅漢，最後成就佛果，猶如雜血乳一步步純化爲乳、酪、生酥、熟蘇、醍醐；這是斷除煩惱的不同層次，也是「神明」高下不同的狀態。前面說有三種殊異不同的「神明」或「心」，可與此言對照。僧宗又說闡提斷一切善，唯有大惡，「此惡即是神明，異於土木」。由前文一路看來，可以推測僧宗並不是說神明等同於惡，而是說由於闡提斷善，其「神明」完全爲無明煩惱所佔據，處於「惡」的狀態。這樣看來，「神明」或「心」本身因爲眾生無明煩惱的程度不同，而有所差異。既然此「心」本身「如雜血」般有無明煩惱甚至大惡，顯然不是所謂的眞常心，而應該是指眾生帶有無明煩惱的精神心識作用，亦即緣慮之心。僧宗又說：

> 善男子涅槃之體亦復如是（至）三菩提時名菩提樂。……僧宗曰：
> 涅槃之體，直是斷煩惱者，政（正）言解脫眾累，以眾累之無，以
> 爲涅槃也。……如來二種樂者：以其不通因地，故無受樂；實相通
> 因果，故備三樂也。佛性一樂者，天眞之理，非神明義，故非覺知
> 與受樂。得菩提時，名菩提樂者，即是寂滅樂也。更展轉施名，故
> 言菩提樂耳。〔註71〕

此文論及佛之樂。其中「佛性一樂者」云云，是解釋經文「佛性一樂以當見故，得阿耨多羅三藐三菩提時名菩提樂」。〔註72〕「佛性一樂以當見故」，這是就當見的佛果性來說的，而僧宗也如此解釋，他說「佛性一樂者，天眞之理，非神明義，故非覺知與受樂」。如前已述，僧宗認爲證得「覺了神慧、體相不改」之觀智果性時，才能了了照見「本有天眞之理」；兩相比對，可知此處所說佛性一樂是對「天眞之理」的照見，彼時則沒有「受樂」、「覺知樂」，只有斷盡煩惱的「寂滅樂」或「菩提樂」。值得注意的是，此處說「非神明義，故非覺知與受樂」：我們知道觀智照「理」是菩提果性，「神明」是正因性，二者本自不同；但此處說照「理」「非神明義，故非覺知與受樂」，反過來說，這豈不是表示「神明」以「覺知與受樂」爲義？既然說神明有覺知之樂、感受之樂，這就表示了「神明」、「心」是眾生認識、感受功能的「主體」，可知

〔註71〕 《集解》，頁533a-b。
〔註72〕 〈光明遍照高貴德王菩薩品十之五〉，頁513b。

以「緣慮心」來理解「神明」概念應是正確的。如前章討論僧肇（384-414）思想時所言，以「心」、「神明」為同義詞本是當時普遍習慣用法，顯然僧宗亦是如此。下文還將論及此問題。

　　僧宗雖然說「佛性一樂者，天眞之理，非神明義」，認爲果性與神明正因性不同，但其意應在指出「神明」正因才有覺知、感受的快樂，得證果性涅槃時則唯有菩提之樂。正如前文論及佛果性時所言，僧宗其實也以「神」來說明果性；如前文已見的：

> 案：僧宗曰：……累患既息，體備眾德；今略舉有三，可以貫眾。一法身，二般若，三解脫也。……澄神虛照，鑒無不周，故曰般若。
>
> 師子吼菩薩摩訶薩白佛言世尊云何爲佛性。……僧宗曰：……此問果性也。果是宗極，所以命言先問也。下答以覺了神慧、體相下（不）改爲性也。本有天眞之理，在乎萬化之表；行滿照周，始會此理。不離神慧而說性也。〔註73〕

僧宗把涅槃三德之一的般若解釋爲「澄神虛照，鑒無不周」，將佛果性定義爲「覺了神慧、體相不改」，在此「神」似乎被說爲是佛觀照智慧背後的眞正主體。比較起來，正因「神明」即是眾生的緣慮之心，是擁有覺知、受樂等等功能的精神主體，而果地「神慧」則被是菩提智慧的主體，覺知受樂之有無是其差異所在。但作爲能攀緣思慮之心的「神明」，與能照理之「神慧」，其實在觀照作用的「主體」功能方面是相通的。前文也提及，「神明」狀態有高下之別：帶有無明煩惱的眾生「神明」如「雜血乳」，而由眾生經歷聲聞四果，最後成就佛果的過程，便如雜血乳逐漸變化爲乳、酪、生酥、熟蘇、醍醐。這豈不暗示，由眾生至於佛陀乃是「神明」自身逐漸斷離煩惱轉變爲「神慧」的過程？事實上，僧宗正是由「相續不斷」的角度來理解眾生「神明」與佛陀「神慧」的相續同一；此即是下節要說明的。

八、神明正因之相續不斷

　　對於《涅槃經》「是五陰者念念生滅，如其生滅誰有縛解」之說，〔註74〕僧宗云：

> 師子吼言世尊如佛所說（至）以是二因應無縛解。……僧宗曰：……

〔註73〕《集解》，頁 378b、543a-b。

〔註74〕〈師子吼菩薩品十一之三〉，頁 535b。

以此二因者：正因即神明，緣因即萬善。此自是有爲，居在於縛，
乃至金剛亦未免於惑。是則金剛爲累，生在於前；佛心無累，起在
於後，豈有從縛至解耶！

善男子諦聽諦聽（至）如燈生闇滅燈滅闇生。……僧宗曰：就二陰
釋相傳之義。其難欲使已有性在於身中，從惑得解也。今明不假已
有一性。夫因果本自相召，有因則有因，有果則有果，不得言都無。
在因爲縛，從因至果爲解。若論實法，則前不至後；相續爲論，則
本縛今解。〔註75〕

《涅槃經》認爲：雖然眾生五陰刹那生滅，其中沒有不變的實體，但仍然是
前後相生延續不斷的，依此便能夠說明眾生的縛解。僧宗的看法大致上與此
精神相同。他用「神明」來解釋五陰的生滅，此亦可證明「神明」是屬於有
爲五陰的緣慮之心。他指出：眾生的正因「神明」，也就是緣慮之心，以及緣
因萬善，都是屬於「居在於縛」的有爲法，與「佛心無累」不同；但是「神
明」正因與果性「佛心」「因果本自相召」，其間有因果聯繫。「神明」雖然「在
因爲縛」，但由神明正因至佛果性可說「從因至果爲解」。問題是五陰刹那生
滅，性屬有爲的「神明」也念念生滅，如何可能說有「從縛至解」？僧宗認
爲，「若論實法，則前不至後；相續爲論，則本縛今解」；也就是說從實法角
度來看，「神明」作爲緣慮心的確念念生滅，本身即非常一不變的相續存在物，
更何況說由在縛「神明」解脫成爲佛果？但就假名相續的觀點來看，「神明」
雖然刹那生滅但卻也相續不斷，即由此不斷不滅可說在縛「神明」相續而成
解脫佛果。重要的是，既然說從「相續」的角度可說「本縛今解」，這不也就
是說從眾生混雜無明煩惱的「神明」正因，到成佛解脫的「佛心」或前文所
言「神慧」、「澄神」，乃是「相續不斷」的？這樣看來，僧宗把正因稱爲「神
明」，把果性稱爲「神慧」，可能有表達二者相續爲一的考量。

關於「神明」正因的相續一體，僧宗多有敘說。如前文引及關於「若壞
五陰名曰殺生」的問題：

佛告迦葉實有殺生（至）差別之相流轉生死。……僧宗曰：釋所以
雖有殺生，而佛性無損也。……所以有殺罪者，以五陰是有爲相續
之法，力爲斷緣，具四因緣，故有殺罪。罪從斷陰邊生，不可令陰

〔註75〕《集解》，頁 558b-c、559a。

斷，故性亦俱傷，性是常故。陰亦不可壞也。敬遺記曰：住五陰者，
依於此身，修緣因之善也。神明爲正因，有發生之義。今斷此相續，
則資生之義廢矣，廢則取果之義賒。今以因中說果，故言住也。以
斷五陰相續之義，隔善不生，故得殺罪；非是直以斷形質故，成殺
罪也。是以供養闡提無福，殺亦無罪也。言得罪者，直以惡心得耳，
非隔陰故也。〔註76〕

僧宗指出所謂殺罪是斷「五陰是有爲相續之法」、「罪從斷陰邊生」。敬遺（與
法安 454-498 同時）的記述則進一步補充：〔註77〕僧宗所謂五陰相續，便是指
「神明爲正因」。神明正因有「發生之義」，能夠發出緣因之善；殺生因爲斷
了正因相續，又「隔善不生」，不但使「資生之義廢矣」，並且使「取果之義
賒」，阻斷了眾生由因至果修行成佛的連續性，故有殺罪。此亦是表示「神明」
相續之義。但是，如果說殺生所斷的是「神明」相續，又說眾生「神明」相
續至佛，如此則「神明」豈不是某種貫串生死流轉的同一體，豈不是與「神
我」十分類似？就此，僧宗的說法是：

善男子有諸眾生生於斷見（至）善惡果報實有受者。……僧宗曰：
第二諍論。如來爲除斷見故，說善惡之業實有受者也。以經生受果，
意在相續：一行人，一神明；相續說用，假名爲我。不達斯旨，謬
計有實神我不滅，處處受生。

從無明生愛當知是愛（至）是有即是無明愛取。……僧宗曰：若論
因果，次第相生，前因後果，則不一時也。自有未必次第，如無明
爲行作因，自有從麤煩惱，還起於細，乃至愛受盡得，有更造起義。
此是次第緣相生也。無明即愛愛即者：始終是一神明，雖復因果爲
異，然不得離，故言「即」也。〔註78〕

就此文來看，僧宗確實有以「神明」表達生死中流轉之「我」的說法，但他
十分謹慎地將此說限定在假名相續的範圍之內。他說：在十二因緣的流轉過
程中，無明、愛取是不同階段的心識作用，各階段間雖然「因果爲異」，但彼
此是相即不離的，因爲十二因緣「始終是一神明」。如此，則「神明」事實上
是被理解爲十二因緣各階段之間的同一體；換言之，也就是生死輪迴中前後

〔註76〕《集解》，頁 454b-c。
〔註77〕關於敬遺事跡之考據，見：布施浩岳：同注5，頁 249-250。
〔註78〕《集解》，頁 577a、581a-b。

相續的同一者。但他又指出，其實這是「爲除斷見」故才說此「善惡之業實有受者」，因爲佛教「經生受果」、作業受報之說必須以某種一體之「相續」爲基礎，故說每一殊別的眾生各自「一行人，一神明」，有其各自的「相續說用」。也就是說，其實之所以說眾生有各自相續不斷的「神明」，是爲了給因果報應提供一個作業受報的連續體；但實際說來這只是「相續」假立的「假名爲我」而已，事實上並沒有一個實體性的「神我不滅，處處受生」。此就假名、實法之區別立說，與前文所論解縛之義是相同的。

這樣看來，僧宗的「神明」正因並未違反佛教主張無我的基本立場。但無論如何，他將「神明」說爲十二因緣流轉中的同一體，並且不諱言地指出「神明」概念的提出就是爲了給因果報應說建立基礎；這一企圖與作爲，其實是與「神不滅論」相同的，神不滅論不就是旨在建立生死輪迴中的連續，以說明因果報應？不同之處在於，僧宗能夠運用不違反無我說的方法作到這一點。正如中西久味所說：僧宗所說「神明」乃是心識作用的相續，與神我說的靈魂觀念不同，這改變了歷來「神不滅論」的議論方式。〔註79〕這一點顯然具有非常重要的意義。

相同的論證方式，也被運用在「心」的相續不斷之上：

> 師子吼言世尊眾生五陰（至）誰有受教修集道者。……僧宗曰：大段之第四明修道也。成前執有之難也。若因中有性，爲惑所纏，從因至果，除惑說修；既有除惑之功，則修道義立。若因中無性，則唯是生滅；念念無常，當體自滅，誰有修道至涅槃耶？……第一明相續修道有益。……心不斷者，言雖念念滅，要相續縛解不斷也。

> 善男子我經中說一切眾生（至）唱言如來說心定常。……僧宗曰：第七諍論也。若論正義，實法則前滅而後生也，假名則始終爲一也。或者聞說「心則上行」，不解相續，言有此心，常而不滅，向上受生也。〔註80〕

在此僧宗順經文之說，也以「心」來說明眾生的解縛。眾生「心」雖然也是「念念滅」，但「相續縛解不斷」，由此便可說明眾生的縛解相續。詳細地說，

〔註79〕　中西久味：〈六朝齊梁の「神不滅論」覺え書──佛性說との交流より〉，《中國思想史研究》第 4 號（1980 年），頁 111-114、117。筆者對於「神明」概念的分析係受其啓發。

〔註80〕　《集解》，頁 560a-b、578c。

「心」「實法則前滅而後生也，假名則始終爲一也」，就實法而言，念念自滅中並無常一不變之「心」，但就假名來說，則生滅相續「終始爲一」。這是就「心」相續爲一的角度來解釋眾生的受縛解解以及「受生」輪迴。此與前述對「神明」相續爲一的說明是一致的，由此更可證知「神明」與「心」確實是同義概念。有時，僧宗亦直接說是眾生的相續：

> 若說於苦愚人便謂（至）我身即有佛性種子。……法蓮記僧宗曰：……
> 我身即有佛性種子者：眾生是正因，爲種子也。
>
> 善男子明與無明亦復如是（至）即成醍醐佛性亦爾。案：僧宗曰：
> 眾生有感果之力，果有酬因之用，故能轉闇爲明也。乳之與酪，不得爲二；眾生與佛，豈得爲二！始終相續，假說爲一，正可得言從緣而生也。〔註81〕

根據法蓮的記錄，〔註82〕僧宗亦曾說「眾生是正因」；此當是根據《涅槃經》而來的說法。僧宗並且將「眾生」與「佛」說爲因果關係，此點前文也曾論及。他又說「眾生與佛，豈得爲二」、「始終相續，假說爲一」，就假名相續的觀點來說眾生與佛同一不二，其論點與論「神明」、「心」的相續不滅也完全一致，只是此處更清楚地指明「眾生」與「佛」的相續同一性。不難看出，其實僧宗的「神明」正因學說正是以《涅槃經》原本「正因者謂諸眾生」的說法爲基礎，〔註83〕並取經文說「心」念念相續不斷，爲眾生相續之關鍵的看法，所發展出來的理論。

在以上所見的論述中，僧宗一再援用「實法」、「假名」這一對概念。此實是當時盛行的《成實論》所說。《成實論》將佛法眞理分爲「第一義門」與「世界門」，或「第一義諦」與「世俗諦」這兩類。在「世俗諦」中，五陰和合的我及我所都是「假名」不實的，但組成假名的五陰則被說爲是「實法」眞有；但就「第一義諦」的角度看，不僅「假名」是空，連五陰「實法」其實也是空無不實的。如：

> 若於有識諸陰相續行中，有業業報；泥牛等中，無如此事。是故當知五陰和合假名爲我，非實有也。〔註84〕

─────────

〔註81〕 《集解》，頁 460a-b、462a。
〔註82〕 法蓮事跡不詳，他與敬遺大概都是僧宗系統的後輩學者。見：布施浩岳：同注 5，頁 249-250。
〔註83〕 〈師子吼菩薩品十一之二〉，頁 530c。
〔註84〕 訶梨跋摩造，姚秦・鳩摩羅什譯：《成實論・有我無我品》，《大正藏》卷 32，

此亦是以假名、實法的角度説「我」的存續問題。僧宗一再使用這一對概念，應該也是受到當時《成實論》流行的影響。

　　似此，僧宗將「神明」敍説爲緣慮心識的相續不斷，是眾生輪轉的同一體。但在一些地方，他似乎也暗示：在相續不斷的「神明」背後，有更爲根本的、基礎性的某種存在：

> 是故如來壽命無量。……僧宗曰：海之吞納眾流，無有增減（減）。因地萬善，鍾於極果，以因滿則常也。又《勝鬘經》言：如來藏即是佛性。在因爲藏，在果爲佛，非始非終，隱顯爲異耳。若眾生無性者，中間亦可斷絕；以其性義不亡，必應成佛。至佛乃常，如眾流至海，更無去處。故惑盡行周，得佛自常也。

> 若言諸法皆無有我（至）亦復如是要因斷常。……僧宗曰：第二明乖理取相，起斷常之執也。夫生死之中，雖云無我，而性理不亡，神明由之而不斷也。若計一切悉滅，則上乖圓極，下乖因性，謂斷見也。若言有眞實之我，住在生死之中，常而不滅者，即常見也。

> 若能生他以何因緣不生無漏。……僧宗曰：十地無漏，非不發始從緣，當不據此爲言也。乃是神明妙體者耳。此妙體絕於有無，不從因生，豈非知善耶。〔註85〕

他引用《勝鬘經》的「如來藏」概念，説如來藏即是佛性，並説此性「非始非終，隱顯爲異」，則這似乎是指眞常如來藏而言。但既云「至佛乃常」，則顯然它並不是所謂的眞常如來藏佛性。由「若眾生無性者，中間亦可斷絕；以其性義不亡，必應成佛」的描述看來，此如來藏佛性的功用在於確保眾生不至「斷絕」，而終可成佛。這樣看來，此所謂「如來藏」是某種維繫輪迴眾生相續不絕的事物。如前所述，「神明」正因只是念念緣慮心的假名相續爲一，現在説有一「如來藏」來保證此相續不斷，則它似乎是比「神明」更爲內在而根本的佛性。類似的説法也見於「夫生死之中，雖云無我，而性理不亡，神明由之而不斷也」的敍述。據此，則「神明」的不斷乃是依存於「性理不亡」。「性理」一詞，根據僧宗的的用法，是指佛性之「理」；如前文所分析，這是指能生出觀智的境界因，具體內容是十二因緣的「常」與「無常」之理。

　　頁260c。關於《成實論》的二諦觀以及假名、實法概念，參見：楊惠南：《佛教思想發展史論》（臺北，東大圖書公司，2003年），頁289-299。

〔註85〕 《集解》，頁417a-b、459b、519b。

則此文是否是說：在眾生十二因緣的流轉過程，也就是「神明」的相續中，有「常」恆之理存在其中，它維持了「神明」的不斷？必須指出的是，此一更為根本的「如來藏」或「性理」，僧宗並不說為是不滅真我或恆常真性，故說「至佛乃常」，又云「若言有真實之我，住在生死之中，常而不滅者，即常見也」。與此亦類似的，是「神明妙體」這一概念的提出，此亦值得注意。他說「此妙體絕於有無，不從因生」，然則「神明妙體」並非因緣所生，與「神明」本身念念因果相續不同；與前幾段文字配合來看，它似乎就是這比「神明」更基本的存在。僧宗在這方面的說明並不充分，因此我們難以確切掌握其意。但「神明妙體」概念的出現是非常重要的，僧宗同時稍後的涅槃宗師寶亮，便徹底發揮了此一概念，認為「故今教之興，開神明之妙體也」，認為它乃是《涅槃經》教義的核心。〔註86〕可能亦與僧宗有關。

「神明」概念被引入佛性討論領域，影響是十分深遠的：在佛性思想方面，影響了慧令、智藏、僧旻等後輩學者。如前所見，這些學者雖然各有不同的正因觀，但慧令說「即昔神明成今法身。神明既是生死萬累之體，法身亦是涅槃萬德之體」；智藏、僧旻說「定若有神明則本來有當果之理。此本有義，但約萬行圓滿金剛心謝種覺起時名為始有」，〔註87〕這些說法都與僧宗倡導的「神明」概念相同。而在梁武帝那裡，「神明」概念更被充分運用，最終完成了由神不滅論走向佛性思想的轉化。

九、小　結

由以上對僧宗思想的考察，可知他雖然承襲法瑤以「理」說佛性的作法，但其劃分三因二果的佛性論模式，與法瑤不區分因果性的看法不同，卻與主流涅槃師說較為相近。他在一般狀況下將果佛性直接說為佛性，並主張果性當有，這些也都與多數涅槃師看法一致。「理」在他的系統之中只具有「境界因」的地位，相續的「神明」才是他所認定的佛性「正因」，由此可以看出「以理為正因」這一派確實漸漸與主流佛性說合流。他將「神明」說為眾生相續不斷的緣慮之心，以「神慧」解釋佛的智慧果性。「神明」概念被引入佛性討論的領域，對其後涅槃學者影響至鉅。

雖然僧宗的「神明」概念並不是「神不滅」思想中的同一不斷的「實體」

〔註86〕《集解》，頁 378b-c。
〔註87〕《大乘玄論》，同注1，頁 46b；《涅槃經遊意》，同注23，頁 237c。

意義之「神」，但他依據《涅槃經》主張眾生「神明」相續不斷，承認它在生死輪迴中假名爲我的觀點，卻爲神不滅之説開啓了新的思考方向。然而，這一點其實也是涅槃師們普遍的主張；如前所見，僧亮、智藏、開善等人所持的「以眾生爲正因」之説，事實上也著眼於「眾生正因」能夠相續不斷，貫串生死輪迴的特質。佛性思維如何轉變神不滅論的方向，於此可見。

第三節　從才性到佛性：神明佛性概念的源流

如前文所説，僧宗的「神明」正因之説是自《涅槃經》提煉而來的。經文本以「質料因」爲正因之義，故説眾生相續不斷爲成佛正因；又説「心」生滅相續不斷，爲眾生相續及修道成佛的關鍵。僧宗將「神明」解説爲眾生相續不斷的緣慮心，雖然導入了一個新名詞來進行詮釋，但顯然仍與《涅槃經》原來的説法意旨相通。而慧令也主張「即昔神明成今法身」，與僧宗説法相同。如前章已然指出的，「神明」概念原是魏晉時人的習用語彙，它與「神」一詞往往可作爲「心」之同義詞。初期的佛教學者往往以「心」、「神」、「神明」指稱眾生「主體」，這在前章的討論中已多見其例。但僧宗對於「神明」一語的用法，更顯示出魏晉「才性」思想與「佛性」理論之間的關係。以下略作分析。

如前所述，「神明」概念原是中國本土既有的概念。在先秦時期它已然出現，如：《莊子・齊物論》：「勞神明爲一而不知其同也。」《荀子・解蔽》：「心者，形之君也，而神明之主也。」在此，「神明」一詞皆是指人的精神作用。〔註88〕「神明」亦指超越的神靈，以及人死後所變之鬼魂，如：《左傳・襄公十四年》記師曠之語：「民奉其君，愛之如父母，仰之如日月，敬之如神明，畏之如雷霆，其可出乎？」《左傳・昭公七年》記鄭子產之言云：「人生始化曰魄，既生魄，陽曰魂。用物精多，則魂魄強，是以有精爽至於神明。」〔註89〕「神明」的這幾種意義在後世皆有影響。

但在魏晉六朝時期，「神明」一詞有了新的使用場域。與當時盛行的人物品

〔註88〕清・郭慶藩：《莊子集釋》（臺北，萬卷樓圖書有限公司，1993 年），頁 70；
清・王先謙：《荀子集解》（北京，中華書局，1997 年），頁 397。此義之分析，
見：張岱年：《中國古典哲學概念範疇要論》（北京，中國社會科學出版社，
2000 年），頁 95-96。

〔註89〕楊伯峻：《春秋左傳注》（臺北，洪葉文化事業有限公司，1993 年），頁 1016、
1292。

鑑之風相應，「神明」也往往在此審美、鑑賞的向度中被使用。如劉宋・劉義慶（403-444）的《世說新語》及梁・劉孝標（462-521）的注中，可見到：

何平叔云：「服五石散，非唯治病，亦覺神明開朗。」（〈言語〉14）

王尚書惠嘗看王右軍夫人，問：「眼耳未覺惡不？」答曰：「髮白齒落，屬乎形骸；至於眼耳，關於神明，那可便與人隔？」（〈賢媛〉31）

戴安道中年畫行像甚精妙。庾道季看之，語戴云：「神明太俗，由卿世情未盡。」戴云：「唯務光當免卿此語耳。」（〈巧藝〉8）

顧長康畫裴叔則，頰上益三毛。人問其故？顧曰：「裴楷俊朗有識具，正此是其識具。」看畫者尋之，定覺益三毛如有神明，殊勝未安時。（〈巧藝〉9）

王子猷詣謝萬，林公先在坐，瞻矚甚高。王曰：「若林公鬚髮並全，神情當復勝此不？」謝曰：「脣齒相須，不可以偏亡。鬚髮何關於神明？」林公意甚惡。曰：「七尺之軀，今日委君二賢。」（〈排調〉43）

任育長年少時，甚有令名。……童少時神明可愛，時人謂育長影亦好。自過江，便失志……。（〈紕漏〉4）

輅別傳曰：「輅字公明，平原人也。明周易，聲發徐州。冀州刺史裴徽舉秀才，謂曰：『何、鄧二尚書有經國才略，於物理無不精也。何尚書神明清徹，殆破秋豪，君當慎之。……」（〈規箴〉6 注引《管輅別傳》）

魏氏春秋曰：「武王姿貌短小，而神明英發。」（〈容止〉1 注引《魏氏春秋》）

文士傳曰：「嘉平中，汲縣民共入山中，見一人，所居懸巖百仞，叢林鬱茂，而神明甚察。自云『孫姓，登名，字公和』。康聞，乃從遊三年。……」（〈棲逸〉2 注引《文士傳》）〔註90〕

在此，「神明」大致是指人內在的「心」、精神，及其外顯出來的神情、神韻；此應是源自「神明」原來指精神作用之義。由引文第二、三、七條關於戴逵、顧愷之、何晏的例子看來，可知「神明」且與人的心靈境界、識具、聰慧有

〔註90〕劉宋・劉義慶編，余嘉錫箋疏：《世說新語箋疏》（臺北，華正書局，1989年），頁 74、700、720、810、912、552、607、650。

關。如北齊・顏之推（531-約590後）《顏氏家訓》亦云：

> 近世有兩人，朗悟士也，性多營綜，略無成名。……惜乎，以彼神
> 明，若省其異端，當精妙也。（〈省事〉）

> 若其愛養神明，調護氣息，慎節起臥，均適寒暄，禁忌食飲，將餌
> 藥物，遂其所稟，不爲夭折者，吾無間然。（〈養生〉）〔註91〕

在此，「神明」既指人之精神，又指智慧聰明，此與《世說》的用法一致，此亦顯見「神明」實是當時人之慣用語彙。我們知道，魏晉時期的人物品鑑，注重的是如何由人外在「形」而知其內在之「神」，也就是由人物行坐語默之間洞知其內在的精神層次。此由《世說新語》一書處處使用「神姿」、「神色」、「神貌」、「神情」、「風神」等辭彙來品題人物即可知。這些概念皆以「神」爲中心；蓋人物內在之「神」不可直接得見，故只能表現於其姿、色、情、貌之間，鑑識人物亦只能即此而求。徐復觀指出：「魏晉時的所謂神，則指的是由本體所發於起居語默之間的作用」，即是此意。而「神明」或「精神」即是「神」的同義詞。〔註92〕它所指的，大致可說便是人的精神樣態。

魏晉人對人物品評的審美興趣，以及由形知神的鑑識取向，是由漢末的名理之學輾轉而來的，此是學界共識。在劉邵的《人物志》中已可看出此鑑神重於鑑形的傾向：

> 人物之本，出乎情性。情性之理，甚微而玄，非聖人之察，其孰能
> 究之哉？凡有血氣者，莫不含元一以爲質，稟陰陽以立性，體五行
> 而著形。苟有形質，猶可即而求之。

> 夫色見於貌，所謂徵神。……故曰：物生有形，形有神精；能知精神，
> 則窮理盡性。性之所盡，九質之徵也。（《人物志・九徵》）〔註93〕

此處已見「見貌徵神」的主張。劉邵認爲品論人物必須要能知其「精神」，才算是窮理盡性。此書象徵著魏晉「才性論」思想的成立。其後人物鑑識的意趣雖然逐漸轉向純粹審美的方面，但此一基本思路並未改變。但是，此種「才性論」的思路取向，是從人的「材質」一面來看人性，而與傳統儒家就「德

〔註91〕北齊・顏之推著，王利器集解：《顏氏家訓集解》（北京，中華書局，1996年），頁327、356。
〔註92〕見：徐復觀：《中國藝術精神》（臺北，臺灣學生書局，1998年），頁154-157。
〔註93〕曹魏・劉邵著，李崇智校箋：《人物志校箋》（成都，巴蜀書社，2001年），頁15、28-33。

性」論人性的作法正成對比。以劉劭爲例：他把品論人物歸結於窮理盡性，但其所謂「情性之理」，是指人所稟的陰陽、五行之氣性；他所著重的不是普遍性的人性，而是人所稟氣性的不同，並由此鑑別其不同的品級才能。此種人性論取向，牟宗三稱之爲「順氣而言」的人性論，以與「逆氣而言」者相對。正如他所指出的：此種「才性論」所要說明的「是人之差別性或特殊性」，此與儒家就普遍性的角度論人之道德性，正好相反。〔註 94〕魏晉時期的人性論不出此一趨向，同樣地，人物品鑑也是專注在人物的「差別性或特殊性」之上。就如前文所引資料所見，顧愷之畫中所呈現的裴楷之「神明」，當然不等於鬢髮不全的支道林的「神明」，而何晏的「神明清徹」，自然也與孫登的「神明甚察」有所不同。人物品評的要點，便在於掌握名士們各自差別殊異的精神樣態，也就是「神」或「神明」，而不在於評論他們的普遍道德心性。此亦是眾所周知之事。

而此「才性論」思潮實不限於人物品鑑之範疇，而是魏晉思想的基本特質。即如「神明」被用以表達人精神上的差別性、殊異性，此種觀點也反映在玄學的聖人觀方面。王弼（226-249）被視爲魏晉玄學的奠基者之一，他提出了著名的「聖人有情」之說：

> 何晏以爲聖人無喜怒哀樂，其論甚精，鍾會等述之。弼與不同，以爲聖人茂於人者神明也，同於人者五情也。神明茂，故能體沖和以通無；五情同，故不能無哀樂以應物。然則聖人之情，應物而無累於物者也。今以其無累，便謂不復應物，失之多矣。（《三國志·魏書·鍾會傳》注引何劭《王弼傳》）〔註 95〕

「聖人有情」說的具體內容，學者已多析論。〔註 96〕在此值得注意的是「聖人茂於人者神明也」、「神明茂，故能體沖和以通無」的說法。據此，聖人雖然也具有喜怒之情，但由於「神明」特茂，故能「應物而無累於物」。此是以「神明」的特殊來說明聖人的特殊之處，前文根據《世說》等材料說「神明」係指人之精神，並與心靈層次、識具、聰明有關，王弼的說法可與之印證。聖人具有超凡的精神智慧，此固不待論；但王弼說聖人「神明」特茂，其實

〔註 94〕見：牟宗三：《才性與玄理》（臺北，臺灣學生書局，1997 年），頁 46-51。

〔註 95〕西晉·陳壽著，劉宋·裴松之注，盧弼集解：《三國志集解》（臺北，藝文印書館，1958 年），頁 681。

〔註 96〕參見：湯用彤：〈王弼聖人有情義釋〉，氏著：《魏晉玄學論稿》（上海，上海古籍出版社，2001 年），頁 66-75。

是立基於聖人天成的立場而說的。王弼有云「智慧自備，爲則僞也」，正如湯
用彤所指出的，聖人「茂於神明乃謂聖人智慧自備」、「聖人神明，亦可謂非
學而得，出乎自然」。〔註97〕其實不獨王弼如此，如另一位玄學大師郭象（約
252-312）在其《莊子注》中亦云：

> 俱食五穀而獨爲神人，明神人者非五穀所爲，而特稟自然之妙氣。
> （《莊子・逍遙遊》注）
>
> 言特受自然之正氣者至希也，下首則唯有松柏，上首則唯有聖人。
> 故凡不正者皆來求正耳。……。（《莊子・德充符》注）
>
> 夫去知任性，然後神明洞照，所以爲賢聖也。……。（《莊子・天下》
> 注）〔註98〕

郭象亦以「神明」之洞照來說明聖賢的智慧境界，但他更明白地指出聖人神
人「特稟自然之妙氣」、是「特受自然之正氣者」，與凡夫在稟賦上天生就有
差異。然則聖人的「神明洞照」其實是出自其自然稟賦，非凡夫所能企及。
其實，主張聖人「神明」特茂天生自然，聖人不可學亦不可至，乃是魏晉人
普遍抱持的看法。〔註99〕既說聖人的「神明」特稟自然，認爲聖凡之「神明」
有著天生的差異，這顯然是就特殊性、差異性的才性觀角度來理解「神明」
這一概念；可知王、郭雖未涉及人物品鑑問題，但其思路實與「才性論」取
向相同。不只是聖凡天隔，如前所述，魏晉人既取才性論的角度看待人性，
自也強調一般人之間性分的差異。郭象便云：「性各有分，故知者守知以待終，
而愚者抱愚以至死，豈有能中易其性者也！」〔註100〕萬物之性同樣也是各自
殊異、吹萬不同的。

聖凡天隔，聖人不可學不可致的觀念，與當時傳入中國的佛教的基本信
念有所衝突。《世說》記東晉簡文帝司馬昱（321-372）之語云：

> 佛經以爲袪練神明，則聖人可致。劉孝標注：「釋氏經曰：「一切眾生，皆有佛性。
> 但能修智慧，斷煩惱，萬行具足，便成佛也。」簡文云：「不知便可登峰造極不？
> 然陶練之功，尚不可誣。」（〈文學〉44）〔註101〕

〔註97〕見：湯用彤：同注96，頁69-70。王弼語見其《老子注・第二章》，見：曹魏・
　　　　王弼著，樓宇烈校釋：《王弼集校釋》（臺北，華正書局，1992年），頁6。
〔註98〕清・郭慶藩：《莊子集釋》，同注88，頁29、194、1091。
〔註99〕見：湯用彤：〈謝靈運辨宗論書後〉，同注96，頁104-106。
〔註100〕郭象：《莊子・齊物論注》，清・郭慶藩：《莊子集釋》，同注88，頁59。
〔註101〕同注90，頁229。

佛教的信仰核心，在於眾生修行則能成佛的信念，此則與魏晉人一般認為聖人天成、聖人不可學不可致的想法大相逕庭；故簡文帝雖肯定佛法「陶練之功」，但對於是否可「登峰造極」尚覺可疑。正如湯用彤所指出：竺道生與謝靈運（385-433）所代表的頓悟新說，主張「去釋氏之漸悟，而取其能至；去孔氏之殆庶，而取其一極」，其意義不止在於頓悟說的發揚，更在於調和中印兩大思想傳統，提出聖人不可學但「能至」的新觀念，使成聖可為可以企及的理想。〔註102〕

　　竺道生新說的提出，在晉宋之際，南北朝的聖人觀當有受其影響之處。然而，新說雖然建立了聖人可致的新觀念，但魏晉人以差別性、殊異性論人性的傾向卻沒有因此改變。「佛性」觀念雖已隨《涅槃經》傳入，但當時人似乎仍未將「佛性」視為普遍內在的先驗人性。如前所述，此時的學者普遍認為「佛性」的根本意義是佛之果性，它當然不會是眾生已然具有的，眾生已有的只是因性。對於因性，特別是「正因」的內容，雖然諸家主張不一，但似乎多仍是指眾生的差別性、殊異性而言。東晉簡文帝所說有待袪練的「神明」，也就是凡夫眾生現在各自不同的精神狀態，在梁朝劉孝標（462-521）看來即是指一切眾生皆有的「佛性」，亦即正因性，這是十分具有啓發意義的例子。在劉孝標等一般士人看來，「正因佛性」即是各各殊別的眾生「神明」，這與魏晉強調差別性、殊異性的才性論思潮是一脈相承的。不同之處在於，經過竺道生新說的洗禮，時人已經不再如王弼、郭象那樣堅持聖人「神明」天生特茂、不可企及，而承認眾生的「神明」經過修行必能達到佛之境地。

　　就時代先後而論，劉孝標的看法很可能就是得自於僧宗。如前文所分析，僧宗將「神明」解釋為眾生各自殊異不同的、作為一般心意識或精神作用之「緣慮心」。此說當然自《涅槃經》說念念相續之眾生與心為佛性正因而來。但我們同樣可以看到此說與魏晉才性論思潮的關連：（1）在說明「神明」或「心」概念時，僧宗除了說明其相續不斷之外，更強調眾生「神明」的差異性。他說「今先收因地三種人，神明斯盡」、「向三種心，能生菩提之功，故稱為性耳」，將菩薩與凡夫、聲聞的「神明」分為三種；又說由眾生「神明」至須陀洹、斯陀含、阿那含、阿羅漢，最後成就佛果，猶如雜血乳一步步純

〔註102〕劉宋・謝靈運：〈與諸道人辨宗論〉，唐・道宣：《廣弘明集》（臺北，新文豐出版公司影印四部叢刊本，1986年），頁257。參見：湯用彤：〈謝靈運辨宗論書後〉，同註96，頁103-109。

化爲乳、酪、生酥、熟蘇、醍醐；又說對闡提而言「此惡即是神明」。這顯然是就「差別性、殊異性」的角度來看一切眾生「神明」。這是《涅槃經》所沒有的思想，很明顯地，僧宗的「神明」概念以及其強調差別性、特殊性的意涵，乃是魏晉才性論思潮的產物。不只僧宗如此，如前所見，稍早的僧亮雖不以「神明」爲正因，但同樣也強調眾生正因的差別性。他說：

> 師子吼言：世尊眾生爲悉（至）亦不應說佛性如空。案：僧亮曰：

> 因有三種：正因、緣因則別，境界因則共也。〔註103〕

僧亮認爲眾生「正因、緣因則別」，這正是由差別性、特殊性的角度理解正因性，與僧宗相同。可以想見，魏晉才性論的思維傳統，仍然影響著南朝涅槃學者們對「正因」問題的思考。

（2）爲何僧宗要以流行的「神明」概念，來解釋《涅槃經》的「正因」？我們知道，《涅槃經》說「心」是眾生「正因」相續不斷而能成佛的關鍵。經文說「心」生滅相續，又說「心名無常。何以故？性是攀緣相應分別故」，〔註104〕這本是指一般心意識作用之「緣慮心」；它大致上以六識之作用爲範圍，〔註105〕其主要功能在於認識思辨等精神作用方面。而魏晉時期普遍使用的「神明」一詞，本亦是「心」之同義詞。依據前引《世說》、《顏氏家訓》之例，可知所指的乃是人之精神樣態。它不但被用來指稱人的內在精神氣質，並且往往還特別專指人的心靈境界、識見，以及聰明智慧；王弼、郭象的用例便是如此。如此看來，佛經中的「緣慮心」概念既以認識、思辨爲主，它與魏晉人習用以表示識具、智慧高下的「神明」一語不但同指人的「心」或精神作用，並且同是指思辨聰明、認識觀照等功能而言，二者在內涵方面其實有相似之處。然則僧宗毋寧說是以中國人慣用的「神明」一詞來對佛經中的「心」概念進行解說；或許這也可以說是「格義」方法的一種運用。〔註106〕如前所言，僧肇即以「神明」指「心」，情形亦相同。不妨再觀察僧宗之後「神明」概念被使用的情形。稍晚的寶亮認爲「神明妙體」是《涅槃經》教義的核心；何謂「神明」？寶亮云：

〔註103〕《集解》，頁561a。

〔註104〕〈聖行品七之四〉，頁445c。

〔註105〕唐・宗密：《禪源諸詮集都序》：「緣慮心，此是八識，俱能緣慮自分境故。」《大正藏》卷48，頁401c。本文使用「緣慮心」一詞即借用宗密之說法。僧宗之時尚不知有八識之說，此只是借其「能緣慮自分境」之義。

〔註106〕《高僧傳・竺法雅傳》：「雅乃與康法朗等，以經中事數，擬配外書，爲生解之例，謂之格義。」同注9，頁152。僧宗以世俗常用的「神明」概念解說「心」，應符合此一界定。

爾時世尊告光明遍照（至）非本無今有是故爲常。……寶亮曰：非
本無今有者，所謂生死依如來藏也。故一家義云：神明是慮知之性，
但於緣中迷，故起生死；若理緣解發，則僞滅眞存，有萬德之用者
也。〔註107〕

寶亮將「神明」解釋爲「慮知之性」，與僧宗說爲緣慮之心的看法相同。時代
更後的開善智藏也使用了「神明」一詞，他說：

開善智藏法師云：正是專當不偏義。眾生神明與如來種智，雖復小
大之殊，而同是智慮。性相感召，故謂名正因。（均正《大乘四論玄
義》）〔註108〕

智藏也認爲「眾生神明」性質屬於「智慮」，甚至他還進一步說「如來種智」
亦然。我們看到，他們對「神明」概念的使用與僧宗一樣，皆取其認識、思
慮之義；這都與魏晉人對於「神明」的一般用法一脈相承。

（3）在佛果性方面，僧宗以「澄神虛照」說佛之般若智慧，又云「以覺
了神慧、體相不改爲性」、「不離神慧而說性也」，將「神慧」說爲得到菩提智
慧的佛果性。這也是受到魏晉人「神明」概念的影響。如上所說，王弼、郭
象各云「聖人茂於人者神明也」、「神明洞照，所以爲賢聖也」，這是運用「神
明」表示智慧、識見的意涵來形容聖人境界；僧宗用「澄神」、「神慧」來形
容佛陀智慧，作法其實如出一轍。只不過經過竺道生新說的洗禮，人們已不
再認爲聖凡天隔。僧宗主張眾生「神明」相續不斷，「神明」與「神慧」之間
有相續一體的關係，此說固然本於《涅槃經》，但也可看出新說的影響。如上
所引，智藏也認爲「眾生神明與如來種智，雖復小大之殊，而同是智慮」，可
見眾生「神明」相續成佛之說的流行。以「神明」說聖人境界，顯然也是承
自魏晉人的習慣用法。

由以上的討論，可以確定僧宗的「神明」概念，基本上繼承自魏晉時期
重視差別性、殊異性的才性論傳統。他將「神明」概念帶入佛性討論領域的
作法，可以說仍帶有「格義」餘風，並在後來的涅槃學者中造成了重大影響。
既然對「神明」的運用，乃是著眼於其認識、智慮、思維的意涵，也就是「心」
之作用方面，顯然僧宗等學者的「神明」概念其實與一般所說靈魂並不相同，
彼此間也無承繼關係。固然僧宗主張「神明」相續不斷，在生死輪迴中假名

〔註107〕《集解》，頁521c。
〔註108〕《大乘四論玄義》，同註3，頁46a。

爲我，此説具有代替「神不滅」理論的作用，在思想史發展上確實也造成了「神不滅」思維的轉向；但在概念源流上，「神明」與不滅之靈魂畢竟有異。這是論及南朝「神明佛性説」時必須辨明的。

結　語

　　以上分析了曇愛、法瑤、慧令、僧宗等人的佛性説。曇愛「當果爲正因體」之説的內容雖缺乏資料確認，但應當非指某種「當果」之物爲正因，而是指「眾生」本身因爲具有無明之心，修行必得「當果」，故説爲正因；此與「眾生正因」之實有相通之處。而法瑤的説法則與其他涅槃師有許多不同：他直言「佛性」即是「正因」，二者之間並無區別；並且認爲正因佛性是超越有無斷常、爲現在眾生「本有」的「理」，其具體內容即能生善的「慈惻」之性。此一思想較爲特殊，終究不敵主流意見而漸漸與其合流。如法瑤思想的繼承者慧令，便轉而以十二因緣生死流轉的事實爲佛性「理」，並引入「神明」概念，認爲生死中輪轉的神明，相續轉變爲成佛時的法身；凡此皆可見此派學説向主流佛性思想轉變的跡象。

　　僧宗作爲南朝知名的涅槃學者，其思想自有獨特之處。他主張三因二果的佛性模式，在一般狀況下直接以果性爲佛性，並主張果性當有，這些都反映出南朝佛性思潮的特色，而與後世的佛性觀頗爲不同。一般認爲，僧宗與法瑤同樣以「理」爲佛性，但由以上的考察，可知在他的系統之中「理」只具有「境界因」的地位，「神明」作爲正因才是其佛性理論的核心。

　　他將「神明」界定爲眾生相續不斷的緣慮之心，認爲它相續爲一，終將自體轉變成佛。其理論基礎，顯然即是《涅槃經》原來主張眾生因爲相續不斷故爲成佛正因，並説緣慮心相續不斷爲眾生相續關鍵的説法。而他特別強調眾生「神明」的差異性，並以「神明」一語來詮釋經文原有的緣慮心概念，這都顯示其「神明」概念其實淵源於魏晉才性論的傳統。「神明」概念被引入佛性討論的領域，對其後涅槃學者影響至鉅。

　　雖然僧宗所説的「神明」源自魏晉才性論，並不是一般所説恆常不變的靈魂或神我，但他依據《涅槃經》主張眾生「神明」相續不斷，承認它在生死輪迴中假名爲我的觀點，卻爲神不滅之説開啓了新的思考方向。然則「神明佛性説」並不能被簡單地説成是佛性思想與神不滅説的混雜，毋庸説它是

結合才性論思潮與佛性學說的新產物；正是透過這一新的佛性思維，神不滅論的方向於焉轉變。

第十章　南朝佛性理論之三
——心為正因說

　　依據吉藏《大乘玄論》的區分：「次以心為正因，及冥傳不朽、避苦求樂，及以眞神、阿梨耶識。此之五解，雖復體用眞僞不同，並以心識為正因也。」〔註1〕則這五種主張同屬以「心」解釋正因佛性之類型。但，其中「以心為正因」之倡導者即是開善智藏，如前所述，其學說具有「通」、「別」二義，各以眾生與心為正因，本文已在論「眾生為正因」一類時對其思想進行分析。而以「眞神」正因者，則是梁武帝蕭衍（464-549）的學說，筆者擬留待下章再對此作討論。以「阿梨耶識」為正因佛性者，則是地論、攝論師之主張，〔註2〕由於已超出涅槃宗之範圍，此處亦不論。除此之外，在吉藏所述十一種佛性說之中，有「第十師以眞諦為正因佛性也」一家，並云「眞諦為佛性者，此是和法師、小亮法師所用」；依據他的劃分，此應屬於「以理為正因」一類。〔註3〕但依據其學說的實際內容來看，此一主張其實應當劃屬在「以心為正因」之下。因此，本章將以「冥傳不朽」、「避苦求樂」、「眞諦」此三種佛性學說為討論對象。

第一節　神明妙體避苦求樂之解用為正因：寶亮

　　梁・靈味寺寶亮（444-509）可能是最受現代學者矚目的涅槃師。據《高僧傳》記載，寶亮本出身北方，師事青州道明。〔註4〕年二十一，始遊化入南，

〔註1〕　隋・吉藏：《大乘玄論》，《大正藏》卷45，頁36a。
〔註2〕　唐・均正：《大乘四論玄義》：「第九、地論師云：第八無沒識為正因體。第十、攝論師云：第九無垢識為正因體。」《卍續藏經》第74冊，頁47a。
〔註3〕　《大乘玄論》，同注1，頁35c、36a、c。
〔註4〕　布施浩岳認為寶亮與曇濟之間可能有師承關係。見：布施浩岳：《涅槃宗の研

居中興寺。學名遠播，「齊竟陵文宣王，躬自到居，請爲法匠」。後移居靈味
寺，「續講眾經，盛于京邑。講《大涅槃》凡八十四遍，《成實論》十四遍，《勝
鬘》四十二遍，《維摩》二十遍，其《大》、《小品》十遍。《法華》、《十地》、
《優婆塞戒》、《無量壽》、《首楞嚴》、《遺教》、《彌勒下生》等，亦皆近十遍。
黑白弟子三千餘人。諮稟門徒常盈數百」，可見其學術取向之廣博以及當時聲
名之盛。入梁後，甚受梁武帝優禮；「天監八年初勅亮撰《涅槃義疏》十餘萬
言」，武帝並親爲之作〈序〉。書成，寶亮即卒於是年之末。〔註5〕

　　舊說寶亮所著的《涅槃義疏》即是今日所見的《大般涅槃經集解》，但如
前章所論，此說已不爲學者信受。雖然如此，《集解》中所見寶亮之注釋，應
即是其《義疏》遺文；而其注釋條目雖不如僧亮、僧宗之多，〔註6〕但平均文
字篇幅較長，關於思想內容方面的訊息也更加豐富。或許因爲如此，寶亮的
思想較受現代學者重視，甚至認爲他是涅槃宗思想的集大成者。〔註7〕而他的
學說確實也具有承先啓後的意義，在涅槃宗發展的過程中具有重要地位。

　　寶亮的佛性說在均正、吉藏等人的分類中也自成一家：

第三、靈味小亮法師云：眞俗共成眞如性理爲正因體。何者？不有心
而已，有心則有眞如性上生故。平正眞如正因爲體。苦無常爲俗諦，
即空爲眞諦；此之眞俗，於平正眞如上用故。眞如出二諦外。若外物
者，雖即眞如，而非心識故，生已斷滅也。（均正《大乘四論玄義》）

第十師以眞諦（眞如）爲正因佛性也。……以眞諦與第一義空爲正
因佛性者，此是眞諦之理也。……眞諦爲佛性者，此是和法師、小
亮法師所用。問眞諦爲佛性，何經所出？承習是誰？無有師資，亦

究（後篇）》（東京，國書刊行會，1973 年），頁 217。

〔註5〕 梁・慧皎著，湯用彤校注：《高僧傳・寶亮傳》（北京，中華書局，1997 年），
　　　頁 336-339。

〔註6〕 據菅野博史考察，寶亮的注釋達 1081 條，在《集解》諸師中居第 3 位。見：
　　　菅野博史：〈『大般涅槃經集解』的基礎的研究〉，《東洋文化（東京大學）》66
　　　（1986 年 2 月），頁 170-171。

〔註7〕 布施浩岳：同注 4，頁 215；小川弘貫：〈シナ如來藏佛教について〉，《印
　　　度學佛教學研究》11：1=21（1963 年 1 月），頁 121-122；中西久味：〈六
　　　朝齊梁の「神不滅論」覺え書──佛性說との交流より〉，《中國思想史研
　　　究》第 4 號（1980 年），頁 109。但隋唐時人可能以梁代三大師，特別是開
　　　善智藏，作業涅槃師的代表：如：隋・灌頂：《大般涅槃經玄義》：「世既咸
　　　用開善未能異之」、「時人以開善爲長故蓬研之，餘人置而不言耳。」《大正
　　　藏》卷 38，頁 2b、3a。

無證句，故不可用也。（吉藏《大乘玄論》）

佛性義：解正因佛性，凡有十家。……第九解：以眞如爲佛性。（吉
藏《大乘三論略章》）〔註8〕

吉藏在《大乘玄論》中指出「以眞諦爲正因佛性」是「和法師、小亮法師」
的説法；和法師未詳，小亮即是寶亮。但在《三論略章》中卻作「眞如」爲
佛性。湯用彤認爲，《玄論》中之「眞諦」當是「眞如」之誤，對照均正的
記載便可推知。〔註9〕均正較詳細地描述了寶亮的看法，據他指出，寶亮主
張「眞俗共成眞如性理爲正因體」。此是何意？下文進一步説明：寶亮是以
「平正眞如正因爲體」，而此「眞如」正因之外，另有「苦無常爲俗諦，即
空爲眞諦」之二諦。此眞俗二諦「共成眞如性理」，共同構成了「眞如性」，
但「眞如」本身「出二諦外」，二諦只是「於平正眞如上用故」；然則「二諦」
似乎是「眞如」所具有的某種「用」。此文又指出，寶亮特別強調「心」的
重要性，他説「不有心而已，有心則有眞如性上生故」、「若外物者，雖即眞
如，而非心識故，生已斷滅也」，認爲凡有「心」者，皆有「眞如」正因性；
若木石無情之物，雖然也具有眞如性，但因不具「心識」，故「生已斷滅」
不能成佛。由此看來，寶亮所説之「心」同樣是指緣慮之「心識」，而其重
要性也仍在保證眾生輪迴的相續不斷以至成佛，這是與僧宗等涅槃師的普遍
看法一脈相承的。

均正的轉述雖然較爲詳細，但其中仍有許多不清楚之處。如「眞如」、「二
諦」與「心」之間彼此關係究竟爲何，便是一個待解的問題。但更讓人困惑
的是，在其他文獻中對寶亮的思想又有不同的説法：

第一靈味高高（寶亮）：生死之中，已有眞神之法，但未顯現，如蔽
黃金。《如來藏經》云：如人弊帛裏黃金像墮泥中，無人知者，有得
天眼者，提淨洗則金像宛然。眞神亦爾。本來已有常住佛體，萬德
宛然，但爲煩惱所覆，若斷煩惱佛體則現也。（吉藏《涅槃經遊意》）

本用者，先出舊解。靈味小亮云：生死之中，本有眞神之性。如弊
帛裏黃金像，墮在深泥。天眼者提取淨洗開裹，黃金像宛然。眞神

〔註8〕　《大乘四論玄義》，同注2，頁46c；《大乘玄論》，同注1，頁35c、36c；隋・
　　　　吉藏：《大乘三論略章》，《卍續藏經》第97冊，頁292a-b。
〔註9〕　湯用彤：《漢魏兩晉南北朝佛教史》（北京，北京大學出版社，1997年），頁
　　　　494。

佛體萬德咸具，而爲煩惱所覆，若能斷惑佛體自現。力士額珠、貧
女寶藏、井中七寶、闇室瓶盆等喻亦復如是。此皆「本有」，有此功
用也。（灌頂《大般涅槃經玄義》）

靈味淳（涼、亮）師云：是理知厭苦求樂，故終能反。異於木石，
由有佛性故爾。用此厭苦求樂之心爲正因佛性，由之得佛。（吉藏《勝
鬘寶窟》）〔註10〕

前二段文字中吉藏、灌頂論及本有始有問題，而將寶亮劃屬「本有」一類。
問題是，這些材料明言寶亮主張「生死之中，已有眞神之法」、「生死之中，
本有眞神之性」；如果「眞神」即是本有的佛性，則與前述「眞如」爲正因的
說法並不相同。而吉藏在《勝鬘寶窟》中另外又說寶亮「用此厭苦求樂之心
爲正因佛性」，則此「心」似乎才是正因。然則「眞神」與「眞如」、「二諦」、
「心」的關係如何又是一個問題。顯然寶亮佛性思想的具體內容單由這些材
料並不能得到充分說明，甚至這些記述的可靠性也可能有問題。

　　或許因爲如此，學者們對於寶亮以何爲「正因」眾說紛紜，迄今並無確
切共識。〔註11〕必須以《涅槃經集解》中寶亮自己的說法爲依據，才能較正
確地掌握其學說內涵。鑒於寶亮在涅槃宗思想發展史上的重要性，以下試作

〔註10〕 隋‧吉藏：《涅槃經遊意》，《大正藏》卷38，頁237c，「高高」即「寶亮」之
　　　　誤；《大般涅槃經玄義》，同註7，頁10a；隋‧吉藏：《勝鬘寶窟》，《大正藏》
　　　　卷37，頁83b，依校記，「淳」字原本作「涼」，即「亮」之誤。

〔註11〕 就筆者所見，學者們的看法約可分爲以下3類：（1）湯用彤認爲：「神明妙
　　　　體」即是眞如，也就是正因佛性，它非有非無，超出眞俗二諦而不離此二
　　　　諦。同註9，頁494-498。Whalen Lai 認爲：「神明妙體」即是佛性，也是如
　　　　來藏、自性清淨心；它包括眞俗二諦兩面，用以說明解脫與生死輪迴。Whalen
　　　　Lai, "Sinitic speculations on Buddha-nature: The Nirvāna School", Philosophy
　　　　East and West 32, no.2（1982），pp.142-143。（2）Liu Ming-Wood 同意正因佛
　　　　性即是自性清淨心，但認爲它只是「神明」之「眞諦」方面，其核心爲避
　　　　苦求樂之傾向，由此可說明生死輪迴。Liu Ming-Wood, "The early
　　　　development of the Buddha-nature doctrine in China," Journal of Chinese
　　　　Philosophy, 16:1（1989），pp.17-20。釋彥暉也認爲：「神明妙體」即是正因佛
　　　　性，即是如來藏、自性清淨心；此即是眞如法性「眞諦」，其持業不失及解
　　　　脫求樂之用則是「俗諦」。釋彥暉：《梁靈味寶亮法師佛性思想之研究》（臺
　　　　北，中華佛學研究所碩士論文，釋聖嚴指導，1992年），頁61-63。（3）中
　　　　西久味的看法是：二諦共成「神明」，神明之「體」、「眞諦」是眞如法性，
　　　　但它們都不是正因，正因佛性乃是此「體」表現在「俗諦」中的避苦求樂
　　　　之用。同註7，頁114-115。經過分析，筆者認爲中西氏的解釋才是正確的，
　　　　下詳。

較詳盡的分析。

一、因果佛性之別：四種佛性

　　欲了解寶亮「正因」概念的內涵，應先掌握其佛性學說的整體模式。如前所述，對因、果佛性進行區隔，是涅槃師們普遍的作法；此由前幾章的討論可以得到證實。寶亮同樣也不例外。〔註12〕寶亮依循《涅槃經》之說法，也認爲擴大而言，一切諸法都可說是佛性：

　　善男子一切無明煩惱等結（至）如來佛性猶如醍醐。……寶亮曰：
　　分別兩問既竟，更總收一切萬法。無明等死，無非佛性，或正因，
　　或緣因，或境界因，隨義往取，盡能助果，故是佛性。

　　善男子到彼岸者喻阿羅漢（至）是故喻以水陸俱行。案：寶亮曰：……
　　涅槃中亦爾，乃有七人之異，亦通不離佛性之水。但佛性之義，隨事
　　而收。或緣因，或境界，如是眾多；若因，若果，盡是佛性。〔註13〕

但是，諸法之被稱爲佛性，或作爲正因、緣因、境界因，或屬於因性、果性，「隨義往取」、「隨事而收」，各有其義類，並不是毫無分別的。寶亮特別強調因佛性與果佛性之間的差異：

　　第一義空名爲智慧。……寶亮曰：既解果性，今先舉體以取智。若不
　　據用以辨體，無以表因果性異。故明佛果眾德，唯以第一義空爲體也。

　　爾時師子吼菩薩（至）一切眾生何用脩道。……寶亮曰：此下去爲
　　釋疑而生問。此疑藉何而起？因上答三問，後定因果性，物便生疑：
　　若因果佛性，俱不離十二因緣，是則因性與果性，竟自無差別，何
　　用脩道？

　　若能諦觀察我性有佛性當知如是人得入祕密藏。……寶亮曰：我性
　　者，是因性也；有佛性者，謂果性也。必有如此解者，審入祕密藏也。

　　善男子如有無善不善（至）何況出世第一義諦。……寶亮曰：上來
　　至此，第一就二門明有無也。明果時有十力等諸三昧，因時唯有善
　　不善無記等，無十力等也。〔註14〕

〔註12〕只有釋彥暉指出了寶亮對因、果性的區別。釋彥暉：同註11，頁54。
〔註13〕梁・寶亮集：《大般涅槃經集解》，《大正藏》卷37，頁586c-587a、597a。以
　　　　下徵引簡稱《集解》並只注明頁數。
〔註14〕《集解》，頁544b、549c、456b-c、591a。

寶亮主張「因果性異」，認為若「因性與果性，竟自無差別，何用脩道」；顯然因、果佛性在他看來是此疆彼界，絕不相混的。他說「我性者，是因性也；有佛性者，謂果性也」，將經文「我性有佛性」分成因、果兩階段來解釋，認為眾生只有我性因性，佛性則是果性；又說「果時有十力等諸三昧，因時唯有善不善無記等，無十力等」，認為眾生因時只有善不善無記之性，成佛果時方有十力等佛德體性。很明顯地，「果」性是唯有成佛之時才能擁有，眾生現在有的只是「因」性而已。這是寶亮區分因、果佛性的原因。

寶亮所採用的，是二因、二果的四種佛性模式：

（〈如來性品〉釋題）寶亮曰：佛性有四種，謂正因、緣因、果及果果也。四名所收，旨無不盡。緣正兩因，並是神慮之道。夫避苦求安，愚智同爾，但逐要用，義分為二。取始終常解，無與瘷之用，錄為正因。未有一剎那中，無此解用，唯至佛則不動也；故知，避苦求樂，此之解用，非是善惡因之所感也。以《勝鬘經》云，自性清淨心也。〈師子吼品〉云，一種之中道也。而此用者，不乖大理，豈非正耶！緣因者，以萬善為體。自一念善以上，皆資生勝果，以藉緣而發，名為緣因也。然此解者，在慮而不恒，始生而不滅，則異於正因也。若無此緣助，則守性而不遷，是故二因，必相須相帶也。若緣因之用既足，正因之義亦滿，二用俱圓，生死盡矣。金剛後心，稱一切智，轉因字果，名為果性也。果果者，對生死之稱也，於眾德之上，更立總名，名大涅槃；以果上立果，名果果也。更無異時，但義有前後耳。若論境界性者，其旨則通，但同是緣助，不復別開也。下文佛自斷為四名，謂單因、單果，重因、重果也。

善男子佛性者有因有因因有果有果果。……寶亮曰：第二意，正定因果性也。明此因果性，即用十二因緣為體也。有因者，正因也。論理應以正因為因因，以正是因緣（緣因？）之因故也。今但正因性至佛不改，當因位而言因也。因因者，緣因性；有移動不定，故有重因之號也。果者，謂菩提也；種智是萬行果，故受果名也。涅槃對生死得稱，是為果上立果，故云果果也。

非因果故常恒無變。……寶亮曰：第四意，明判因果性位也。是因者，正因也；正因唯得居因位，不得稱果也。是果非因者，涅槃也；唯得名果，不得稱因也。是因是果者，緣因性有即因即果義也。非

因非果者，還遣向言。涅槃名果，萬行是因，物情執言，謂是生因
生果。今遣言：涅槃之體，百非所不得，非生因之因，復非生因之
果；無名無相，豈是因是果耶！〔註15〕

他主張有四種佛性：「正因」、「緣因」、「果」、「果果」，並且指出這是依據經
文本身因、因因、果、果果之區分而來。另有所謂「境界性」，則被劃屬於緣
因之下。對於四種佛性的詳細內涵，此文有具體說明，下文將對此再作分析。
此處先必須注意的，是寶亮在四種佛性之間，劃出了清楚的界線。他說「緣
正兩因，並是神慮之道」，但是「始終常解，無與癈之用」的是「正因」，至
於「緣因」則「在慮而不恒，始生而不滅」而「異於正因」，二者並不相同。
「果」與「果果」雖然「更無異時」，但「義有前後」，也必須區分開來。然
則不只是因、果佛性之間有所不同，因性或果性內部也自成區別。寶亮佛性
學說的根本結構與涅槃師們的主流意見基本上是一致的。

二、眞俗二諦共成神明：慮知之性

　　寶亮認爲《涅槃經》的根本要旨在於「神明妙體」此一概念；他強調「故
今教之興，開神明之妙體也」，是此經與昔時「四時經教，未出神明之妙體」
不同之處。〔註16〕事實上，「神明妙體」也正是寶亮佛性理論的核心。但是，
在探討「神明妙體」的具體內容之前，必須先對其所說的「神明」概念進行
分析。他說：

如是字義能令眾生（至）而不同於陰界入也。……寶亮曰：……眞
俗兩諦，乃是共成一神明法；而俗邊恒陰入界，眞體恒無爲也。以
眞體無爲故，雖在陰，而非陰所攝也。

善男子道者能斷煩惱（至）虛空佛性亦復如是。……寶亮曰：自四時
經教，無有此言，今大乘了義，其旨始判。得知神明，以眞俗爲質也。
無漏解脱，既以寄此果報中，發一得之後，其解常存。但於俗諦用邊，
自可謝；就眞爲論，則常用而不朽。此亦不關相續之常也。

以何義故甚深甚深（至）無有慮知和合而有。……寶亮曰：……既
眞俗共爲神明，俗邊乃可三相滅，就眞邊往取，癡義常存，故無所

〔註15〕　《集解》，頁 447c-448a、547b-c、548b。括號內「釋題」等字爲筆者所加。
〔註16〕　《集解》，頁 378b-c、537a。

失也。〔註17〕

寶亮以為「真俗兩諦，乃是共成一神明法」、「神明，以真俗為質」、「真俗共為神明」，可知所謂「神明」包括真、俗二諦兩面，由此二諦所構成。前引均正轉述寶亮之說云「真俗共成真如性理」，事實上，寶亮認為真俗二諦共成神明；而神明則並不等同於真如，下詳。二諦的內容為何？此云「俗邊恒陰入界，真體恒無為」，可知「神明」的「俗邊」是陰、入、界所攝的有為法，相反地，其「真體」則屬於「無為法」。寶亮又指出：「但於俗諦用邊，自可謝」、「俗邊乃可三相滅」，此「俗諦」一面有生、住、滅的遷流變化；而「就真為論，則常用而不朽」、「就真邊往取，凝義常存」，「真諦」一面則是恆常不朽的。值得注意的是，他認為眾生迷、悟的根據都在此「神明」之「真諦」或「真體」之上，認為「無漏解脫」與「凝義」皆因寄此真諦一邊而能常用常存。下節將再論及此一問題。

　　那麼，「神明」的具體內涵是什麼？雖然「神明」兼具真、俗二諦，也兼有無為、有為之性質，但寶亮其實主要強調「神明」屬於陰、界、入所攝的「俗諦」面向。正如中西久味與釋彥暉所言，此「神明」其實只是眾生在現實中之心，是心識念念生滅的緣慮之法：〔註18〕

　　　　爾時世尊告光明遍照（至）非本無今有是故為常。……寶亮曰：……
　　　　故一家義云：神明是慮知之性，但於緣中迷，故起生死。若理緣解
　　　　發，則偽滅真存，有萬德之用者也。

　　　　師子吼菩薩言世尊（至）說言佛性非內非外。……寶亮曰：……明有
　　　　神識者，皆有避苦求樂之解。……。正以神明之道，異於木石，可得
　　　　瑩飾，故習解虛衿，斷生死累盡，有萬工現前，所以種為一切智。

　　　　善男子有惡比丘聞我涅槃（至）誹謗拒逆是大乘經。寶亮曰：……
　　　　而學大乘者，或有見他得利養故讀，或貪名譽故看。雖爾，但眾生
　　　　神明，後自覺知經力之深。〔註19〕

寶亮明白指出「神明是慮知之性」，是眾生思慮認知的能力，此又可以「神識」稱之。他認為，擁有「神明」思慮認知能力正是眾生「異於木石」之處。如前所言，雖然他認為神明之「真體」是一切迷、悟依存的基礎，但此處云「神

〔註17〕《集解》，頁 465a、489c、548b-c。
〔註18〕中西久味：同注7，頁 117；釋彥暉：同注 11，頁 146。
〔註19〕《集解》，頁 521c、554c-555a、440a。

明」「於緣中迷，故起生死。若理緣解發，則僞滅眞存」、「可得瑩飾，故習解虛衿，斷生死累盡」，又云「眾生神明，後自覺知經力之深」，事實上作爲「慮知之性」的「神明」才是有迷有悟、能夠學習修行、了斷生死的「主體」。寶亮之意應是說：眾生具有認識思慮之能力，也就是「神明」，故能夠思惟抉擇自身迷悟之路；但修行解脫或無明癡義的存在必須有所寄託，此必須以神明不變之「眞體」爲其依存基礎。但相對於此一眞體，「神明」或「神識」作爲眾生迷悟修行的行爲主體，只是「俗諦」中念念生滅的「緣慮心」，此由以下引文可證：

> 師子吼言世尊眾生五陰（至）誰有受教修集道者。……寶亮曰：就辯修道之中，開爲十段。第一明眾生神識，雖念念滅，得有修道之義。
>
> 佛言善男子如燈雖念念滅（至）亦能增長樹林草木。……寶亮曰：先遣初意也。明一神解，雖念念生滅，要冥相資，故得有用也。
>
> 善男子汝言念念滅（至）則能破壞一切煩惱。……寶亮曰：次遣第二意，明心是知解之性，雖改代不常，要相續不斷，理數目增進也。
>
> 〔註20〕

眾生的「神識」或「神解」是「念念生滅」的。雖然如此，但念念生滅亦能「相續不斷」，因此「神識」、「神解」或「神明」能夠作爲「受教修集道者」，能成爲修行之「主體」。此處引文第二、三是連續的經文與注釋，我們看到寶亮先說「明一神解，雖念念生滅，要冥相資」，後又說「心是知解之性，雖改代不常，要相續不斷」，顯然「神解」也就是「心」。而此處云「心是知解之性」，此與前述「神明是慮知之性」的定義相同，由此更可證明所謂「神明」即是「心」。「神明」即是「心」之同義詞，此是魏晉時人的普遍用法，前文已多見其例。然則寶亮所說的「神明」、「心」雖是眾生修行的「主體」，但以慮知、知解爲其功能，本質上乃是念念生滅、相續不斷的「緣慮心」，並非所謂眞常之心。我們知道，主張「緣慮心」相續不斷，是眾生相續不斷而爲成佛「正因」之關鍵，本是《涅槃經》原有的思想；寶亮在此注釋這些經文顯然也持相同的觀點，當亦受經文影響。

　　如前所述，僧宗已在佛性理論中運用「神明」概念，並將他理解爲念念相續的緣慮之「心」；他說「一行人，一神明；相續說用，假名爲我」、「無明

即愛愛即者：始終是一神明，雖復因果爲異，然不得離」，〔註21〕「神明」甚
至是在生死輪迴中延續爲一而成佛的「主體」。此一觀點對後來的涅槃師產生
了相當巨大的影響。我們看到，寶亮也將「神明」視爲「慮知之性」，說此即
爲念念相續的知解之「心」，並認爲它即是眾生念念生滅中的修道主體；此種
「神明」理論可能即與僧宗有關。〔註22〕而後來的學者，如慧令說「即昔神
明成今法身」，〔註23〕智藏說「眾生神明與如來種智，雖復大小之殊，而同是
智慮」、「心是覺知」，又云「定若有神明則本來有當果之理」，〔註24〕與僧宗、
寶亮的說法皆一脈相承。「神明」之說顯然是涅槃學中相當重要具有勢力的思
想潮流。另一方面，寶亮有時亦以「神根小」、「此人神根最利」、「此人神情
雖利」等說法來描述眾生心智根器的利鈍；《續高僧傳》亦記載，光宅法雲
（467-529）「年十三始就受業。大昌僧宗、莊嚴僧達，甚相稱讚。寶亮每日：
我之神明殊不及也，方將必當棟梁大法矣」。〔註25〕這樣看來，「神明」雖是
眾生皆具的緣慮心，但根本上仍有高下智愚之別，是眾生各各殊異不同的。
由差異性角度論佛性問題，這也是涅槃師普遍的傾向。

　　寶亮所說之「心」乃是「緣慮心」，此意或許也和當時流行的《成實論》
有關。他說：

> 善男子我於經中作如是說(至)唱言如來說有心數。……寶亮曰：……
> 佛意者：亦得言有，亦得言無。前亦是心，後亦是心，故無別心數
> 也。因境取緣，故眾心來共緣一境，心家之數，亦得有心數也。有
> 人不解，聞有，使心別自有數；聞無，便謂即是一心，中間不得生
> 滅故。是以成諍也。〔註26〕

經文原對有無「心數」問題採取中道立場而未下定論；寶亮之注釋也依隨經
文。但其說與《成實論》似有相近之處。此論〈立無數品〉云：「心意識體一
而異名，若法能緣，是名爲心。……如是心一，但隨時故，得差別名。……

〔註21〕《集解》，頁 577a、581a-b。
〔註22〕僧宗（438-496）、寶亮（444-509）二人年歲相近，並是南方夙負盛名而活躍
　　　　於京師的涅槃師，相互之間互有影響是十分可能的。
〔註23〕《大乘玄論》，同注 1，頁 46b。
〔註24〕《大乘四論玄義》，同注 2，頁 46a、51c；《涅槃經遊意》，同注 10，頁 237c。
〔註25〕《集解》，頁 584b、596c、597a；唐‧道宣：《續高僧傳‧法雲傳》，《大正藏》
　　　　卷 50，頁 463c。
〔註26〕《集解》，頁 581c。

故知但心無別心數。」〔註27〕此正與寶亮說「心」爲緣慮心，並說「前亦是心，後亦是心，故無別心數也」的看法相同。但寶亮論有心數的論點則較爲特殊，他說「因境取緣，故眾心來共緣一境，心家之數，亦得有心數也」，事實上這是主張「多心」的立場，只就眾心「共緣一境」說可有心數，事實上並不承認有單一的心王。而《成實論》正有〈多心品〉，且其中有云：「經中說：身或住十載，而心念念生滅，又說當觀住心無常，此心相續故住，念念不停。又如一業不可再取，識亦如是，不重在緣。……故知多心。」〔註28〕此正與寶亮說「多心」、「心」念念相續的意見相合。涅槃師大多兼學《成實論》，寶亮本人也常講此論，其佛性思想自然也可能受此論影響。雖然「心」在寶亮而言只是緣慮心，但寶亮認爲「心者，是定因」，〔註29〕眾生之迷悟抉擇關鍵即在此「心」；此與前文所述「神明」有修道之義是相呼應的。

綜上所述，寶亮基本上仍是以「神明」爲念念生滅、相續不斷的「緣慮心」；而此「神明」或「心」也正是眾生迷悟區隔與修道解脫的「主體」。凡此皆與僧宗等涅槃師所言相通。但是寶亮學說的特殊之處與貢獻所在，在於他並不將理論思辨停止於此，而更進一步提出了「眞俗共爲神明」的看法，認爲在「俗諦」的慮知之性、知解之心背後，另外有作爲「眞諦」的無爲常法存在。此即是所謂「神明妙體」。

三、神明妙體：法性、眞如、如來藏

關於二諦問題，寶亮有時亦順經文從空、有相對的角度討論，如云：「明地水火風，本來性空，無有自體，此明眞諦。……不離四大有用，此是因緣虛構，但有名用，明俗諦也。」〔註30〕眞諦在此只是性空。但論及「神明」的二諦時，說法則有不同：如前所引，他認爲神明之「眞體恒無爲」、「就眞爲論，則常用而不朽」、「就眞邊往取，癡義常存」，神明的眞諦一面是某種恆常不變的存在。寶亮將此恆常的「神明」之「眞諦」稱爲「神明妙體」：

> 如是字義能令眾生（至）而不同於陰界入也。……寶亮曰：……眞俗兩諦，乃是共成一神明法；而俗邊恒陰入界，眞體恒無爲也。以

〔註27〕訶梨跋摩造，姚秦・鳩摩羅什譯：《成實論・立無數品》，《大正藏》卷32，頁274c-275a。
〔註28〕同注27，〈多心品〉，頁278c。
〔註29〕《集解》，頁600b。
〔註30〕《集解》，頁540c。

真體無爲故，雖在陰，而非陰所攝也。……若無此妙體，爲神用之本者，則不應言雖在陰入界中，而非陰入所攝也。

復次善男子眾生起見（至）如是觀智是名佛性。……寶亮曰：……無常無斷，乃名中道者：若就生死邊爲論，據識生滅道爲語，恐此意不然。何以故？世諦虛妄有，即體如幻，終歸滅無，豈不斷不常？唯神明妙體，法性無爲，始可得稱不斷不常。能心緣此理，不取有無相，方得名中道。

富那言請說一喻唯願聽採（至）漏盡證得阿羅漢果。案：寶亮曰：……唯貞實在者：虛僞生死，五陰既盡，唯餘神明妙本，無爲法性，真實法在也。〔註31〕

他將「神明」的無爲「真體」稱爲「妙體」，認爲這是「神用」之「本」；此種「二諦」關係的說明顯然運用了「體用」範疇。他指出：相對於「世諦」「生死邊」的即體如幻、終歸滅無，只有「神明妙體，法性無爲」才可說是不斷不常的。我們知道，「俗諦」或「世諦」是指陰界入所攝、生滅遷流的有爲法，「神明」作爲「慮知之性」，主要便是指此「俗諦」中念念生滅的緣慮之心；但寶亮認爲，在此生滅變化的緣慮之心背後，有不斷不常的「真諦」、「神明妙體，法性無爲」。也就是說，「神明」雖然念念生滅相續，但是其「妙體」則是永恆常存的。顯然「神明」與「神明妙體」並不是同一個概念，「神明妙體」是眾生「神明」、緣慮心識內部某種真實不變的存在。寶亮又指出：眾生證果解脫時能夠斷盡虛僞生死五陰，但「唯餘神明妙本，無爲法性，真實法在」；換言之，「神明妙本，無爲法性」是眾生由輪迴至解脫之間皆保持不變之物。這樣看來，「神明妙體」其實是輪迴眾生內在真正永恆不變的真實體性。

我們知道，以念念相續的「神明」或「緣慮心」爲佛性理論核心，乃是多數涅槃師們普遍的觀點，也是《涅槃經》本身已經蘊涵的思想；但他們皆不曾主張此一「神明」或「緣慮心」背後有不變的「實體」，這一點乃是寶亮的大膽創見。此意寶亮多有說明：

案：寶亮：……故今教之興，開神明之妙體也。辨生死，以二苦爲本；明涅槃，以常樂爲源。妙質恒而不動，用常改而不毀。無名無相，百非不辨。……談真俗，兩體本同，用不相乖。而闇去俗盡，

〔註31〕《集解》，頁 465a、546c-547a、608b。

偽謝真彰，朗然洞照故稱為佛。

善男子若法非真不名實諦（至）是則名為實諦之義。……寶亮曰：
七重辨實。第一明果體實也。真法者，法若不真，不名為實。故知
神明妙體，非偽因所生，理相虛寂，過有言之表。唯斯一法，可稱
真而實也。……第七常我樂淨，明果實也。與第一句何以為異？彼
明果體，據得果時為語；此明佛弟子所行，必定當得此四法故。是
為因中說果，以此為異。〔註32〕

在此寶亮主張「今教之興，開神明之妙體」。他說「生死」、「涅槃」雖然苦樂
不同，但是「神明妙體」在生死至涅槃的過程之間「妙質恒而不動，用常改
而不毀」，能夠保持自身的「體」的恆常與「用」的發動；這顯示「神明妙體」
確實是眾生輪迴解脫過程中恆常不變的體性。他又說「真俗，兩體本同，用
不相乖」，「神明妙體」即是神明之體；而解脫即是使「闇去俗盡」，去除俗諦
中的生滅遷變而「朗然洞照」於此「神明妙體」。然則「神明妙體」不只是生
死中不變的真實存在，也是解脫智慧必須照見的認識對象。因此，寶亮也將
「神明妙體，非偽因所生」說為「果體」之「實」，是成佛證果時所證得的「真
法」。由此可知「神明妙體」與果佛性的內容也有相關，對此下文還會論及。

「神明妙體」的具體內容是什麼？前引文中已經見到「神明妙體，法性
無為」、「神明妙本，無為法性」的說法，事實上寶亮正是以此「法性」為「神
明妙體」。他說：

善男子眾生薄福不見是草（至）即見佛性成無上道。……寶亮曰：……
故知神明之體，根本有此法性為源。若無如斯天然之質、神慮之本，
其用應改。而其用常爾，當知非始造也。若神明一向從業因緣之所
稱（攝）起，不以此為體者，今云何言毒身之中，有妙藥王，所謂
佛性，非是作法耶？

爾時世尊告光明遍照（至）無有相貌世間所無。……寶亮曰：……
非是世法者，神解以法性為本，非因之所生，豈是世法！若據體以
辨用，義亦因之也。無有相貌者，體既無有無無，豈有相貌可示耶！
世間所無者，真體既絕百非百是，豈為世間所據（攝）！此總歎功
德體也。〔註33〕

〔註32〕　《集解》，頁 378b-379a、488b-c。

〔註33〕　《集解》，頁 462a-b、515b-c。依校記，「稱」字甲本作「攝」，「據」字聖本

所謂「神明」只是五陰中念念相續的緣慮心，但是「若神明一向從業因緣之所稱起」，純粹只是有爲的生滅法，則要如何解釋經文「毒身之中，有妙藥王」、「所謂佛性，非是作法」的命題？寶亮認爲，這證明了眾生「神明」的內在必定有不變的眞體存在，生滅無常的「神明」即「以此爲體」。寶亮指出，此一「神明之體」「根本有此法性爲源」，其實「神明妙體」就是「法性」。由於有此恆常的「法性」作爲「神慮之本」，因此「神明」可以「其用常爾」。寶亮又指出：「法性」作爲「神明」的妙體，是「無有無無」、「絕百非百是」的出世間法。由於「神解以法性爲本」，「據體以辨用」是故神解之「用」不全然屬於世法陰界入所攝。此處提到的「其用常爾」等「用」的概念，事實上即是「正因」，下文將再論及。

　　如前面所說，「神明妙體」是生死輪迴直至解脫皆保持不變的眞實存在，也是成佛時證見的果性；此意寶亮也同樣用來形容「法性」：

> 佛者即是佛性何以故一切諸佛以此爲性。……寶亮曰：第七意，明解窮達源。若生死頓盡，即名見眞法；以見此眞法故，即名見佛。大覺現前，無復闇障，即用此眞如法性爲體，成一切種智也。若神明不以此法性爲源，經那得言見十二緣即名見法？若是見生死法，常住佛果復那得云用此法爲體？若當是生死空，如於昔教，應同灰身滅智，復不得稱常。常法復無始生義。故知神解用此爲本，直除滅虛僞，顯出此眞常之旨。〔註34〕

此處「眞如法性」連言，可知「眞如」即是「法性」。引文解釋經文「一切諸佛以此爲性」。寶亮認爲，此即是指生死頓盡時所見「眞法」。既云「大覺現前，無復闇障，即用此眞如法性爲體，成一切種智也」，則「眞如法性」正是佛所證見的「眞法」、果性體，也就是佛所得一切種智的眞體。他又指出，經文所謂「見十二緣即名見法」，指的是見到十二因緣生滅遷變中「神明」背後的「法性」眞體，而不是十二因緣流轉本身。十二因緣本身只是無常的「生死法」，但念念生滅的「神明」、「神解」背後另有恆常不變「法性」爲緣爲本，這才是常住佛果的眞體。寶亮還用「眞常」來形容此一眞如法性。顯然寶亮所說的「眞如」、「法性」並不以緣起性空爲內涵，他一再強調生死性空之說只是「昔教」「灰身滅智」不了義的主張，神明妙體的「眞如法性」卻是超越

作「攝」。
〔註34〕《集解》，頁549a-b。

於生死性空之外的「眞常」之法。又云：

> 若言無明因緣諸行（至）無二之性即是實性。……寶亮曰：此下第
> 二重，明實相中道也。若直談昔教，偏取生死空有爲實；若就今經
> 爲語，乃識神明妙體，眞如爲實。知金剛心已還，必是苦空無常，
> 佛果必是常樂我淨；若作如斯之解，便於兩邊皆得實義，成中道行。
> 所以然者，生死體空，亦從本來，無二無別；涅槃體如，如亦本來
> 無相。此是體識諸法實相之理也。〔註35〕

此處引文解釋經文「無二之性即是實性」。寶亮認爲，此即是指「神明妙體，
眞如爲實」。他指出：自金剛心以下，眾生輪迴生死「必是苦空無常」，而解
脫「佛果必是常樂我淨」，此是對中道的正確認識；但重點是，「生死體空，
亦從本來，無二無別；涅槃體如，如亦本來無相」，生死之體空與涅槃體眞如
是無二無別的，此一生死涅槃不二之性即是「諸法實相」，也就是「神明妙體，
眞如爲實」。何以故？因爲「昔教偏取生死空有爲實」，但《涅槃經》則指出
「神明妙體」才是眞正的實相；然則生死並不只是體空而已，其中實有「神
明妙體」存在；此生死中的「神明妙體」與涅槃體的「眞如法性」是等同的，
故曰此是不二之性。此意與前段引文所言並無二致。「眞如法性」是眾生生死
輪迴中不變的「神明妙體」，也是佛果佛性的眞體。這一概念運用上的變遷是
值得注意的。

　　「法性」這一概念在涅槃師們的一般用法中，是指佛所證得的永恆體性，
其實也就是佛果性之意。寶亮主張佛果大覺、一切種智以「眞如法性」爲體，
實是繼承了此一用法。但寶亮學說的特殊之處在於，他擴展了「法性」概念
的範疇，將它也視爲眾生在因緣流轉、生死體空之中便已經擁有的恆常存在。
下文論及寶亮的佛果性思想時，將再論及此問題。

　　「神明妙體」，或是「眞如」、「法性」，乃是眾生之中不變的眞實存在。
但寶亮之所以用「神明妙體」來稱之，不只是因爲它恆常不變而已，而是就
「體用」範疇的角度，認爲此一神明眞諦其實是俗諦中一切無明迷癡、生死
輪迴的根據：

> 善男子有因緣故心共貪生（至）不共貪生不共貪滅。案：僧亮（寶
> 亮）曰：……第一句云：「心共貪生，共貪俱滅」者：此言不得局取。
> 若就文爲語，似如行者起貪，經三相謝；其生相時有，住滅已無。

〔註35〕《集解》，頁 460b-c。

恐義必不然。故一家解云：小復長取。若行人起一念貪經（後），莫
問其性滅，得言常癡。何故爾？既用法性爲神解主，於生死、俗諦
用邊，自可三相；就眞諦邊往取，癡義恒在。此既是翻眞之用，若
無解來遣，那得已無！……所以四時經教，未出神明之妙體，唯就
生死邊爲論，但言起一念惑，三相即謝滅，故繼之爲成就，亦不道
有所屬。而唱此成就者，乃意在於眞邊，今教方得現此意。故唱煩
惱常。得知起貪後，從來得治道。來生相時亦癡，住滅時亦癡。故
言共貪生，共貪但滅也。第二句「有共貪生，不共貪滅」者：若起
惑已後，未得治道，常共貪俱生。今明從四念處觀去，至得無漏，
永不復與貪俱。故後解現前，無復本癡，故不共貪滅，亦不道三相
生滅法也。第三句「有不共貪生，共貪俱滅」者：若菩薩已得眞解，
無復有貪，而示現有貪，爲接物生，若令道心得成者。此名不共貪
生，共貪俱滅也。第四句言「不共貪生，不共貪滅」者：謂諸佛菩
薩不動地。自羅漢辟支之流，皆正觀現前，皆不復與貪俱也。〔註36〕

他指出，凡夫「起一念貪後，莫問其性滅，得言常癡」，並不是如昔教所說「但
言起一念惑，三相即謝滅」。爲何說凡夫的無明煩惱是常？理由是：「既用法
性爲神解主，於生死、俗諦用邊，自可三相；就眞諦邊往取，癡義恒在。」
我們知道，「神明」本是陰界入中生滅相續的緣慮心；前面曾提到「神明是慮
知之性，但於緣中迷，故起生死」，它即是眾生或迷或悟的行爲「主體」。但
如果眾生煩惱只是「神明」緣慮心層次的問題，那麼煩惱也只是念念相續的
生滅法。但是寶亮認爲，猶如念念相續的「神明」背後另有不變的「神明妙
體」、「法性爲神解主」，煩惱同樣也不只是緣慮層面的問題，它深深地根植於
「神明妙體」之中。他說屬於「生死、俗諦用邊」的煩惱雖然生、住、滅三
相無常，但「就眞諦邊往取，癡義恒在」，這些無明愚癡事實上卻是隨著眞諦
「神明妙體」的恆常存在而得以長存。更值得注意的是，他說昔時經教只論
煩惱三相流遷，「故繼之爲成就，亦不道有所屬」，而「而唱此成就者，乃意

〔註36〕《集解》，頁 537a-b。依校記，「經」字聖、甲本作「後」。原作僧亮之語。但
一般而言，《集解》中僧亮的注釋皆十分簡短，只有寶亮才往往有如此長篇大
論；就思想內容觀之，此「神明妙體」概念也應該屬於寶亮，而非僧亮所有。
又比對下文引頁 548 中寶亮的思想，與此完全相合。故筆者認爲此文僧亮當
係寶亮之誤。《集解》中僧亮、僧宗、寶亮的注釋偶有誤寫錯亂，見：菅野博
史，同注6，頁 107-169。

在於眞邊，今教方得現此意」；然則「神明妙體」其實正是眾生無明愚癡的存在根據，俗諦中生滅遷變的煩惱正以此爲「體」。雖然如此，但寶亮亦指出「至得無漏，永不復與貪俱」、「正觀現前，皆不復與貪俱」，根植於「神明妙體」的無明煩惱仍是可以去除的。寶亮又說：

> 以何義故甚深甚深〔至〕無有慮知和合而有。……寶亮曰：第五意，讚歎十二因緣理深。本歎此理深者，乃意在神明體眞，不論生死。生死虛搆，有何甚深！……不可思惟者，法性理幽，唯佛境界，非是二乘下地可思忖也。「以何義故，名甚深」者：此下去正釋因緣之體，所以甚深之意。明眾生行業，不常不斷，而果報不忘。眾生若造業直以虛僞神明爲體，應逐三相無常；若逐三相，所作善惡業云何得在？而起業後，經百千萬劫，由自得報，故知有法性，爲神解主，常繼眞不滅。其體既無興廢，用那得滅？若得解以後，癡用乃可無；後未有解來，常癡故是業，業即是癡。……「雖念念滅，無所失」者，既眞俗共爲神明，俗邊乃可三相滅，就眞邊往取，癡義常存，故無所失也。「雖無作者」，雖無有如神我作者，而不無作業也。「雖無受者」，雖無有如十六知見神我受者，而有因必得果也。「無有慮知和合有」者，亦無有如外道所計神我和合知者，然有因故牽果，理數相感召。如其無此法性爲體，起業之後，寄致何處？〔註37〕

「十二因緣理深」乃是「意在神明體眞」、「法性理幽」，此意前文已經論及。值得注意的是，寶亮指出「眾生行業，不常不斷，而果報不忘」的根本依據，正在於「有法性，爲神解主，常繼眞不滅」。換言之，「神明妙體」、「法性」的永恆存在是眾生因果業報作用得以存在的基礎。他認爲，作業受報如果沒有一個永恆的「神明體眞」作爲其存在根據，而只是以虛妄不實的「虛僞神明爲體」，如果只將因果業報理解爲有爲法中生滅遷變的緣慮心識的作用，那麼，造業行爲本身就只是刹那生滅的無常法而已，它「應逐三相無常；若逐三相，所作善惡業云何得在」、「起業之後，寄致何處」，作業生已斷滅，如何可能引起繼起的受報？因此，寶亮認爲在生滅無常的因果業報背後，也必然有一永恆的存在，作爲業報存在的寄託。〔註38〕然則「神明妙體」其實是「業」

〔註37〕　《集解》，548b-c。
〔註38〕　中西久味認爲寶亮主張生死以「虛僞神明」爲本。但「虛僞神明」與「神明體眞」相對成義，應是指「神明」虛幻無實體之意。寶亮實主張「神明體眞」

的儲存處。而且，既然生死輪迴就是眾生業報的具體內容，也可以說「神明妙體」也是生死輪迴的存在根據。事實上，這等於是以「神明妙體」作為眾生業報與輪迴的擔負「實體」；寶亮即指出雖然沒有「神我作者」、「神我受者」、「神我和合知者」，但「神明妙體」、「法性」的存在，使得作業受報成為可能。「神明妙體」當然不是「神我」，但它豈不是具有「神我」所有的功能作用？這在「佛性」理論與「神不滅」思想的關係方面是一個重大進展，值得注意。

　　進一步問：「神明妙體」如何作為業報的儲存處或存在根據？對此寶亮以「體用」範疇來解釋。他說「神明妙體」「其體既無興廢，用那得滅」、「若得解以後，癡用乃可無；後未有解來，常癡故是業，業即是癡」；可知「神明妙體」乃是「體」，煩惱業報之「癡用」乃是「用」，二者之間是「體用」關係。由此便不難理解為何業報的存在能以「神明妙體」為根據：因為煩惱業報之「癡用」以「神明妙體」為體，「體」既永恆常存「用」自不得滅，因此煩惱業報能夠長久伴隨眾生而無盡期。只有「得解以後，癡用乃可無」，才能夠將「癡用」去除，唯餘神明妙體。前文提到「神明妙體」也是解脫時所證的佛果性體，彼時「而闇去俗盡，偽謝真彰，朗然洞照故稱為佛」，所言也即是去除「癡用」之意。而此「體用」關係也即是寶亮所說的「二諦」關係，他說「既真俗共為神明，俗邊乃可三相滅，就真邊往取，癡義常存，故無所失也」，也即是「其體既無興廢，用那得滅」之意。這暗示著「體用」範疇的發展成熟很可能與「二諦」範疇有深刻的關係，這一現象可能具有重要的思想史意義。〔註39〕

　　不只是無明煩惱、生死輪迴以「神明妙體」為基礎而已。寶亮認為，眾生的解脫根據也在於此「神明妙體」。前節中已引及以下文字：

　　　　善男子道者能斷煩惱（至）虛空佛性亦復如是。……寶亮曰：自四時經教，無有此言，今大乘了義，其旨始判。得知神明，以真俗為質也。無漏解脫，既以寄此果報中，發一得之後，其解常存。但於

為生死業報之基礎。見：中西久味：同注7，頁116。

〔註39〕島田虔次指出，梁武帝〈立神明成佛義記〉的沈績〈注〉乃是文獻所見最早確實的「體用對舉」的例子。中西久味在此基礎上指出，「體用」作為術語被使用可能始於寶亮。見：島田虔次：〈體用の歷史に寄せて〉，塚本博士頌壽記念會編：《塚本博士頌壽記念佛教史學論集》（京都，塚本博士頌壽記念會，1961年），頁417、428-429；中西久味：同注7，頁128。事實上，梁武帝的思想深受寶亮影響。二者思想對於研究「體用」範疇發展史是至為重要的。

俗諦用邊，自可謝；就眞爲論，則常用而不朽。此亦不關相續之常也。經言：本得不失，以勝者受名。今尋此旨，必非前生後滅之法。〔註40〕

與煩惱業報一樣，「無漏解脫」也寄於此「神明」之眞諦一邊，以「神明妙體」爲存在的基礎。「神明」「俗諦用邊，自可謝」，它本身只是念念生滅的緣慮心，如果修行解脫只在「神明」緣慮心識層次，則也只是生已斷滅的無常法，如何能夠累積成佛？因此寶亮認爲修行解脫也必須以永恆的「神明妙體」爲「體」，「就眞爲論，則常用而不朽」、「無漏解脫，既以寄此果報中，發一得之後，其解常存」，如此才能保證修行累積有所著落。此一論證與前述煩惱業報以神明妙體爲本的說法完全相同。寶亮又特別指出，根植於「神明妙體」的「無漏解脫」在本質上「亦不關相續之常」、「必非前生後滅之法」，與俗諦中生滅相續的有爲法不同。正如同儲存於「神明妙體」中的痴業是現實中生死輪迴之「用」的根源，此一不生不滅的「無漏解脫」也是現實中眾生追求解脫之「用」的根源：

> 師子吼菩薩言世尊（至）說言佛性非内非外。……寶亮曰：……明眾生佛性亦然，非即身中已有一切種智；亦有因，故言有眾生佛性。若無此天然之質，爲神解之主，終不修因，除迷求解。正以神明之道，異於木石，可得瑩飾，故習解虛衿，斷生死累盡，有萬工現前，所以種爲一切智。豈得言眾生有此法性爲體，使即時有果，如外道所計生因生果耶？〔註41〕

如前所述，眾生因爲有「神明」，不同於木石無情，故「可得瑩飾」而修行成佛。但「神明」只是念念生滅的緣慮心識而已，它如何能保證解脫？寶亮認爲，眾生的解脫應該也有更深刻的、恆常的存在根據。他指出，「若無此天然之質，爲神解之主，終不修因，除迷求解」，「神解之主」的存在，是眾生之所以「除迷求解」、追求解脫的根源，也是緣慮「神明」之所以「可得瑩飾」的根本理由。由下文「眾生有此法性爲體」云云，可知「神解之主」即是「法性」，也就是「神明妙體」。然則它的恆常存在，不但是眾生追求解脫的動力來源，也是解脫之所以可能的存在基礎。

　　寶亮不但主張緣慮「神明」背後有常存的「神明妙體」，還將迷悟染淨、

〔註40〕　《集解》，頁 489c。
〔註41〕　《集解》，頁 554c-555a。

生死解脫二面的存在根據皆歸之於恆常的「神明妙體」，此一主張是涅槃師們所未曾有的，它更近似於後世所熟悉的「眞常」思想。這一主張的思想根源來自《勝鬘經》，〔註42〕從《集解》中他自己的說法便很容易看出：

> 善男子眾生薄福不見是草（至）即見佛性成無上道。……寶亮曰：佛性非是作法者，謂正因佛性，非善惡所感，云何可造？故知神明之體，根本有此法性爲源。若無如斯天然之質、神慮之本，其用應改。而其用常爾，當知非始造也。若神明一向從業因緣之所稱（搆）起，不以此爲體者，今云何言毒身之中，有妙藥王，所謂佛性，非是作法耶？故知據正因而爲語也。若是果性，則毒身之中，理自無也。復不應以果來依因，若以果來依因者，《勝鬘經》應言，依生死故，有如來藏；而云依如來藏，有生死，是名善說，不亦即此文乎？
> 〔註43〕

此文部分前已引及。由此不難看出，寶亮之所以堅持認爲眾生「神明」背後另有「神明妙體」，認爲捨此便無法解釋經文「毒身之中，有妙藥王」、「所謂佛性，非是作法」，乃是受到《勝鬘經》的影響。本經〈自性清淨章〉云：

> 世尊，生死者依如來藏。以如來藏故，說本際不可知。世尊，有如來藏故說生死，是名善說。世尊，生死生死者，諸受根沒，次第不受根起，是名生死。世尊，死生者，此二法是如來藏。世間言說故，有死有生。死者謂根壞，生者新諸根起，非如來藏有生有死。如來藏者離有爲相，如來藏常住不變。是故如來藏，是依是持是建立。
> 〔註44〕

此即寶亮引據之經文之所出。如前幾章所見，傳統涅槃師受《涅槃經》續譯部分的中觀空義影響，多數並不認爲眾生之中已有完足的佛性；因此如僧宗解釋《涅槃經》前分部分說佛性「眾生佛性住五陰中」、「雖復處在陰界入中，則不同於陰入界也」時，〔註45〕便是由因果相續的觀點，認爲「佛性」是指

〔註42〕Whalen Lai、釋彥暉都已指出寶亮受《勝鬘經》影響。見：Whalen Lai：同注11，頁 142-143；釋彥暉：同注11，頁 128-133。

〔註43〕《集解》，頁 462a-b。見注33。

〔註44〕劉宋・求那跋陀羅譯：《勝鬘師子吼一乘大方便方廣經》，《大正藏》卷12，頁222b。

〔註45〕北涼・曇無讖譯：《大般涅槃經・如來性品四之四》，頁 408c；〈如來性品四之五〉，頁 414a。以下徵引本經，只註明品名及頁數。

果佛性，「住五陰中」則是說眾生、心或神明生滅相續爲果佛性之因，以此否定眾生五陰之中已有佛性的可能。但寶亮的考慮是：既然《勝鬘經》明言「生死者依如來藏」，則解釋「毒身」與「妙藥王」或是「佛性」與「眾生」關係時，便不能如此說明。若如僧宗那樣認爲「眾生」是因、「佛性」是果，「以果來依因」，便顛倒了《勝鬘經》所說「生死者依如來藏」的次序；既然說「生死者依如來藏」，那麼「眾生」、「心」、「神明」就必須是「果」，而「如來藏」則爲眾生五陰之「因」。這就意味著：眾生五陰心識不只是生滅相續而已，其背後必然有恆常的「如來藏」作爲其存在根源。這就是寶亮之所以堅持「神明」緣慮心不只「從業因緣之所構起」，其背後必然有「天然之質、神慮之本」、「法性爲源」的以理由。可以看出，寶亮主張「神明」之外另有「神明妙體」，根本上即是《勝鬘經》「如來藏」概念的影響；「如來藏」即是「神明妙體」概念的來源。

　　寶亮在他的注釋中數次引用《勝鬘經》「生死者依如來藏」的說法：

復次善男子復有離漏（至）思惟其義是名爲離。……寶亮曰：……既體諸佛所師法，便知生死是虛妄，依如來藏有故，不假遠避也。

以是義故能受持者（至）況於如來是故非漏。案：寶亮曰：結離漏也。生死即虛妄，依如來藏有故，不假遠避也。

爾時世尊告光明遍照（至）非本無今有是故爲常。……寶亮曰：非本無今有者，所謂生死依如來藏也。故一家義云：神明是慮知之性，但於緣中迷，故起生死。若理緣解發，則僞滅眞存，有萬德之用者也。

云何於身作決定想（至）於自身中生決定想。……寶亮曰：第二自身生決定者：從昔教來，學者未體乎大理，見法未分明，不知身爲佛因。今於此教，識因果性，知神明妙體，生死依如來藏，有決定修。行因取果，心無移易，亦不非時證，唯曠被爲德。既如此勇決，來果必剋。

云何爲信菩薩摩訶薩（至）脩大涅槃成就初事。……寶亮曰：……第一義諦者，信神明妙體，眞如之第一。故知今教所明眞者，非昔教之性空。若此信一立，便識生死虛妄，依如來藏有。脩道斷癡，除因滅果，顯出法性之涅槃也。〔註46〕

「生死是虛妄，依如來藏有」、「生死依如來藏」之說一再被提及。而寶亮將此與「知神明妙體」、「信神明妙體，眞如之第一」連繫起來，認爲一旦認識了「神明妙體」之理，便可理解「生死依如來藏」；可知「神明妙體」確實就是「如來藏」。引文第三條先說「生死依如來藏」，又論「神明是慮知之性，但於緣中迷，故起生死」，看似「如來藏」即等於「神明」；但根據前文的討論，可知「神明」作爲眾生的緣慮心識，雖然代表能迷能悟的「主體」，但生死解脫的可能性卻依賴於「神明妙體」此一「實體」，故此實牽涉到兩個層次的問題，不可混爲一談。而寶亮不但指出「生死依如來藏」，也認爲正是因爲有此「如來藏」，因此「有決定修」，而能「脩道斷癡，除因滅果」；可知「如來藏」也是眾生修行解脫的根源，此與「神明妙體」顯然是完全等同的概念。

　　寶亮除了強調「生死依如來藏」之外，也多次提到「無明住地」、「四住地」的概念；他說「無明住地，下至四住地，一念之惑能感生死果報」、「或（惑）之體用，性是癡迷，莫問起與不起，悉成就也。……無明住地惑，爲其正體也」。〔註47〕可知寶亮所說深植於「神明妙體」之內、作爲生死根源的無明煩惱，即是「無明住地」。而此一概念也是根據《勝鬘經》而來的：

> 煩惱有二種。何等爲二？謂住地煩惱及起煩惱。住地有四種。何等爲四？謂見一處住地、欲愛住地、色愛住地、有愛住地。此四種住地，生一切起煩惱。……此四住地力，一切上煩惱依種，比無明住地，算數譬喻所不能及。……是故無明住地積聚，生一切修道斷煩惱上煩惱。……如是過恒沙等上煩惱，如來菩提智所斷，一切皆依無明住地之所建立。一切上煩惱起，皆因無明住地，緣無明住地。世尊，於此起煩惱刹那心刹那相應，心不相應無始無明住地。世尊，若復過於恒沙如來菩提智所應斷法，一切皆是無明住地所持所建立。〔註48〕

《勝鬘經》將煩惱分爲「住地煩惱」、「起煩惱」，前者又包括「四種住地」以及最爲深刻的、爲一切煩惱根源的「無明住地」。上煩惱「刹那心刹那相應」，是念念隨生隨滅的；而無明住地則「心不相應」，是更爲深刻長存的煩惱根源。我們也不難看出，寶亮主張煩惱癡義深植於「神明妙體」之中，認爲它是「癡用」之「體」，其思想仍然源自《勝鬘經》。而「無明住地」之說可以視爲寶

〔註47〕　《集解》，頁 392a、404c。
〔註48〕　《勝鬘師子吼一乘大方便方廣經》，同注 44，頁 220a-b。

亮對於生死輪迴依「神明妙體」的進一步解釋。

　　如上所述，寶亮主張眾生緣慮「神明」之外，有不變常存的「神明妙體」，並且主張染淨生死解脫皆依此成立；此說較於前此其他涅槃師，如僧亮、僧宗等人多只承認眾生、神明或心識之生滅相續，實在是一個巨大的轉變。不只如此，在以「佛性」思想解決「神不滅」問題的方式上，寶亮的理論也展示出全新的模式。寶亮與僧亮、僧宗等人之間思想傾向的差異，是由經典根據的不同所導致的。如前所述，《涅槃經》前分屬於神我色彩較濃的初期如來藏經典，但續譯部分受到中觀思想的影響，對於眾生悉有佛性的命題有重大修正。多數涅槃師，如前文已見的僧亮、僧宗、僧旻、智藏等，主要都採取續譯部分的觀點，只主張眾生心識神明不斷相續成佛，不認爲眾生之中已有恆常不變的眞實佛性。《勝鬘經》與《涅槃經》前分同屬初期如來藏經典，〔註49〕在思想上比較接近；此經自劉宋時譯出之後，也一直受到涅槃師的重視。如前章所言，僧亮可能最先運用了《勝鬘經》的「厭苦求樂」概念，〔註50〕他不但將「心」視爲眾生染淨之根源與解脫、輪迴的根本，還首先指出「心」具有染、淨二面的圖像；這些主張都與《勝鬘經》思想有關，或許寶亮也受到他的啓發。但僧亮終究不認爲「心」是《勝鬘經》中所言的那種眞常不變的自性清淨心，仍依循《涅槃經》的觀點將「心」視爲只是念念相續的緣慮心識。寶亮在「神明」緣慮心之外另立「神明妙體」，將迷悟染淨、生死解脫皆歸之於此，實較僧亮更爲貼近《勝鬘經》的「如來藏」說，也可說更爲接近《涅槃經》前分的觀點，而與其他諸師較重視《涅槃經》續譯部分思想有所不同。

　　寶亮的「神明妙體」說，首度在眾生五陰緣慮心識之外建立恆常不變的「實體」，可以說是中國佛性思想趨向「眞常唯心」型態的開始，他並且影響了梁武帝「無明神明」、「本一用殊」的佛性思想，可說在思想史上具有相當重要的意義。但此一學說也並未爲所有涅槃學者接受，如寶亮的弟子、梁代三大師之一的法雲便主張「當果如來藏」，〔註51〕並未遵守寶亮所傳本有「神

〔註49〕　此依印順法師之判分，其他初期如來藏經典主要有：《大方等如來藏經》、《大方等無想經》、《大法鼓經》、《央掘魔羅經》、《不增不減經》等。見：印順：《如來藏之研究》（新竹，正聞出版社，2003年），頁115-116。

〔註50〕　小川弘貫：〈シナ初期の佛性解釋〉，《駒澤大學佛教學部研究紀要》21（1962年），頁92。

〔註51〕　《大乘玄論》：「彼師云：指當果爲如來藏。以有當果如來藏故，所以眾生得厭苦求樂者。……此是光澤（宅）法師，一時推畫，作如此解。」同注1，頁36b。

明妙體」的師法。而僧旻、智藏等更是主張眾生、六法爲正因佛性，採取了更保守的、嚴守《涅槃經》原旨的說法。事實上，寶亮的學說本身也仍然是過渡性質的理論：首先，如前所述，根本上他仍然受《涅槃經》、《成實論》影響，認爲「心」只是刹那生滅的緣慮之心，因此他對「自性清淨心」的理解與後世並不相同。其次，他雖然主張「神明妙體」的存在，但卻不以此爲「正因」；對他而言，「神明妙體」在俗諦中的「避苦求樂」之「用」才是「正因」。由他思想形態中的不純粹之處，正可看出佛性思潮轉變發展的軌跡。

四、正因性：避苦求樂之解用、自性清淨心

如前所述，寶亮採取正因、緣因、果、果果四種佛性說。他說「有因者正因也。……今但正因性，至佛不改，當因位而言因也」、「是因者正因也。正因唯得居因位，不得稱果也」，〔註52〕「正因」被賦予四種佛性中「因」位的位置，並被說成是「至佛不改」、「是因非果」的。寶亮在其注釋中對此多有說明，尤其強調「正因」眾生普具、不斷不壞的特質：

> 善男子如貧女人。……寶亮曰：……第一譬明六道眾生，皆有正因，非是起始（始起）。……次明正因不阻壞，是則經失之與未得，皆不無也。

> 佛性雄猛難可毀壞（至）一切無能毀壞燒滅。……寶亮曰：明正因之性，體性不可改變，故無能殺害者。生死血肉，是偏因所感（惑？），可得損傷；正因之性，天然非因所生，故不可壞。

> 如汝所言佛性不斷（至）非有漏非無漏是故不斷。……寶亮曰：……上言譬（闡）提有佛性，唯有正因性，本不論有緣因。……善有二種，一內二外者，……正因之性，非此內外善攝，故不斷也。漏有漏者，……明正因性亦非此二善，是故不斷也。常無常者，……正因性亦非常善無常善，所以不斷也。而正因佛性若可斷，則應同上所列善，而今不然。故知不斷。正斷緣中所生善故，得一闡提名也。

> 如是菩薩若見眾生（至）發阿耨多羅三藐三菩提心。……寶亮曰：謂正因性也。唯此爲眞善，而非是緣中所生者。

> 善男子如汝所言（至）即墮三趣故名一闡提。……寶亮曰：……一

─────────────

〔註52〕《集解》，頁 547b-c、548b。

闡提實無果性。若使有緣因之善，可遮已不入地獄；即既無緣因善，云何得遮耶！……凡夫愚癡，無有智慧，聞佛說眾生身有佛性，謂言此五陰身，即時已有一切種智，十力無畏，不假脩行，臥地自成。……然眾生之身，即時乃有正因。要應積德修道，滅無明障，闇黑都盡，佛性方顯。緣具之時，爾乃有用。

佛言善男子汝今所說（至）何故名因以了因故。……寶亮曰：……「是因非果」者，還據正因佛性，正因唯住因位，不得名果也。「非因生故」者，正因佛性，既非善惡因之所生，唯一用不移，至佛不移。至佛不動，故非因生法也。體既非因所生，亦非息心家果也。

佛言善哉善哉善男子（至）一切眾生實有佛性。……寶亮曰：……如人天之業，至佛方住，中間無停者，云何無正因耶！

善男子譬如虛空於諸眾生（至）以定得故言一切有。……寶亮曰：此下第三歷正因性也。……以得佛故，言眾生悉有耳。〔註53〕

此言「六道眾生，皆有正因」、「眾生之身，即時乃有正因」，可知「正因」作爲因佛性是一切眾生悉有已具的；即使是不具其他因果佛性的一闡提，也「唯有正因性」。又云「正因不阻壞」、「正因之性，體性不可改變」，則「正因」乃是眾生之中不變不壞的佛性。由「非是起始」、「非是緣中所生者」、「正因佛性，既非善惡因之所生」、「至佛不動，故非因生法也」的說法，亦可知「正因」並不屬於因緣所生之法。由以上這些說法看來，寶亮所說的「正因」乃是眾生遍具、不變不壞、非因緣所生的常存之性。這些特質確實與前節所分析的「神明妙體」概念十分吻合，因此許多學者認爲寶亮即以「神明妙體」爲「正因」；但這並不是寶亮思想的正確樣貌。必須注意的是：寶亮在強調「正因」不變不壞之時，也特別指出「正因唯得居因位，不得稱果也」、「正因唯住因位，不得名果也」，顯然「正因」與「果」佛性是截然有別的；但是如上節所言，「神明妙體」即以「眞如」、「法性」爲其具體內涵，而寶亮卻也主張「即用此眞如法性爲體，成一切種智」，認爲「眞如法性」同時也是佛果體性的內容。然則「神明妙體」能貫串因、果佛性，在生死涅槃之間不變不改，如此豈不是與「正因唯住因位」的說法有所不同？顯然「正因」雖然也不變不改，但必然與「神明妙

〔註53〕　《集解》，頁 448c、454a-b、523b-c、538b、539c、553c、557b-c、570a。依校記，「起始」聖、甲本作「始起」，「感」字甲本作「惑」。

體」之恆常不變有所差異，二者並非相互等同的概念。

細察寶亮的注釋，便可知道其實他並非以「神明妙體」爲正因，而是以「避苦求樂」之「用」爲「正因」。在詳述四種因果佛性之意涵時，寶亮便清楚地指出：

> （〈如來性品〉釋題）寶亮曰：佛性有四種，謂正因、緣因、果及果果也。四名所收，旨無不盡。緣正兩因，並是神慮之道。夫避苦求安，愚智同爾，但逐要用，義分爲二。取始終常解，無與（興）癈之用，錄爲正因。未有一刹那中，無此解用，唯至佛則不動也；故知，避苦求樂，此之解用，非是善惡因之所感也。以《勝鬘經》云，自性清淨心也。〈師子吼品〉云，一種之中道也。而此用者，不乖大理，豈非正耶！緣因者，以萬善爲體。自一念善以上，皆資生勝果，以藉緣而發，名爲緣因也。然此解者，在慮而不恒，始生而不滅，則異於正因也。若無此緣助，則守性而不遷，是故二因，必相須相帶也。〔註54〕

在此寶亮明白地表示「緣正兩因，並是神慮之道」。前引文中曾見「故知神明之體，根本有此法性爲源。若無如斯天然之質、神慮之本，其用應改」之語，〔註55〕可知「神慮」與作爲其本源的眞諦之「神明之體」相對，乃是屬於俗諦的有爲法。事實上，寶亮認爲「神明是慮知之性」，「神慮」顯然就是「神明」，就是此一俗諦法中生滅不已的緣慮之心。既然說「正因」是「神慮之道」，顯然「正因」同樣也屬於俗諦中緣慮心識或「神明」之範疇，只不過寶亮對其內容另有規定，故其意涵較窄，其意義並不全然與「神明」等同而已。由此便可確定「正因」並不是性屬無爲的「神明妙體」。那麼，「正因」概念的具體內容爲何？寶亮云：「夫避苦求安，愚智同爾，但逐要用，義分爲二。取始終常解，無興癈之用，錄爲正因。」然則「正因」乃是「始終常解，無興癈」的「避苦求安」之「解用」；換言之，它是一切眾生緣慮心識「用」之中始終不變、恆常存在的「避苦求安」的作用或傾向。眾生心識有此「避苦求樂」的作用，乃是將來成佛的根本，故說此爲「正因」。至於「自性清淨心」、「一種之中道」之意涵，寶亮別有解釋，詳下文。

不過，依前文所見，寶亮不是說「正因」乃是眾生不變不壞、非因緣所

〔註54〕 《集解》，頁 447c。括號內「釋題」等字爲筆者所加。依校記，「與」字甲本作「興」。

〔註55〕 《集解》，頁 462a。

生的常存之性嗎？如果「正因」只是俗諦中的有爲法，只是「神明」緣慮之心中「避苦求安」的作用而已，這豈不是與上文所說矛盾？其實不然。此文下云「未有一刹那中，無此解用，唯至佛則不動也」，此即是前引文中「正因之性，體性不可改變」、「至佛不動」之意；此文又云「避苦求樂，此之解用，非是善惡因之所感也」，此亦即是前引文所說「正因佛性，既非善惡因之所生」、「非是緣中所生者」之意。也就是說，所謂「正因」常存、不改不壞，是指眾生的「神明」心識之中無時不有此避苦求樂之「解用」而言；至於「正因」非因緣所造，也是指此心識中之「解用」非善惡因所感，而是另有其「體」來作爲根源。由此可見，寶亮所說的「正因」確實只是眾生「神明」緣慮心中常存的「避苦求樂」之「用」，並不等同於「神明妙體」。

　　如果「正因」是「用」，那麼什麼是它的「體」？依寶亮之意，其「體」便是前節所見的「神明妙體」。由於「避苦求樂」之「解用」以「神明妙體」爲本源，故非因緣法所生，而可說不變不壞。前文曾指出，寶亮認爲「眞俗二諦」共成「神明」之法；由此便可見寶亮係以「神明妙體」之「用」爲「正因」，而不同於「神明妙體」本身。他說：

> 如是字義能令眾生（至）而不同於陰界入也。……寶亮曰：佛性雖在陰界入中，而非陰所攝者：眞俗兩諦，乃是共成一神明法；而俗邊恒陰入界，眞體恒無爲也。以眞體無爲故，雖在陰，而非陰所攝也。體性不動，而用無暫虧；以用無虧故，取爲正因。若無此妙體，爲神用之本者，則不應言雖在陰入界中，而非陰入所攝也。故知，理致必爾矣。〔註56〕

此釋經文「佛性雖在陰界入中，而非陰所攝」。寶亮認爲：「神明」具有眞、俗二諦，「俗邊恒陰入界」，自然屬於陰界入所攝；但「眞體恒無爲」，則非陰所攝。但必須注意的是：寶亮並不是直接即以此「非陰所攝」的神明「眞體」，即「神明妙體」，來作爲「正因」佛性，否則便無法解釋此性屬無爲、「非陰所攝」的「眞體」何以會「在陰界入中」。他說：此一神明「眞體」「體性不動，而用無暫虧；以用無虧故，取爲正因」，顯然此「眞體」無虧之「用」方是「正因」。下文又云「若無此妙體，爲神用之本者，則不應言雖在陰入界中，而非陰入所攝也」，可知眞正「在陰界入中，而非陰入所攝」的正因佛性，即是此「用無暫虧」的「神用」；「神用」雖是「在陰界入中」的「世諦」

〔註56〕《集解》，頁 465a。

之法，但此「用」又以「非陰所攝」的「眞諦」爲「妙體」，如此才能符合
正因佛性「雖在陰界入中，而非陰所攝」的條件。此意與前文所述相合，兩
相比對，可知此「用無暫虧」的「神用」也就是前述的「始終常解，無興廢
之用」，可知此「用」確實才是寶亮所說的「正因」；而此「用」既以「神明
妙體」爲「體」，故可說它非因緣法所生。由此亦可獲知寶亮爲何不以「神
明妙體」爲正因，而要堅持將它理解爲避苦求樂之「用」：其理由之一，便
在於他認爲「正因」必須如《涅槃經》所言「在陰界入中，而非陰所攝」；
純屬無爲法的「神明妙體」不能達成此一要求，唯有在俗諦生滅法中的「用」
才合乎此一要件。

　　「正因」是眾生緣慮心識中避苦求樂的作用或傾向，屬於俗諦有爲之法，
此意亦可由此文得到證實：

　　　　迦葉菩薩白佛言世尊云何名空（至）是名內外俱空。……寶亮曰……
　　　　佛性非內非外者，正因性是避苦求樂之解用。尋此解用，無時不有，
　　　　雖在五陰中，然五陰可斷除，而此解不可失，終至成佛。是以錄此
　　　　始終之常用，無興廢之法爲正因。……常住不變者，非是湛然常，
　　　　但此解未曾不有，故言常也。……唯有如來、法、僧、佛性，不在
　　　　內外二空者，還簡出也。本觀生死內外二法耳，三寶等非生死法，
　　　　故簡也。〔註57〕

此處亦明言「正因性是避苦求樂之解用」。但此文更明白地指出「尋此解用，
無時不有，雖在五陰中，然五陰可斷除，而此解不可失」，可知寶亮確實認爲
「正因」是「在五陰中」的「解用」；它屬於俗諦有爲的生滅法所攝，與緣慮
「神明」是同一層次的概念，確無可疑。而寶亮在此也特別說明「正因」之
所謂「常住不變者，非是湛然常，但此解未曾不有，故言常也」，這是就緣慮
心識中無時不有此「用」而說它「常住不變」，並非如「神明妙體」一般屬無
爲法的「湛然常」。是故說此爲「始終之常用，無興廢之法」、「五陰可斷除，
而此解不可失」，只是說此「正因」之「解用」無時不有，即使五陰生滅毀壞，
此一避苦求樂之作用傾向仍然不變，直至成佛爲止。寶亮又云：

　　　　善男子是觀十二因緣智慧（至）十二因緣名爲佛性。……寶亮曰：
　　　　此智慧於有爲無爲兩理上生，是緣因性也。取觀因緣之智，名緣因
　　　　性；而體是避苦求樂之解，名正因性，二種雙顯也。

_____

〔註57〕 《集解》，頁 499c-500b。

　　師子吼菩薩言世尊（至）説言佛性非内非外。……寶亮曰：……
　　内者正因，外者緣因。明有神識者，皆有避苦求樂之解。始終用
　　不改，故名爲内；緣因之善，託外緣而生，有時而有，有時而無，
　　故名爲外。明此二因之中，都無有果，故言非内非外。……若無
　　此天然之質，爲神解之主，終不修因，除迷求解。正以神明之道，
　　異於木石，可得瑩飾，故習解虛衿，斷生死累盡，有萬工現前，
　　所以種爲一切智。豈得言眾生有此法性爲體，使即時有果，如外
　　道所計生因生果耶？〔註58〕

在此寶亮仍然一貫地主張「避苦求樂之解，名正因性」、「内者正因，……明
有神識者，皆有避苦求樂之解。始終用不改，故名爲内」。應注意的是：此云
「明有神識者，皆有避苦求樂之解」，可知「正因」的擁有以具備「神識」爲
前提，只是具有「神識」，也就是「神明」緣慮心的有情眾生，才有「正因」。
這也間接説明，作爲「正因」的「避苦求樂之解」概念確實包含於緣慮之「神
明」、「神識」之中，它就是眾生心識之中避苦求樂的作用。

　　如前節所説，寶亮認爲「神明之道，異於木石，可得瑩飾」，「神明」即是
緣慮之心，它是眾生得以修行「瑩飾」、求取解脱的能力所在。此文則云「若無
此天然之質，爲神解之主，終不修因，除迷求解」，指出擁有慮知之心雖使修行
成爲可能，但此「神明」内在的「法性」、「神明妙體」才是修行解脱眞正的存
在根源。我們知道，「神明」只是緣慮之心，本身是有染有淨、可迷可悟的；而
「神明妙體」作爲「神明」之「體」，事實上也是一切染淨迷悟的存在根據，不
只是解脱根源而已。前節已經提到，寶亮説「若得解以後，癡用乃可無；後未
有解來，常癡故是業，業即是癡」；可知「神明妙體」乃是「體」，煩惱業報之
「癡用」乃是「用」，二者之間是「體用」關係。相對於煩惱之爲「癡用」，寶
亮另説「正因」爲避苦求樂之「解用」；此正因「解用」與煩惱「癡用」同樣均
以「神明妙體」爲「體」，只是二「用」之間染淨方向不同而已。由於「解用」
以「神明妙體」爲體，故眾生的解脱的存在根源能夠得到保證；由於「解用」
是眾生緣慮心識中的作用，因此它能夠是有爲眾生實際修行活動的基礎。而寶
亮以「神明」心識中的避苦求樂之「用」爲「正因」，事實上是只取「神明」緣
慮之心中純粹清淨的一面；「正因」只是「神明」緣慮心識的一部分功能而已。
此一主張的目的，事實上是要在「神明妙體」與「神明」這一理論模式中，特

〔註58〕　《集解》，頁 547b、554c-555a。

別舉出眾生解脫根據的「體」、「用」結構。〔註59〕

前引文中，寶亮曾以「《勝鬘經》云，自性清淨心也。〈師子吼品〉云，一種之中道也」來解釋「正因」避苦求樂解用。對此他自有說明：

> 善男子不見中道者（至）二定苦行三苦樂行。……寶亮曰：第二重辨出緣因正因二因性之體也。佛今出三種中道：一定樂行、二定苦行、三苦樂行。云此三人，盡稱見中道。……而凡夫居在苦中，心無厭背，云何見中道耶？故一家解云：夫中道有二途，自有諦二（二諦）中中道，自有理中中道。二諦中中道解，即是緣因性也；理中中道，即是一切眾生避苦求樂解正因佛性。夫中道之義，本是稱理之心。然有神識者，無一剎那心中無有此解。天下苦實可避，樂實可求；既用心得所，豈非中道！若苦不可避，而欲強厭，樂不可得，而欲強求，此便乖理。然今此心，既不乖大理，云何非解！但此解是境中之用，非造緣之知，亦非善惡因之所生。若善因所生耶，唯應人天中有，三塗應無；若惡因所生耶，則應三塗獨有，人天應無。而今莫問人天六道，無一剎那無此解故，故知此解，乃是妙本之異用，無變改之心也。是以《勝鬘經》說出如來藏與自性清淨心，冥會此旨。然則經經微據，理自彰矣。……今者出三種中道，以為二因之體。二因乃同用真如為體，今唯得據用來辨。〔註60〕

此云緣因正因二者「乃同用真如為體」；已知「真如」、「法性」就是「神明妙體」的內容，此處說二因以之為「體」，更可確定二因皆是俗諦緣慮心中之「用」。此處寶亮特別以「理中中道」來解釋「一切眾生避苦求樂解正因佛性」，此即是前引文中「〈師子吼品〉云，一種之中道也」之所指。此文本是解釋《涅槃經》文「善男子，不見中道者凡有三種：一者定樂行，二者定苦行，三者苦樂行」，但《涅槃經集解》中諸師與寶亮似乎都將「不見中道」解釋為「見中道」。〔註61〕但正如寶亮所言，「中道之義，本是稱理之心」，而一般的凡夫

〔註59〕湯用彤認為，寶亮以神明妙體為正因佛性，又似以厭苦求樂之用為正因，「其說可謂牽強」。見：湯用彤，同注9，頁499-501。或許出於同樣原因，釋彥暉區分神明妙體為「正因」，避苦求樂之用「正因性」，認為後者是前者之異用。見：釋彥暉：同注11，頁66-67。但寶亮其實並不以神明妙體為正因，而只以「避苦求樂解用」為正因；文獻亦不足證明寶亮有正因、正因性之區別。

〔註60〕《集解》，頁545a-b。依校記，「諦二」聖、甲本作「二諦」。下文即作「二諦」。

〔註61〕如《集解》中道生注云「三種皆與見中道名也」；僧亮注云：「因有耶正，亦有遠近，以三種別之也」；僧宗注云「今先收因地三種人，神明斯盡。以其有

「居在苦中，心無厭背，云何見中道」？寶亮認為，這是因為一切眾生皆具有「避苦求樂解正因佛性」，凡是「有神識」的有情之物「無一剎那心中無有此解」；此與前引文所見不異。此「避苦求樂解正因佛性」雖然不像緣因性「二諦中中道解」那樣是真正由觀察二諦所得的中道觀智，但因為「天下苦實可避，樂實可求」，此避苦求樂之心亦「用心得所」、「不乖大理」，因此仍可說是稱理之心，仍可說是「中道」。寶亮此一作法事實上是擴大了「見中道」一詞的意涵，將眾生避苦求樂之解用也計入「見中道」的範疇。必須注意的是，寶亮在此所說的二種「中道」——理中中道、二諦中中道，都是就「見中道」、「中道觀智」的角度而言，並非指一般所謂的真如、法性或「中道理體」，此由他說「中道之義，本是稱理之心」即可知；而由二種中道的具體內容「二諦中中道解，即是緣因性」、「一切眾生避苦求樂解正因佛性」來看，顯然也都是指眾生「心」中之「解」。由此可知，寶亮說「正因」即是「理中中道」，並不表示「正因」即是某種超越的理體；相反地，既然說眾生的「稱理之心」之中「無一剎那心中無有此解」，可知「避苦求樂解正因佛性」只是眾生緣慮心識中的作用。

此即與文中所提到的「如來藏」、「自性清淨心」概念有關。前文一直看到寶亮強調「正因」「若無此妙體，為神用之本者，則不應言雖在陰入界中，而非陰入所攝也」、「若無此天然之質，為神解之主，終不修因，除迷求解」，認為「神明妙體」乃是一切眾生「正因」、「避苦求樂解用」之「體」。由此處引文便可看到，這一思想同樣也是以《勝鬘經》為依據。本經〈自性清淨章〉有云：

> 世尊，若無如來藏者，不得厭苦樂求涅槃。何以故？於此六識及心法智，此七法剎那不住，不種眾苦，不得厭苦樂求涅槃。世尊，如來藏者，無前際，不起不滅法，種諸苦，得厭苦樂求涅槃。〔註62〕

此經認為「若無如來藏者，不得厭苦樂求涅槃」。因為「六識及心法智」此七

正因之義，必有成佛之理」；見：《集解》，頁 545a-b。按：《集解》此處引經文「不見中道者」，校記云聖本無「不」字；而北本《涅槃經》此文所在處，校記亦云宋本無「不」字；南本《涅槃經》同處校記亦稱宋、元、明、聖本均無「不」字。見：北涼・曇無讖譯：《大般涅槃經》，同註45，頁 523b；劉宋・慧嚴等改治：《大般涅槃經》，《大正藏》卷 12，頁 768a。由這些現象看來，可能南朝涅槃師們所見的《涅槃經》版本本作「見中道者」，故如此注之。唯就經文上下脈絡觀察，應作「不見中道者」為是。

〔註62〕《勝鬘師子吼一乘大方便方廣經》，同註44，頁 222b。

者剎那生滅，不能擔負「種眾苦」與「厭苦樂求涅槃」的功能；唯有「如來藏」本身「無前際，不起不滅法」，才能作爲眾生一切諸苦以及厭苦求樂的根源。不難看出，寶亮以「避苦求樂解用」爲正因的講法，正脫胎自經文「厭苦樂求涅槃」之說；而此處「如來藏」與「七法」的對比，也正相當於寶亮所說「神明妙體」與「神明」之差異；而寶亮區別「神明妙體」與「避苦求樂之用」二者，主張眾生緣慮心識中「避苦求樂解用」爲正因，卻又堅持「避苦求樂解用」必須以「神明妙體」爲體，顯然正是以經文「若無如來藏者，不得厭苦樂求涅槃」爲依據。寶亮在上文中說「是以《勝鬘經》說出如來藏與自性清淨心，冥會此旨」，可說明示其思想來源。

　　但寶亮關於「正因」、「避苦求樂解用」的思想雖然受到《勝鬘經》啓發，其理論型態與此卻仍然有絕大差異。《勝鬘經》的思想系統屬於於後世所說的「眞常唯心」體系；如前引文所見，此經所說的「如來藏」、「自性清淨心」不但不起不滅、本性清淨，而且是一切染淨迷悟的根源，一般認爲此即是「佛性」的同義詞。寶亮所說的「神明妙體」、「眞如法性」得之於《勝鬘經》的「如來藏」概念，他自己也直接使用「如來藏」一詞，但他卻不認爲這就是「正因佛性」；相反地，他主張眾生生滅心識中的「避苦求樂解用」才是所謂「正因」。就此看來，寶亮的思想體系雖然較其他涅槃師更爲趨近「眞常唯心」模式，基本上仍是不完全的形態。我們知道，傳統涅槃學者主張眾生、六法、心或神明爲正因，多是著眼於其念念生滅、相續不斷之特質；這是《涅槃經》中原有的說法。由寶亮主張「神明」爲緣慮之心，並且堅持「避苦求樂解用」屬於「神明」緣慮心所攝的講法來看，寶亮應該多少仍受到《涅槃經》以及涅槃學傳統的影響，因而仍然將「正因」視爲是某種屬於念念相續的緣慮心識所攝的事物。雖然寶亮的理論型態並不純粹，但它正好顯示出中國佛性思想由傳統涅槃學說法轉向眞常思想的軌跡，這一點是很值得重視的。

　　另一個必須指出的重要差異，便是對於「心」或「自性清淨心」的理解方式。在《勝鬘經》中，「如來藏」、「自性清淨心」其實是完全相等的概念：

> 世尊，如來藏者，是法界藏、法身藏、出世間上上藏、自性清淨藏。
> 此（自）性清淨如來藏，而客塵煩惱上煩惱所染，不思議如來境界。
> 何以故？剎那善心非煩惱所染，剎那不善心亦非煩惱所染。煩惱不
> 觸心，心不觸煩惱，云何不觸法，而能得染心？世尊，然有煩惱、

有煩惱染心。自性清淨心而有染者，難可了知。〔註63〕

經云「自性清淨如來藏，而客塵煩惱上煩惱所染」，又云「自性清淨心而有染者」，可知「如來藏」即是「自性清淨心」。但寶亮卻不這樣理解。在前引《集解》注釋中，寶亮是這樣說的：

> 善男子不見中道者（至）二定苦行三苦樂行。……寶亮曰：……而凡夫居在苦中，心無厭背，云何見中道耶？故一家解云：夫中道有二途，……理中中道，即是一切眾生避苦求樂解正因佛性。夫中道之義，本是稱理之心。然有神識者，無一剎那心中無有此解。天下苦實可避，樂實可求；既用心得所，豈非中道！……然今此心，既不乖大理，云何非解！但此解是境中之用，非造緣之知，亦非善惡因之所生。……而今莫問人天六道，無一剎那無此解故，故知此解，乃是妙本之異用，無變改之心也。是以《勝鬘經》說出如來藏與自性清淨心，冥會此旨。然則經經微據，理自彰矣。

如前節所述，寶亮認爲「心是知解之性，雖改代不常，要相續不斷，理數目增進也」，〔註64〕其「心」乃是緣慮之心。此文云凡夫「心無厭背」，用法亦不異此。此文中寶亮既說「避苦求樂解正因佛性」，又云眾生「有神識者，無一剎那心中無有此解」；又以「正因」爲「理中中道」，而說「中道之義，本是稱理之心」；顯然寶亮也以「心」來解說「正因」，或說「正因」是「心」中之解用，或直接稱之爲「稱理之心」。下文「用心得所」、「此心，既不乖大理」云云，也都是以「心」來形容正因避苦求樂解。問題是，此「心」是什麼心？是常存的眞常心嗎？下文寶亮續云：「正因」「非造緣之知，亦非善惡因之所生」、「人天六道，無一剎那無此解」。何以故？因爲「此解，乃是妙本之異用，無變改之心也」；換言之，所謂「避苦求樂解正因佛性」之爲「無變改之心」，乃是因爲它是「妙本之異用」。由此語便可得知：寶亮其實將「心」理解爲「用」，此「用」之上更有所謂「妙本」；而「正因」作爲「稱理之心」或「心」中之解用，只不過是此「妙本之異用」而已。這與前文所說，「正因」以「神明妙體」爲「體」，乃是「神明」緣慮心中避苦求樂之「用」，說法是完全一致的；顯然此處「妙本」即是「神明妙體」，而「心」也仍然還是「神明」緣慮之心，而「正因」也只是「神明」、「緣慮心」中的一部部分清淨解用。

〔註63〕 同注62。依校記，宋元諸本「性」前有「自」字。
〔註64〕 《集解》，頁560c。

現在，考慮「是以《勝鬘經》說出如來藏與自性清淨心，冥會此旨」一語；（1）此語是承「乃是妙本之異用，無變改之心也」而發，所要解釋的也是為何正因常在、非緣造而有。換言之，所謂「冥會此旨」是說「妙本之異用，無變改之心」與「如來藏與自性清淨心」二者意涵相同，都是說明「正因」另有其體，故其用無時不有。（2）如前所述，寶亮的「神明妙體」源自於《勝鬘經》的「如來藏」概念，二者等同；又「神明妙體」即是此處「妙本」所指。因此，在此二語句中「如來藏」即是「妙本」；它們是指「正因」所依據之「體」。（3）順此，若「妙本之異用，無變改之心」與「如來藏與自性清淨心」二語意涵相同，而且其中「如來藏」即是「妙本」，則顯然「自性清淨心」即是「無變改之心」；它們是指「避苦求樂解正因佛性」之為「用」。（4）由此可知，寶亮雖然引用《勝鬘經》而說「如來藏與自性清淨心」，事實上此二者是不同的概念，「如來藏」相當於「神明妙體」，而「自性清淨心」則是「避苦求樂解正因佛性」，彼此體用有別。就理論上來說，寶亮的「自性清淨」應該可以區分出「自性清淨」與「心」兩層概念：「自性清淨」是指如來藏為「體」，「心」則是指五陰中緣慮之心為「用」，而「自性清淨心」一詞基本上仍是指此緣慮之「用」一面而言；此與「神明」雖有真、俗二諦，但基本上仍是俗諦中慮知之性，情形是一致的。由於「自性清淨心」一語表達了眾生神明妙體與緣慮心識之間的「體用」關係，正可以說明「避苦求樂解正因佛性」「雖在陰入界中，而非陰入所攝也」的情形，故寶亮以此來代稱「正因」。可以看出，寶亮將「如來藏」與「自性清淨心」分離開來，又將後者視為是剎那生滅的緣慮之心，這與《勝鬘經》原來的主張有很大的差異。問題的關鍵在於：寶亮根本上仍然從有為法的角度來理解「心」，因此「自性清淨心」、「正因」固然因為「如來藏」、「妙本」而得以常存，但此「稱理之心」、「自性清淨心」本質上仍是落於五陰生滅中的緣慮之心。〔註65〕

〔註65〕若不嫌附會，則《勝鬘經》與寶亮之間對於「自性清淨心」看法的差異，實有些類似於王陽明、朱熹「心即理」、「性即理」的區別。朱熹主張「性即理」，並非否認「心」中有「理」，而是認為「性」、「理」是形上的道德標準，但「心」卻只是「氣之精爽」，是形下的知覺能力，而主張「心統性情」。寶亮說「避苦求樂解用」或「自性清淨心」，同樣並不否認它以「如來藏」、「神明妙體」為體，但此「體」屬無為法，「避苦求樂解用」或「自性清淨心」卻只是陰入界所攝的有為法。又，朱熹認為工夫須落在「心」上講，此亦與寶亮主張緣慮心「神明」為能迷悟之主體相似。關於朱熹，參見：勞思光：《新編中國哲學史（三上）》（臺北，三民書局，1993 年），頁 293-297。

　　寶亮對於以「心」說「正因」的說法是有限制的。正如「正因」只是「神明」避苦求樂解用的部分功能，它同樣也只是「心」的部分作用，並不等同於「心」：

> 汝言眾生若有佛性（至）心是無常佛性常故。……寶亮曰：發心非正因佛性也。佛性是常，心是無常。是故善心有時而有，有時而無。唯正因性用，常而不改。

> 此菩提心實非佛性（至）菩提之心實非佛性。……寶亮曰：還答第二問也。明菩提之心，實非正因也。我言悉有者，謂正因佛性也。

> 善男子譬如有人家有乳酪（至）一切眾生悉有佛性。……寶亮曰：……「眾生亦爾，悉皆有心」者，下文言「正因者謂諸眾生」，而此中云「心」是。若用避苦求樂解爲正因者，若爲會此文耶，各自有對。此云「心」，是對果地種智爲語；言「眾生」是者，對佛時行人爲語。若論其正位，由取避苦求樂解用爲〔正〕位也。〔註66〕

「發心」、「善心」「菩提之心」只是「有時而有，有時而無」的緣慮心識，此皆非正因佛性，應屬於緣因之範疇。只有無時不具、「常而不改」的避苦求樂解用是正因佛性。但《涅槃經》文明言「正因者謂諸眾生」，又云「眾生亦爾，悉皆有心。凡有心者，定當得成阿耨多羅三藐三菩提。以是義故，我常宣說一切眾生悉有佛性」；〔註67〕此應如何解釋？寶亮仍然認爲，「正因」「若論其正位，由取避苦求樂解用爲位也」。而說「心」，是「對果地種智爲語」，這是指現在眾生修行的智慧之心將是果地種智，故說爲正因；說「眾生」，則是「對佛時行人爲語」，這是以現在之修行者未來將會成佛的角度，說此爲正因。我們看到，此處對於「心」、「眾生」爲正因的說明，仍然不脫經文原有的「質料因」思想模式，這是寶亮與其他涅槃師仍舊相似之處。

　　尚有一處注釋須作說明。在此寶亮提到「眾生五陰，依正因性有，非是正因性，依五陰有」：

> 善男子一闡名信提名不具（至）諸善法故名一闡提。……寶亮曰：……當知眾生五陰，依正因性有，非是正因性，依五陰有。然此中推檢，與《勝鬘經》明義一種。生死依如來藏有也，非如來藏依生死。

〔註66〕《集解》，頁557c、同前、550a。「正」字疑闕。
〔註67〕〈師子吼菩薩品十一之二〉，頁530c、〈師子吼菩薩品十一之一〉，頁524c。

佛性雄猛難可毀壞（至）一切無能毀壞燒滅。……寶亮曰：明正因
之性，體性不可改變，故無能殺害者。生死血肉，是偏因所感，可
得損傷；正因之性，天然非因所生，故不可壞。〔註68〕

此意寶亮也引《勝鬘經》「生死依如來藏有」之語為證。但如上所述，寶亮應
該主張生死依「神明妙體」而有；若「正因」只是緣慮心中避苦求樂之用，
如何能是生死的根源？此似乎證明「正因」應是「神明妙體」。但此只是一條
孤證，據本節與前節所引大量材料可知，寶亮主張「神明妙體」為生死根源，
並主張「正因」是「避苦求樂解用」，已殆無可疑。顯然此文若非寶亮筆誤，
便另有解釋。寶亮也曾說「神明是慮知之性，但於緣中迷，故起生死」，但眾
生緣慮「神明」作為能迷能悟、流轉生死的關鍵，與「神明妙體」作為生死
輪迴之「體」，二者並不衝突。筆者認為，此處「眾生五陰，依正因性有」一
語，也可能與「神明」「故起生死」意涵相同。當然，或許寶亮將「正因」之
「體」誤作「正因性」，亦不無可能。

　　關於寶亮「正因」概念的理論及相關問題，大致已討論如上。如前所見，
諸家記載中吉藏、均正云寶亮以「真如」為正因體或正因佛性，但吉藏又與
灌頂同云他以「真神」為本有佛性，吉藏另外又說寶亮是以「厭苦求樂之心」
為正因佛性。諸說不同。依據上文分析結果，可知吉藏《勝鬘寶窟》所云「厭
苦求樂之心」之說最為近實；「真神」之說，或許是誤以寶亮之「神明」概念
為正因，而「真如」之說，則可能是誤以寶亮之「神明妙體」概念為正因。
在寶亮思想中，此三者本息息相關而區別甚是精微，也難怪後人產生理解上
之偏差。不過均正的引述是說「真如」為「正因體」，如果均正對於「正因」
與「正因體」的使用是有區別的，則這可能是指「正因」之「體」為「真如」，
如此便合乎寶亮說「正因避苦求樂解用」以「神明妙體」為「體」之原意。
其實均正評論寶亮學說時亦有云：

第三家、真俗平正真如性為正因體者：如二諦中破色性是空（小注：
無明初念眾生），初念始明正因，此正因即是始生，真則有初。若未
有眾生時，復誰作正因？若言初念眾生生於真如上者，如空中生萬
物，萬物寧得虛空為體，如器中有物也？此師最拙也。〔註69〕

此是就二方面批評寶亮。首先，均正原指出寶亮主張「不有心而已，有心則

〔註68〕《集解》，頁 539b、454a-b。
〔註69〕《大乘四論玄義》，同註2，頁 47d。

有眞如性上生故」；均正認爲，色性、無明初念、衆生皆空，「心」同樣也是空，寶亮以「初念」說明正因，等於是說「正因即是始生」，如此一來「心」上所具有的「眞如性」「眞則有初」，也將隨著生滅心成爲始有之法。然則依據均正的理解，寶亮確實是以「初念始明正因」，換言之，即是將正因視爲生滅心識中之某種作用，此與前文的分析結果正好相合。其次，均正認爲寶亮主張「初念衆生生於眞如上」，是完全不可理解的，「萬物寧得虛空爲體，如器中有物也」？此處所言顯然即是指寶亮主張「神明妙體」爲一切染淨生滅法根源之說，此亦可印證前文之分析結果。這顯示均正對於寶亮思想應該有相當掌握，只是身爲三論宗學人的他，完全不能接受以生滅心識解說「正因佛性」的作法；由於他將「眞如」理解爲性空，當然更加不能接受萬物以某種實體性的「妙體」、「眞如」爲其存在根源的主張。

五、緣因性：善心善行、中道觀智

四種佛性中，居於因位的還有「緣因」佛性。寶亮對它的定位說明如下：

> 善男子佛性者有因有因因有果有果果。……寶亮曰：因因者，緣因性。有移動不定，故有重因之號也。

> 非因果故常恒無變。……寶亮曰：……是因是果者，緣因性有即因即果義也。〔註70〕

「緣因」是「移動不定」，同時也是「即因即果」的；此實與緣因的二種內涵有關。欲知其意，仍需由寶亮對緣因的理解來看：

> （〈如來性品〉釋題）寶亮曰：佛性有四種，謂正因、緣因、果及果果也。四名所收，旨無不盡。緣正兩因，並是神慮之道。夫避苦求安，愚智同爾，但逐要用，義分爲二。取始終常解，無與（興）癈之用，錄爲正因。未有一刹那中，無此解用，唯至佛則不動也；故知，避苦求樂，此之解用，非是善惡因之所感也。以《勝鬘經》云，自性清淨心也。〈師子吼品〉云，一種之中道也。而此用者，不乖大理，豈非正耶！緣因者，以萬善爲體。自一念善以上，皆資生勝果，以藉緣而發，名爲緣因也。然此解者，在慮而不恒，始生而不滅，則異於正因也。若無此緣助，則守性而不遷，是故二因，必相須相

帶也。……若論境界性者，其旨則通，但同是緣助，不復別開也。
〔註71〕

此云「緣正兩因，並是神慮之道」，可知「緣因」也是「神明」緣慮之心的功能之一；又云「避苦求安，愚智皆爾，但逐要用，義分爲二」，則正、緣二因同樣是眾生心識中「避苦求樂」的「解用」。但如此則「緣因」與「正因」有何差別？寶亮指出：「正因」是「始終常解，無興癈之用」，而「緣因」之解用則是「在慮而不恒，始生而不滅」的；此即與正因有別。具體的內容方面，「緣因者，以萬善爲體。自一念善以上，皆資生勝果，以藉緣而發，名爲緣因也」，可知「緣因」即是指眾生心中的「一念善」或具體實踐的「萬善」。由此可知，「正因」是指心識中恆常的避苦求樂之傾向或作用，「緣因」則是心識中或起或滅、並不恆常的善心或由之而起的善行；雖然二因同樣是眾生神慮之作用，但「正因」是比較抽象、普遍而恆常的避苦求樂傾向，而「緣因」則是具體的、眾生各自殊別、或有或無的善心善行，此是二因的區別所在。「緣因」是「在慮而不恒，始生而不滅」的無常之法，此即前文所說「移動不定」之意。寶亮又說，眾生雖有正因，但「若無此緣助，則守性而不遷，是故二因，必相須相帶也」；「正因」只是企求解脫的意圖而已，若無「緣因」具體作爲的配合，則亦不能解脫成佛，這是必須有此二種因性的原因。至於「境界性」亦可算是「緣因」所攝，對此下文將再論及。寶亮又云：

> 佛告迦葉實有殺生（至）差別之相流轉生死。……寶亮曰：……佛性住五陰中者，此舉緣因佛性也。夫行道成聖，因此陰身；既斷彼命已，善不得起也。欲談罪福之相應，就此義論矣。〔註72〕

他指出「緣因佛性」是「住五陰中」的佛性；這一點與「正因」在五陰中的情形相同。二者既然都是「神慮之道」之「解用」，則當然都屬於有爲法的範疇。此文進一步以「行道成聖，因此陰身」來說明「緣因」「住五陰中」，也就是說，「緣因」乃是由五陰之身所發出的「行道成聖」之工夫；此與「緣因」爲善心善行的說法也相通。

「緣因」既然是「在五陰中」的神慮之道、是緣慮心識中的「用」，則它於理也應該與正因一樣同以「神明妙體」爲「體」。這一點寶亮亦有論及：

〔註71〕 《集解》，頁 447c-448a。括號內「釋題」等字爲筆者所加。依校記，「與」字甲本作「興」。

〔註72〕 《集解》，頁 454b-c。

善男子不見中道者（至）二定苦行三苦樂行。……寶亮曰：第二重
辨出緣因正因二因性之體也。……故一家解云：夫中道有二途，自
有諦二（二諦）中中道，自有理中中道。二諦中中道解，即是緣因
性也；理中中道，即是一切眾生避苦求樂解正因佛性。……今者出
三種中道，以為二因之體。二因乃同用真如為體，今唯得據用來辨。

〔註73〕

「正因」即是「理中中道」，前文已有討論。而「緣因」則被寶亮稱為「二諦
中中道」之「解」。作為「二諦中中道解」的「緣因」，是指眾生所得的二諦
中道觀智；此是「緣因」在善心善行之外的另一層意涵，前云「即因即果」
即指此而言。此文意在「辨出緣因正因二因性之體也」，最後則說「二因乃同
用真如為體」；已知「真如」即是「神明妙體」的內容，因此可知「緣因」確
實也以「神明妙體」為「體」。

　　由以上引文，可以看出「緣因」的具體內容，其實包括善心善行以及中
道觀智二方面。對此寶亮皆有敘說。先就前者而論，他說：

云何諸菩薩能見難見性。……寶亮曰：……作善行是緣因。前所以
答中明正因者，欲明行人立心之方。若明識因果性者，則行成中道；
若中道行成，則萬善便樹。故答以正因中道，行即緣因也。

師子吼菩薩言世尊（至）說言佛性非內非外。……寶亮曰：……內
者正因，外者緣因。明有神識者，皆有避苦求樂之解。始終用不改，
故名為內；緣因之善，託外緣而生，有時而有，有時而無，故名為
外。明此二因之中，都無有果，故言非內非外。因中雖無有果，非
無緣正二因，此二因未來必得佛果。

佛言善哉善哉善男子（至）離諸怨賊受大快樂。……寶亮曰：……
眾生雖有佛性，要久習緣因善，方乃得成佛。

善男子大慈大悲名為佛性（至）佛性者即是如來。……寶亮曰：第
四歷緣因。四無量行，即是緣因善，菩薩常行，如影隨形也。

善男子善欲即是初發道心（至）畢竟者即大涅槃。……寶亮曰：……
根本是欲。欲者，欲樂之心也。……從善欲即是初發心者，下第二
重解：從初一念無漏，訖至成佛，名之善欲；由是善欲，能得成佛，

〔註73〕《集解》，頁545a-b。見注60。

故名爲根本。如來先説不放逸爲本，今乃説欲者，明欲是根本，以
不放逸助成故，名爲緣因。〔註74〕

此處提到「緣因善」、「四無量行，即是緣因善」、「作善行是緣因」，此即是前
述善行爲「緣因」之意。寶亮又云，相對於「正因」「始終用不改，故名爲內」，
此「緣因之善，託外緣而生，有時而有，有時而無，故名爲外」，此即是「正
因」避苦求樂解用恆常，而「緣因」善行無恆常之意。具體的善行之外，發
善心也屬於緣因。寶亮便説「欲樂之心」、「從善欲即是初發心」乃是成佛根
本，「欲是根本，以不放逸助成故，名爲緣因」；換言之，眾生心識中所發的
欲樂之善心，加上不放逸的實踐善行，此二者即是「緣因」的意涵。

另外，中道觀智也被寶亮説爲「緣因」：

以是義故中道之法名爲佛性。……寶亮曰：既如因緣理而照，生中
道之解，得名緣因佛性也。

善男子是觀十二因緣智慧（至）十二因緣名爲佛性。……寶亮曰：
此智慧於有爲無爲兩理上生，是緣因性也。取觀因緣之智，名緣因
性。而體是避苦求樂之解，名正因性。二種雙顯也。

復次善男子眾生起見（至）如是觀智是名佛性。……寶亮曰：……第
一先明觀十二因緣得所不得所。若先安法性無爲理，離斷離常，稱境
而知，成緣因佛性；若當緣境不稱境，不安無爲，執斷執常，乖中道
行。……第六明眾生雖與此十二因緣共俱，而不覺不知。唯十住菩薩
與佛，能窮鑒此深理，故見因緣之始終。……第八辨觀因緣之智有階
級，生解有淺深。……無常無斷，乃名中道者：若就生死邊爲論，據
識生滅道爲語，恐此意不然。何以故？世諦虛妄有，即體如幻，終歸
滅無，豈不斷不常？唯神明妙體，法性無爲，始可得稱不斷不常。能
心緣此理，不取有無相，方得名中道。既稱此理解，便識因緣虛，觀
照智生，即名緣因佛性。若能如此解，名爲得法。〔註75〕

此云「如因緣理而照，生中道之解，得名緣因佛性也」、「觀因緣之智，名緣
因性」，此是以觀察十二因緣所得到的「中道之解」或「智」，即前述「二諦
中中道」爲「緣因」。據指出，此中道觀智是「於有爲無爲兩理上生」、「離斷
離常」的，但此一智慧的具體內容是什麼？下文寶亮解釋經文「無常無斷，

〔註74〕《集解》，頁 413b-c、554c-555a、569a、570c、604a。
〔註75〕《集解》，頁 546b、547b、546c-547a。

乃名中道」時指出：「世諦虛妄有」，不能是「不斷不常」的；唯有「神明妙體，法性無爲」，才可稱「不斷不常」。然則不斷不常的「中道」在寶亮看來，也是指無爲恆常的「神明妙體」，與法性、眞如相同。下文又云「能心緣此理，不取有無相，方得名中道。既稱此理解，便識因緣虛，觀照智生，即名緣因佛性」，可知此一「中道」或「神明妙體」，便是「緣因」、「中道之解」的觀照對象，所謂「緣因」、「中道觀智」，便是指能夠如理地認識因緣虛妄而「神明妙體」恆在常存的觀照智慧。此外，寶亮又說「觀因緣之智有階級，生解有淺深」，指出此種觀照智慧是眾生深淺有別的，「唯十住菩薩與佛，能窮鑒此深理，故見因緣之始終」。這樣看來，「緣因」中道觀智事實上不只是凡夫所擁有的因佛性而已，佛既然能「見因緣之始終」，當然不能說沒有中道智慧。這也就是前引文說「緣因性有即因即果義」之所指。不過，佛所證得的中道之智，寶亮另外稱之爲果性菩提；「緣因」雖然義通因果，基本上仍是指因性而言，尤其善心善行並不通果性，更須辨別。關於中道觀智的內容，下文分析果性義時當再詳論。

　　對於涅槃師們常用的「境界因」概念，寶亮認爲「若論境界性者，其旨則通，但同是緣助，不復別開也」，只將它視爲緣因的一部分。就內容來看，寶亮的理解也有不同：

> 五住菩薩下至初住佛性五事（至）四可見五善不善。……寶亮曰：善是緣因，不善是境界因也。六住雖有無色界細惑，爲苦用輕，不甚迫心，故不與境界名也。

> 善男子或有佛性一闡提有（至）眾生云何一向作解。……寶亮曰：第二就四門以明有無也。十惡是闡提境界佛性。此人後時，還能厭惡，而起緣生之善。因中說果，故言闡提有也。善人有者，謂緣因性也。二人俱有者，謂正因性也。二人俱無者，謂果性也。〔註76〕

如前幾章所見，「境界因」一般被理解爲認識對象之意。智藏《佛性義》便云「境界因名，經文無也。直是先輩諸師釋緣因，謂諸法體義，爲心作境界緣，了非境界，異緣因也」。〔註77〕寶亮的定義方式則不同。他以「善是緣因，不善是境界因」，將「境界因」定義爲「不善」，而與緣因之善正相對反；他並且指出，「十惡是闡提境界佛性」、「善人有者，謂緣因性」，以此說明善惡眾

〔註76〕　《集解》，頁586a、591a。
〔註77〕　《大乘四論玄義》，同注2，頁51c。

生因性的差別。但為何說「不善」或「惡」也是佛性？他說：

> 善男子一切無明煩惱等結（至）如來佛性猶如醍醐。……寶亮曰：
> 分別兩問既竟，更總收一切萬法。無明等死，無非佛性，或正因，
> 或緣因，或境界因，隨義往取，盡能助果，故是佛性。〔註78〕

可知「一切無明煩惱等結」、「無明等死」等一切不善惡法，是就其「盡能助果」的角度而被說為佛性。這也就是寶亮要說「境界性」「同是緣助，不復別開也」的原因：不善惡法，只是促使眾生成佛的助緣，它其實不是眾生內在的佛性。

六、果性：菩提智慧與中道、第一義空

以下討論寶亮的果佛性說。如前引，他將果佛性區分為「果」、「果果」二種：

> （〈如來性品〉釋題）寶亮曰：佛性有四種，謂正因、緣因、果及果果也。……若緣因之用既足，正因之義亦滿，二用俱圓，生死盡矣。金剛後心，稱一切智，轉因字果，名為果性也。果果者，對生死之稱也，於眾德之上，更立總名，名大涅槃；以果上立果，名果果也。更無異時，但義有前後耳。
>
> 善男子佛性者有因有因因有果有果果。……寶亮曰：……果者，謂菩提也；種智是萬行果，故受果名也。涅槃對生死得稱，是為果上立果，故云果果也。〔註79〕

此云「果」與「果果」二者「更無異時，但義有前後」，它們同是成佛時所證得的圓滿體性，只是從意涵上可以區分而已。本節先論「果性」。由寶亮云「金剛後心，稱一切智，轉因字果，名為果性也」、「果者，謂菩提也；種智是萬行果，故受果名也」之語可知，所謂「果性」乃是專指佛所得之一切智、種智、菩提，也就是佛之無上智慧。他以菩提為「果」、涅槃為「果果」，與僧亮、僧宗等人相同，此應是當時涅槃師們的共識。

菩提果性的具體內涵為何？寶亮特別舉出「第一義空」為果性之「體」：

> 善男子佛性者名第一義空。……寶亮曰：且先出果性。佛果如如，以法性為體，無一切相，出百非之表，故名第一義空也。

〔註78〕《集解》，頁586c-587a。
〔註79〕《集解》，頁447c、547b-c。括號內「釋題」等字為筆者所加。

> 第一義空名爲智慧。……寶亮曰：既解果性，今先擧體以取智。若
> 不據用以辨體，無以表因果性異。故明佛果眾德，唯以第一義空爲
> 體也。
>
> 中道者名爲佛性。……寶亮曰：佛果佛性，方是解中道之理耳。
>
> 善男子如汝所言以何義故（至）三菩提中道種子。……寶亮曰：……
> 此第一重。先明果：佛性中道解，見理周悉也。中道種子者：次答
> 正因因緣（緣因？），明子能得果也。先明果性所以，今明緣正二因
> 所以也。
>
> 以是義故十二因緣名爲佛性（至）佛者名爲涅槃。……寶亮曰：……
> 佛性即第一義空者，乃遠結於上。佛果佛性中道解滿，萬德皆備，
> 唯用此第一義空爲體。若通欲取結，四種佛性盡同用此第一義空爲
> 體。然今結意，恐據果性爲言也。〔註80〕

雖説「佛果如如，以法性爲體」，而且「四種佛性盡同用此第一義空爲體」，但寶亮仍特別只以「第一義空」作爲佛果性之體，理由是「若不據用以辨體，無以表因果性異」，爲了在因果性之間有區別，故須「明佛果眾德，唯以第一義空爲體也」。何謂「第一義空」？由引文可知它其實應與「法性」之義亦相通，但説「擧體以取智」，此概念乃是專就佛之「智」而言。又由引文來看，既説「佛果佛性，方是解中道之理耳」、「先明果：佛性中道解，見理周悉也」，可知佛果佛性乃是能夠理解「中道」的智慧。下文即云「佛果佛性中道解滿，萬德皆備，唯用此第一義空爲體」，可見寶亮正是將此「第一義空」説爲「佛果佛性中道解」之「體」，「第一義空」事實上便是佛所以能照見「中道」的智慧體性。如前所述，凡夫所得之「中道觀智」稱之爲「緣因」，此處則稱佛果位之「中道觀智」爲「果性」；二者雖高下有別但意義相通，故寶亮説「緣因性有即因即果義」。他特別指出「第一義空」爲佛果中道觀智之「體」，以區別之。

先看「中道」之義。寶亮有著名的「三種中道」之説：

> 我今當更善爲汝説入如來藏。……寶亮曰：……辯三種中道，正明
> 作善業義也。第一明理（離）斷常有無中道，第二明實相中道，第
> 三辯相續中道也。就明離有無中道，有五章。……初二句者：若計
> 身有神我，即是常見，明如此之人，終不離於苦也。或復有言，佛

〔註80〕《集解》，頁544a-b、b、c、545b-c、549b-c。「因緣」疑當是「緣因」。

—383—

亦同有神我之我，此第一句也。無我者，若謂此身乃至濫佛，盡是斷滅者，既俱是空法，雖行淨行，何所獲耶！

若言無明因緣諸行（至）無二之性即是實性。……寶亮曰：此下第二重，明實相中道也。若直談昔教，偏取生死空有爲實；若就今經爲語，乃識神明妙體，眞如爲實。知金剛心已還，必是苦空無常，佛果必是常樂我淨；若作如斯之解，便於兩邊皆得實義，成中道行。所以然者，生死體空，亦從本來，無二無別；涅槃體如，如亦本來無相。此是體識諸法實相之理也。

善男子汝亦應當堅持憶念（至）說我無我無有二相。……寶亮曰：第三重明作善業也，就行人而辨相續中道也。此我無我不異上釋。然上之所明，據空無異邊也；今於此中，談其相續邊也。……相續義者，故如因成假義。……今相續亦如此，直一亦不相續，若直異，亦不相續。要是前法謝、後法起，補此曾有之處，假名中道相續語故。從因至果，喻如五味之相續也。〔註81〕

這是圍繞著經文「無二之性即是實性，我與無我，性無有二，如來祕藏其義如是」所提出來的主張；經文所言有我無我，本是指眾生佛性「爲一切煩惱所覆不可得見，是故我說眾生無我。若得聞是大般涅槃微妙經典，則見佛性」。〔註82〕寶亮的解釋亦依此爲根基。寶亮云「中道」有三種：(1)「離斷常有無中道」是指離開常見斷見之中道觀：「若計身有神我，即是常見」，相反地「若謂此身乃至濫佛，盡是斷滅者」便是斷見，若離有我、無我二見是爲「斷常有無中道」。(2)「實相中道」則是指「神明妙體，眞如爲實」而言：輪迴生死「必是苦空無常」，而解脫「佛果必是常樂我淨」，但是「生死體空，亦從本來，無二無別；涅槃體如，如亦本來無相」，生死之體空與涅槃體眞如是無二無別的；此一生死涅槃、無我與我之中不二之「諸法實相」也就是「神明妙體」，也即是「實相中道」。此意前節討論「神明妙體」概念時已經論及。(3)「相續中道」則是就修行者的角度立論：眾生生死輪迴中無我，成佛見性時有我，但此二者有「前法謝、後法起，補此曾有之處，假名中道相續」的關係，故就此說我、無我不二，是爲「相續中道」。我們可以看出，作爲「實相中道」的「神明妙體」事實上是三種中道的核心：寶亮的「斷常有無中道」

〔註81〕《集解》，頁458c-459a、460b-c、461a。依校記，「理」字甲本作「離」。
〔註82〕〈如來性品四之五〉，頁411a、c。

主張眾生並無不變神我，但亦非斷滅，是因爲「神明妙體」雖非神我卻能作爲眾生生死之基礎；而「相續中道」以爲眾生生死中無我，卻能夠相續不斷至成佛而有我，也是因爲「神明妙體」乃是眾生解脫的基礎。因此，寶亮所說「中道」之義雖然多端，但「神明妙體」正是其中關鍵。

　　回到果性體「第一義空」的問題。順此，寶亮認爲佛果「第一義空」智慧或「中道觀智」的要點，便在於能夠雙見生死空、涅槃不空，並且認知「神明妙體」常恆不變的眞相：

　　　（〈經題序〉）案：寶亮：……眾生既蒙昔教以習心，便稍涉虛以入道。體常無常，二輪雙徹。鑒生死爲不有之有，涅槃爲不無之無。既安眞而悟理，識苦空而斷迷。自非修行入道發理緣之知，則煩惑不遣，生死難除。故今教之興，開神明之妙體也。辨生死，以二苦爲本。明涅槃，以常樂爲源。妙質恒而不動，用常改而不毀。

　　　所言空者不見空與不空。……寶亮曰：佛果體圓，中道之解究竟，于時不復見空與不空爲異。但一相無相，空與不空，無可爲異。故云：唯有智者，能見空不空。

　　　不空者謂大涅槃（至）我者謂大涅槃。……寶亮曰：昔明世諦爲有，以第一義諦爲無。今明生死虛假，空無自體，故名爲空；涅槃眞實妙有，故名不空。是以一家所解，生死二時是不有，涅槃亦有，二時不無也。何者？搆因之日，即體虛僞，及至觀解，照無一實；故兩時推求，並無自性，悉是顛倒妄有。今眾生神解，因時已有，修道所除，俗盡眞現，兩時不空也。所以稱涅槃不空，生死爲空矣。

〔註83〕

引文中雖說「生死二時是不有，涅槃亦有，二時不無」，又說「涅槃不空，生死爲空」，明白區隔出涅槃生死之間空、有的差異，但是寶亮同時也強調「眾生神解，因時已有，修道所除，俗盡眞現」，因此是「兩時不空」的。這仍是主張「神明妙體」在生死涅槃中常存不二。而這正是佛果中道解、第一義空智慧所要照見的眞理，寶亮即云「佛果體圓，中道之解究竟，于時不復見空與不空爲異。但一相無相，空與不空，無可爲異」；正因爲佛果智慧「中道之解」能夠見到「神明妙體」便是生死空有之間不二的實相，因此也才能夠知

〔註83〕　《集解》，頁 378b-c、544b、c。括號內「經題序」等字爲筆者所加。

道此「空與不空」究竟是「無可爲異」的。他在〈經題序〉中提到必須「體常無常，二輪雙徹」，又接著說「故今教之興，開神明之妙體也」、「妙質恒而不動，用常改而不毀」，意即在此。這也是寶亮所說「中道」、「第一義空」雙見空、不空的真義：所謂雙見空、不空，並不只是割裂地去認識生死空、涅槃不空而已，而是必須要認識到生死涅槃、空與不空之間的共同之處──「神明妙體」，並由此體會生死空有不二之理，如此才算是真正地擁有雙見智慧、「中道」、「第一義空」。

如前所述，以「雙見」而非「雙收」來理解「中道」、「第一義空」，本是《涅槃經》的原旨，〔註 84〕而僧亮、僧宗等涅槃師的果性學說也都遵循著此一說法。寶亮將自已創獲的「神明妙體」概念加入此一範疇中，則是中國佛教中道觀念發展上的又一進展，此亦值得注意。

七、果果性：涅槃與法性

在前節引文中，已可見到寶亮對「果果性」的描述：「果果者，對生死之稱也，於眾德之上，更立總名，名大涅槃；以果上立果，名果果也。更無異時，但義有前後耳。」「涅槃對生死得稱，是爲果上立果，故云果果也。」〔註 85〕可知「果果性」便是指「涅槃」；菩提果性與它並無先後之分，只是按照由智得斷的原則，說二者有「果」、「果果」的分別。因爲生死涅槃之間有空、不空之異，故言此是「對生死之稱」。關於「涅槃」的體性相狀，寶亮也多有說明：

> (〈序經題〉) 案：寶亮：……今涅槃之音，就用而得稱，是出世法之總名，貫眾德之通號，代生死之要目，美無餘之極說。障累既盡，萬行歸眞，無德不滿，眾用皆足，轉因字果，名大涅槃。故下文言，若一德不脩，則不得稱大涅槃也。然斯之語，乃是方土之音，聖既出於彼國，此亦無名以正翻，但文中訓況指義釋而已也。……夫涅槃無體，爲眾德所成，故取況寶城，……是以就開宗之始，借喻於伊字云：三點不縱不橫，異昔有餘無德之說，明具法身般若解脫也。然此三乃化道邊要，復貫通於諸德，亦表異因中之色心，顯佛果之

〔註 84〕 參見：印順：同注 49，頁 258-259；牟宗三：《佛性與般若》（臺北，學生書局，1977 年），頁 200-202；釋恆清：〈大般涅槃經的佛性論〉，氏著：《佛性思想》（臺北，東大圖書公司，1997 年），頁 54-57。

〔註 85〕 《集解》，頁 447c、547b-c。

勝用。無感不應，稱曰法身；囑境皆明，謂之般若；即體無累，便名解脫。明一一之德，皆非涅槃，要總爲其體。

汝等比丘云何莊嚴（至）值遇寶城取虛僞物。……寶亮曰：……寶城無體，爲眾寶所成，若一德不備，不得稱爲大涅槃也。昔之所說，乃是涅槃因緣中說耳。

犯四重者亦是不定（至）見一切法是無常相。……寶亮曰：……涅槃乃可是萬法之數，其體用是定故，不得同生死虛僞也。眞體不動，跡無定相。

善男子有優樓迦迦毘羅（至）具足成就第七功德。……寶亮曰：……佛果妙體，生死既盡，無患累體，不復生煩惱，具一切德，始名大涅槃，非直是煩惱無處也。是故以五法同體來證今涅槃與昔日異也。何者爲五？一明佛不更起煩惱，二明體窮如理，三明鑒境已周，四明普應無滯，五明體是實相。既備此五德，妙有常存，豈非今昔涅槃之異耶！〔註86〕

「涅槃」是「佛果妙體，生死既盡，無患累體，不復生煩惱，具一切德，始名大涅槃」，是佛所體證的圓滿體性，它是「出世法之總名，貫眾德之通號」，寶亮對此持「不翻」觀點，認爲它是無可轉譯的。寶亮又說「涅槃無體，爲眾德所成」、「寶城無體，爲眾寶所成」，認爲「涅槃」只是佛果諸德的總名，本身是一集合體。依據經文，寶亮也說涅槃具有三德「法身般若解脫」，指出此三者「復貫通於諸德」、乃「顯佛果之勝用」；他並且以《涅槃經》所說大涅槃「備此五德，妙有常存」來說明與昔教所說涅槃不同之處。他認爲涅槃「體用是定」、「眞體不動，跡無定相」，使用「體用」、「本跡」來說明它體性恆定，而作用無定相的特質。凡此種種，用意都在顯示涅槃的超越性。寶亮也就對比於虛空的角度來進行解釋：

善男子涅槃之體亦復如是（至）三菩提時名菩提樂。……寶亮曰：明涅槃之體也，亦如虛空，無有住處。佛果妙體，眞如無相，豈得有處所可尋！然法性無性相，如虛空之無異；而所以異者，異在於至虛。既就體相作論，恐人懷疑，後更就用來辨，故舉常樂我，來標其相也。

迦葉菩薩言世尊如佛所說（至）云何名爲如虛空耶。……寶亮曰：……

〔註86〕《集解》，頁 378c-379a、401b、523c、534b。

上〈師子吼〉雖明果體是常，竟未正論此體有無之異。今科簡虛空雖常，而性是無；涅槃妙有，其性湛然。乃同非三世，而有「有」、「無」之異也。

善男子虛空之性非過去（至）我說佛性猶如虛空。……寶亮曰：……辨佛果體常，異虛空之常。兩常雖同，其旨甚別。……佛釋言：其常乃同，要一有對治，可名爲有；而虛空直是物無，無所對治，故是無也。

善男子一切世間無非虛空（至）離四陰已無有虛空。……寶亮曰：……佛今答言。雖同是常，要佛果有對治而不無，明如來、佛性、涅槃三法，同有所治，故是有也。……「爲非涅槃」者，是生死法正對治此生死虛僞果盡，故名涅槃。……何以故？明涅槃是有，可見可證，能作種種應色，備有八我萬用，皎然可得，是有現見處。虛空無斯之用，云何爲有耶！〔註87〕

經文中往往以「虛空」比喻「涅槃」，但說「涅槃之體也，亦如虛空，無有住處」並非說「涅槃」即是「虛空」，只是以此突顯它無爲法的特質。因此寶亮也說二者「所以異者，異在於至虛」、「虛空雖常，而性是無；涅槃妙有，其性湛然」，指出二者雖然都是非三世攝的無爲常法，但有「有、無之異也」。關鍵差異在於「涅槃」「有對治，可名爲有」、「有所治，故是有也」，它「可見可證，能作種種應色，備有八我萬用」，又具有「常樂我」之「用」，這些作用都是虛空所無的。正是如此，「涅槃」在寶亮看來並非斷滅虛空之「無」，而是擁有無限妙用、「其性湛然」的實存之「有」。

與涅槃妙有息息相關的，是「法性」概念。如前文所見，寶亮以「法性」、「眞如法性」爲「神明妙體」的具體內涵，同時指出它們也就是成佛時所要證見的妙果體性。以「法性」爲如來常住果體之旨，寶亮多有敘說：

汝諸比丘今當眞實（至）種種煩惱病之良藥。……寶亮曰：……略出常住體相云：如來法性，眞實不倒也。昔日亦云法性，而是斷滅之教；今日所明常果體，百非所不得，無有亦無無，謂一相無相，不斷不常。如此心緣，豈是顛倒耶？

善男子若有脩習如是二字（至）即是諸佛之法性也。……寶亮曰：

〔註87〕《集解》，頁533a-b、598a、a-b、b-c。

此下第三證佛果之地，以法性爲壽命故，所以長遠也。有人解此滅
相，爲斷滅之滅，謂之不然。何者？下文結句云：即是諸佛之法性
也，豈是斷滅之辭乎！

（〈金剛身品〉釋題）案：……寶亮曰：……如來以法性爲體，無有
無無，百非所不及，絕有相之境也。

善男子佛性者名第一義空。……寶亮曰：……且先出果性。佛果如
如，以法性爲體，無一切相，出百非之表，故名第一義空也。

佛者即是佛性何以故一切諸佛以此爲性。……寶亮曰：第七意，明
解窮達源。若生死頓盡，即名見眞法；以見此眞法故，即名見佛。
大覺現前，無復闇障，即用此眞如法性爲體，成一切種智也。〔註88〕

寶亮以「如來法性，眞實不倒」作爲「常住體相」之內涵，又指出「如來以
法性爲體」、「佛果如如，以法性爲體」、「即用此眞如法性爲體，成一切種智
也」，認爲常住涅槃佛果性之體即是「法性」、「眞如法性」。寶亮很有自覺地
區分出「法性」一詞在用法上的差異，他說：「昔日亦云法性，而是斷滅之教」，
將「法性」理解爲諸法空性，是過去般若中觀的看法；但是「今日所明常果
體，百非所不得，無有亦無無」，「法性」在此乃是指無爲常住、「一相無相，
不斷不常」的果體而言，與昔教不同。既然「諸佛之法性」不是性空，因此
「豈是斷滅之辭乎」！

寶亮將「法性」理解爲常住不變的無爲法果性體，而非性空。具體而言，
即是前文所說以「法性」爲「神明妙體」之思想：

佛者即是佛性何以故一切諸佛以此爲性。……寶亮曰：第七意，明
解窮達源。若生死頓盡，即名見眞法；以見此眞法故，即名見佛。
大覺現前，無復闇障，即用此眞如法性爲體，成一切種智也。若神
明不以此法性爲源，經那得言見十二緣即名見法？若是見生死法，
常住佛果復那得云用此法爲體？若當是生死空，如於昔教，應同灰
身滅智，復不得稱常。常法復無始生義。故知神解用此爲本，直除
滅虛僞，顯出此眞常之旨。〔註89〕

「法性」對寶亮而言，不只是成佛時「一切種智」之涅槃體性而已，它還是

〔註88〕《集解》，頁 401b、419c、421a、544a-b、549a-b。括號内「釋題」等字爲筆者所加。
〔註89〕《集解》，頁 549a-b。

眾生緣慮「神明」內在之不變真體；它即是「神明妙體」，是眾生十二因緣輪迴生死中不變的基礎，也是「神解」、「避苦求樂解正因」的根源。此意前節討論「神明妙體」概念時已詳論，此處不贅。似此，「法性」在寶亮的思想體系中，不只是「果」性涅槃體性而已，他賦予了「法性」存在於「因」性之中的地位。由於「法性」乃是眾生不變的「神明妙體」之內涵，也是一切染淨的根源，它也隨之而具有「真常唯心」思想的意味；此種「法性」概念與後世唯心思想的宗派說法更為相近。這樣看來，寶亮實是中國佛教「法性」概念發展史中重要的人物，其地位與重要性值得再作檢視。

八、因、果佛性的關係

寶亮四種佛性理論的分析已如上述，本節則討論他對於因、果佛性關係的一些說法。由此可以概觀其佛性思想的整體特色。

（一）因果性俱以十二因緣為體

寶亮的注釋之中有此一說：

> 復次善男子眾生起見（至）如是觀智是名佛性。……寶亮曰：……向來明此因果性，即不離十二因緣，使物情識理，不此外覓法。……第二正開重因重果，定因果性，明此因果俱不離十二因緣。
>
> 善男子佛性者有因有因因有果有果果。……寶亮曰：第二意，正定因果性也。明此因果性，即用十二因緣為體也。
>
> 以是義故十二因緣名為佛性（至）佛者名為涅槃。……寶亮曰：第九意，總收結會。明四種佛性，皆不離十二因緣。既言窮此理得成佛，因果佛性豈得離於十二緣？故言十二因緣名為佛性。〔註90〕

此云「因果俱不離十二因緣」、「即用十二因緣為體」、「故言十二因緣名為佛性」，看似是說四種因果佛性，皆統一於「十二因緣」並以之為體，似乎「十二因緣」才是寶亮所要指明的真正佛性。〔註91〕但觀察此文，可知寶亮只是以為四種佛性皆「不離」十二因緣並以之為「體」，在此意義下而說「十二因緣名為佛性」，實則這只是依循經文引申之說，並不是真以「十二因緣」為佛性。此說之真正意涵，觀此文便可知：

〔註90〕《集解》，頁546c-547a、547b、549b-c。
〔註91〕釋彥暉：同注11，頁73。

善男子以是義故十二因緣（至）不來不去非因非果。……寶亮曰：
第三意。上明因果性不離十二因緣。今次出其體相，明十二因緣，
正用此真如法性無相無為為體。若如昔教一向談空，恐聖旨不在。
若一向是空，何須讚歎因緣甚深？故知為顯今教也。〔註92〕

此處先說「因果性不離十二因緣」，再明白地指出「十二因緣，正用此真如
法性無相無為為體」，然則所謂不離十二因緣，事實上要說的乃是四種佛性
皆以「真如法性」為體。如前所見，寶亮將「真如」、「法性」視為「神明妙
體」的同義詞，因此這等於是說四種佛性皆以「神明妙體」為體。引文接著
說「一向談空，恐聖旨不在」云云，也等於間接證實此「真如法性」便是恆
常不變的「神明妙體」。四種佛性皆以「神明妙體」為體，此在前幾節中已
有分析：（1）「正因」「避苦求樂解用」本是神明妙體之「用」；（2）「緣因」
善行觀智亦都是神明妙體之「用」，又此觀智是對「中道」的認識，而「中
道」認識對象即是神明妙體；（3）「果性」菩提以「第一義空」為體，「第一
義空」所認識的也是在生死涅槃不二常存的神明妙體；（4）對「果果性」涅
槃而言，「法性」、「神明妙體」即是其體性。因此，寶亮說「因果俱不離十
二因緣」、「即用十二因緣為體」並不令人意外。重點是，他雖然指出了「神
明妙體」處在因、果佛性之中的共通性，但卻並未直接以此為佛性，也無意
藉此模糊四種佛性之間的界限。如前所述，寶亮的理論系統雖然接近真常唯
心思想，但畢竟不是完全的型態；他嚴格區分因、果佛性，仍然遵守涅槃師
的傳統作法。

（二）涅槃從了因現、非生因果

寶亮雖然以涅槃為「果果」佛性，但一再強調此非由「生因」所生，乃
是「了因」所現：

善男子譬如地下有八味水（至）則便得之涅槃亦爾。……寶亮曰：……
涅槃真體，修善了出，非生因所造，豈無常耶！

善男子汝言因緣故（至）乃得名為大涅槃因。……寶亮曰：更舉第
二問重釋也。向云非莊嚴所成，今云從了因而現，不從生因生也。

非因果故常恒無變。……寶亮曰。……非因非果者：還遣向言。涅
槃名果，萬行是因，物情執言，謂是生因生果，今遣言。涅槃之體，

> 百非所不得，非生因之因，復非生因之果。無名無相，豈是因是果耶！
>
> 善男子涅槃無因而體是果（至）無有因故故稱涅槃。……寶亮曰：體是果者，了因之果也。〔註93〕

《涅槃經》原即主張「大涅槃者，不從作因，而有唯有了因」，這是因爲「涅槃之體非本無今有。……當知涅槃是常住法，非本無今有，是故爲常」。〔註94〕爲此經文提出了「生因」、「了因」的區別：「因有二種：一者生因，二者了因。能生法者是名生因，燈能了物故名了因。」〔註95〕涅槃常住，只能是「了因」所照了，而非「生因」所生。寶亮也主張涅槃「非生因所造」、「從了因而現，不從生因生也」、「非生因之果」而是「了因之果」，因爲涅槃「無名無相」，本是無生滅的無爲法，不屬於因緣條件的範疇；此與經文所言並無二致。既是如此，「正因」、「緣因」作爲因佛性，便只能是涅槃「了因」而非「生因」：

> 佛言善男子汝今所說（至）何故名因以了因故。……寶亮曰：當知涅槃之體，畢竟無因。……「了因故」者，非但緣因是了因，正因亦是了因。何者？若眾生無厭求樂心者，一念善不能作也，由有此解故，可得熟果。是故正因亦遠爲佛作了因也。〔註96〕

「緣因是了因，正因亦是了因」，可知二種因性在理論上皆屬於「了因」範疇。但事實上，在《集解》中可以看到「寶亮曰：戒是有爲，從聽法而生，爲生因」、「寶亮曰：六度取菩提義力強，故名爲生因」的說法，〔註97〕似與此矛盾。這是因爲此處經文原來即說：「復有生因，謂六波羅蜜阿耨多羅三藐三菩提。復有了因，謂佛性阿耨多羅三藐三菩提。復有了因，謂六波羅蜜佛性。復有生因，謂首楞嚴三昧阿耨多羅三藐三菩提。復有了因，謂八正道阿耨多羅三藐三菩提。復有生因，所謂信心六波羅蜜。」〔註98〕經文原意頗難推知。爲解決此一問題，寶亮在此對「生因」、「了因」另作新的界定：

> 善男子因有二種（至）地水糞等是名了因。……寶亮曰：泛明一切

〔註93〕《集解》，頁522a、同前、548b、553c。
〔註94〕〈光明遍照高貴德王菩薩品十之一〉，頁492c、491c-492a。
〔註95〕〈師子吼菩薩品十一之二〉，頁530a。
〔註96〕《集解》，頁553c-554a。
〔註97〕《集解》，頁553b、554a。
〔註98〕〈師子吼菩薩品十一之二〉，頁530a。

緣正二因義，但使於果力強，便是生因，弱者屬了因也。〔註99〕
凡是「使於果力強，便是生因，弱者屬了因」，以力之強弱作爲「生因」、「了
因」之別；這是隨順經文的特殊情形，但依原定義則二因仍屬「了因」而非
「生因」。前此的涅槃師也有相同的處理方式，如僧亮云「出世無爲，無爲無
起因，無所生名了因。有近遠，近則名生因」；僧宗云「通而言之，唯是了因。
以拜果義強，爲生因也」。〔註100〕寶亮的看法是與僧亮、僧宗一致的。

（三）佛性之本有與當有義

寶亮既然主張眾生已有不變之「神明妙體」，則主張「本有」似乎是理所
當然的。他說：

> 〈敘本有〉第三。案：……寶亮敘曰：辨生死，以八苦爲本；明涅
> 槃，以常樂爲源。妙質恒而不動，用常改而不毀。無名無相，百非
> 不辨。今涅槃之旨，就用而得稱也。若談眞俗，兩體本同，用不相
> 乖。而闇去俗盡，僞謝眞彰，朗然爲佛也。

> 善男子譬如地下有八味水（至）則便得之涅槃亦爾。……寶亮曰：
> 地下之水，人不知故，謂之爲無。穿掘必見，豈謂始有！涅槃眞體，
> 修善了出，非生因所造，豈無常耶！〔註101〕

《集解》編者針對諸涅槃師〈序〉文要義分類整理，〈敘本有〉即是其中一目。
寶亮之序文被認爲主張「本有」義，觀察其內容，可知他所說「本有」確實
是指生死涅槃之中「妙質恒而不動」的「神明妙體」而言。眾生本具的「神
明妙體」即是涅槃所證之法性，因此說涅槃眞體「豈謂始有」自是合理的論
斷。但我們知道，寶亮其實並不認爲「神明妙體」是佛性，因此說「神明妙
體」本有則可，若說他主張佛性本有則恐有疑義。事實上，寶亮在注釋中反
而強調佛性「當有」之義：

> 善男子如汝所言（至）即墮三趣故名一闡提。……寶亮曰：……一
> 闡提實無果性。若使有緣因之善，可遮己不入地獄；即既無緣因善，
> 云何得遮耶！登即引譬，明凡夫愚癡，無有智慧，聞佛說眾生身有
> 佛性，謂言此五陰身，即時已有一切種智、十力、無畏，不假脩行，
> 臥地自成。……然眾生之身，即時乃有正因。要應積德修道，滅無

〔註99〕《集解》，頁554a。
〔註100〕《集解》，頁597b、554a。
〔註101〕《集解》，頁381a、522a。

－393－

明障，闇黑都盡，佛性方顯，緣具之時，爾乃有用。其事如箜篌，要須眾緣具，故聲方出耳。

師子吼菩薩言世尊（至）說言佛性非內非外。……寶亮曰：第四翻觀因中無果。……內者正因，外者緣因。……明此二因之中，都無有果，故言非內非外。因中雖無有果，非無緣正二因，此二因未來必得佛果。……不言乳中已有酪也，但有因，故言有。明眾生佛性亦然，非即身中已有一切種智；亦有因，故言有眾生佛性。……豈得言眾生有此法性為體，使即時有果，如外道所計生因生果耶？

善男子一切世間無非虛空（至）離四陰已無有虛空。……寶亮曰：……「為非佛性」者：眾生所以不見佛性，良由有煩惱業報，假依果而資身。佛既斷業報盡，無復所須，則窮鑒佛性之理，明闇障之義。傾今對治此業報盡，故名佛性也。〔註102〕

一切凡夫，包括一闡提，都只有因性而沒有果性。「說眾生身有佛性」並不是說已經具有「一切種智、十力、無畏」等佛「果」體性，而是指眾生「即時乃有正因」，因此積德修道必成佛果。依據因、果性的基本區分，而說眾生本有正因、始有果性，這是理所當然的。但是，寶亮並不因為眾生已有「正因」而說佛性「本有」，反而特別強調眾生未具「果性」是故佛性「始有」；因為他一如其他涅槃師，順從《涅槃經》的觀點而認定佛果體性才是「佛性」一詞的根本意義。我們看到，他說「積德修道，滅無明障，闇黑都盡，佛性方顯，緣具之時，爾乃有用」，在此「佛性」顯然是專指果佛性，但寶亮在不加區別的情形下便直接如此使用，顯示在他心中「佛性」本就是果性。又云「傾今對治此業報盡，故名佛性也」，這是以斷盡業報為佛性，顯然也是直接以佛性指稱果性。正因為他將「佛性」的原意理解為「果佛性」，因此才說「明眾生佛性亦然，非即身中已有一切種智；亦有因，故言有眾生佛性」，眾生有佛性只是說眾生已有佛性之因，佛性終究還是未來「當有」的。他一再強調：

善男子如汝所說若乳無酪（至）不訟彼缺名質直心。……寶亮曰：……今明萬法從緣，無有自性，若緣會則有，未會便無，豈容因中已有果！若已有果，何須眾緣？以無性故，故得成佛也。

善男子譬如有人家有乳酪（至）一切眾生悉有佛性。……寶亮曰：……

〔註102〕《集解》，頁 539c、554c-555a、598b-c。

來明未來有義。現在時中，無有當果，故言有非己有之有也。

善男子雪山有草名爲忍辱（至）不可説言無佛性也。……寶亮曰：……明佛性亦然，未來必有也。

善男子世間答難凡有三種（至）有佛性以當見故。……寶亮曰：用轉答以釋難。明因中説果故言有，非己有言有也。

善男子汝言眾生悉有佛性（至）不修聖道故不得見。……寶亮曰：答第二難。石能吸鐵，若緣不具，則不能也。眾生亦爾，雖有佛性，若不修道，則不得也。……雖不見水，當知必有；因果性雖難知，未來必有也。

善男子譬如虛空於諸眾生（至）以定得故言一切有。……寶亮曰：此下第三歷正因性也。……以得佛故，言眾生悉有耳。

善男子眾生佛性非有非無（至）眾生佛性非有非無。……寶亮曰：……然佛性雖有，而是當有之有，不同外道所計之有也。又不同菟角之無，菟角必不生，佛性是可生，豈得同此之永無之無也！〔註103〕

在這些文字中，寶亮很清楚地指出佛性「未來有」、「未來必有」，因此「佛性雖有，而是當有之有」、「有非己有之有」、「非已有言有」。眾生悉有佛性乃是未來之事，寶亮甚至說「以無性故，故得成佛也」，認爲現在眾生並無佛性。顯然「佛性」被寶亮視爲專指果佛性，正是在此意義下他主張佛性「當有」。他更對「本有」之説提出批評：

佛告善男子過去名有（至）悉有佛性實不虛妄。……寶亮曰。……因果時異，豈得因中有果耶！是以一家作義，每依經推理。往往見人多作因中有果之責，經有誠文，殆不假釋。前〈佛性品〉中已云：毒身之中，有妙藥王；所謂佛性，非是作法。此亦不言佛非作法。若言佛亦非作法者，則眾生身中已有於果也。〔註104〕

寶亮的看法是：本有之説犯了「因中有果」的謬誤，此是經文已一再駁斥的。所謂「往往見人多作因中有果之責」，不知確指誰？或許是指法瑤亦未可知。如前所見，法瑤似是涅槃師中唯一未區別因、果性而主張佛性本有者。從《集解》來看，僧亮、僧宗等人都與寶亮一樣持佛性「當有」説，此是涅槃學的

〔註103〕《集解》，頁 539c-540a、550a、551b、556c、569c、570a、588b-c。
〔註104〕《集解》，頁 556c。

主流，雖說他們的佛性理論在某種意義上也具有本有義的成分。這是與後世佛性思想不同之處。

（四）因、果佛性相續之義

前文曾論及寶亮的三種中道之說，其中有「相續中道」一項：

> 善男子汝亦應當堅持憶念（至）說我無我無有二相。……寶亮曰。
> 第三重明作善業也，就行人而辨相續中道也。此我無我不異上釋。
> 然上之所明，據空無異邊也；今於此中，談其相續邊也。……相續
> 義者，故如因成假義。……今相續亦如此，直一亦不相續，若直異，
> 亦不相續。要是前法謝、後法起，補此曾有之處，假名中道相續語
> 故。從因至果，喻如五味之相續也。〔註105〕

他說「從因至果，喻如五味之相續」；所謂相續，則是指「前法謝、後法起，補此曾有之處」的「假名中道相續」關係。必須強調，這是「就行人而辨相續中道」，是專就修行者的角度而立論的。我們記得，寶亮主張有常恆不變的「神明妙體」，它作為「神明」之真諦「就真為論，則常用而不朽。此亦不關相續之常也」，〔註106〕其常存並不是生滅法中的相續常。「相續中道」的說法只針對生死輪迴之眾生而言，此須辨明。在此意義下，寶亮認為眾生處在俗諦有為法中之「正因」、「緣因」都有因、果相續之義。首先是「正因」所屬之緣慮「神明」：

> 師子吼言世尊眾生五陰（至）誰有受教修集道者。……寶亮曰：……
> 第一明眾生神識，雖念念滅，得有修道之義。
>
> 佛言善男子如燈雖念念滅（至）亦能增長樹林草木。……寶亮曰：
> 先遣初意也。明一神解，雖念念生滅，要冥相資，故得有用也。
>
> 善男子汝言念念滅（至）則能破壞一切煩惱。……寶亮曰：……意
> 明心是知解之性，雖改代不常，要相續不斷，理數目增進也。〔註107〕

前節曾引此文，以說明寶亮所言之「神明」即「心」，即是念念生滅、相續不斷的緣慮心識。此「神明」緣慮心有念念相續之義，眾生的輪迴事實上即是此相續的過程。寶亮認為它「雖念念滅，得有修道之義」，眾生修道之功也即建立在此相續之上。我們知道，寶亮認為「正因」乃是俗諦中「避苦求樂之

〔註105〕《集解》，頁461a。
〔註106〕《集解》，頁489c。
〔註107〕《集解》，頁560a-b、b-c、c。

解用」，是「神明」緣慮心中追求解脫的部分功能。既然眾生「神明」相續不斷，因而有修道之義，則屬於「神明」所攝之「正因」當然也是念念相續不斷的。其次，「緣因」既然與「正因」同屬「神慮之道」，自然也不例外：

> （〈德王品〉釋題）寶亮曰：……金剛心是因中之極，涅槃是果中之極。自一念以上，通一切行，盡是涅槃之因。雖然金剛已還，亦得具有因果之義，但未測起善之久近。要取前一念爲因，能資生後念；後念善得生，必由前念善爲因。如是前後念相續者，至佛果有即因即果義。若捉後念而望前念是因，捉前念而望後念是果，是則五行據因，十功德據果也。

> 迦葉菩薩白佛言世尊（至）何時當能還生善根。……寶亮曰：大段之第五，明還生善也。眾生雖復斷於善根，而於受苦之中，得厭苦心發故，還生善根，相續不斷，以至佛也。〔註108〕

未成佛時「一念以上，通一切行，盡是涅槃之因」；如前所見，善念善行即是「緣因」之義。此云「前一念爲因，能資生後念；後念善得生，必由前念善爲因。如是前後念相續者，至佛果有即因即果義」、「捉後念而望前念是因，捉前念而望後念是果」，可知善念彼此之間即是前後相生相續而因果不斷的。每一念皆是前念因之果，又是後念果之因，故說「有即因即果義」；這也就是前文中寶亮說「緣因性有即因即果義也」的另一原因。〔註109〕引文又云「還生善根，相續不斷，以至佛也」，這也是說「緣因」善念能夠相續不斷以至於佛。由此觀之，寶亮在主張「神明妙體」不變常存之外，也主張「神明」以及「正因」、「緣因」的念念相續不斷；如果說前者已有真常唯心思想的意味，後者便顯示出寶亮仍然受到了涅槃師傳統看法的影響。這是佛性理論仍處於過渡型態的一個表現。

（五）我與無我之義

「三種中道」中的「斷常有無中道」一項，涉及我、無我問題：

> 我今當更善爲汝說入如來藏。……寶亮曰：……辯三種中道，正明作善業義也。第一明理（離）斷常有無中道，……初二句者：若計身有神我，即是常見，明如此之人，終不離於苦也。或復有言，佛亦同有神我之我，此第一句也。無我者，若謂此身乃至濫佛，盡是

〔註108〕《集解》，頁 515a、584a。括號內「釋題」等字爲筆者所加。
〔註109〕《集解》，頁 548b。

斷滅者，既俱是空法，雖行淨行，何所獲耶！〔註110〕

寶亮認為：若說眾生「身有神我」，此即常見；若說無我以至「濫佛」，則成斷見。離此二見方是中道正觀，此意前已論及。但必須注意的是：依寶亮此意，顯然眾生「無我」，但無我論斷之效力僅及於眾生身而不及於佛，佛乃是「有我」者。如此，則眾生與佛，或說成佛之「因」、「果」階段之間，便有「無我」、有「我」之異。寶亮說：

> 我與無我性無有二（至）汝應如是受持頂戴。……寶亮曰：就昔教之時，不作我、無我，若就今教故不俟言也。我者，據佛果；無我者，據生死。論實相之中，則無別也。

> 善男子有諸眾生生於斷見（至）善惡果報實有受者。……寶亮曰：破彼斷見，說有相續，假名我用，而謬執之徒，便言有神也。若聞破無神我教，便謂八自在亦無也。以兩執各異，所以成諍。若中道而言，善見王者，即我身是，為斷見人說耳；言無我者，為計神我故說也，非無八自在我也。是故得言有亦無也。〔註111〕

此云為破除眾生斷見故「說有相續，假名我用」，凡夫不解而誤以為有神我；為破除有我之謬誤而說「無神我」，凡夫卻又誤以為佛果所證之「八自在亦無」。下文既云「言無我者，為計神我故說也，非無八自在我也」，顯然因位之眾生「無我」，而果地之佛卻有「我」，此我即是指「八自在我」。寶亮說「我者，據佛果；無我者，據生死」，更是清楚地說明了生死中眾生無我、而佛果有我的立場。如前所述，僧亮、僧宗也都有類似的「無我」、「有我」之說，寶亮之說顯然即是涅槃師的一般觀點；而此種以「八自在我」為「我」之主張自有其淵源，前章對此已有論及。不過寶亮的想法則較僧宗等人更進一層：他說眾生與佛雖然「無我」、「有我」不同，但「論實相之中，則無別也」。正如前所言，寶亮以「神明妙體」、為生死涅槃中不變之實體，「法性」、「中道」、「真如」、「第一義空」、「實相」等俱是對此妙體之形容；現在說「無我」、「有我」在「實相之中，則無別」，這顯然是說：眾生的生死無我與佛之涅槃八自在我，同樣以「神明妙體」為其體，因此可言二者無別。這是寶亮「神明妙體」概念的又一應用，對於涅槃師們「有我、無我」的理論，又帶入了新的成分。

〔註110〕《集解》，頁458c-459a。依校記，「理」字甲本作「離」。
〔註111〕《集解》，頁461a、577a。

九、小　結

　　經由上文的分析討論，我們可以發現，寶亮的佛性理論具有相當嚴密的結構，學者們稱許他爲竺道生之後涅槃宗最重要的思想家，誠非過譽之言。他理論中的諸多命題之間所以能彼此呼應而緊密連結，關鍵便在於「神明妙體」這一概念的提出。由《勝鬘經》啓發而來的「神明妙體」概念，被他視爲是由眾生至佛之間永恆不變的眞正「實體」，眾生的輪迴生死、作業受報以它爲存在根源，眾生的除迷解脫也以此爲基礎，它正是一切染淨存在的根源。寶亮也將此一「神明妙體」說爲四種佛性之間共通的體性：「正因」即「避苦求樂解用」乃是它之「用」；「緣因」即善行與觀智同樣是此妙體之「用」，觀智更以它爲對象；「果性」的「第一義空」、「中道解」由體識神明妙體而得；「果果性」大涅槃即以神明妙體、法性眞如爲其內涵。以此，寶亮不但能對自己的理論作出一以貫之而有條理的說明，對於佛性思想的豐富與發展更有突出的貢獻。

　　就此觀之，說他是涅槃宗的集大成者，恐怕尙不足以說明他的地位。如前所見，初期涅槃學的義理深受《涅槃經》、《成實論》的影響，完全排斥眾生具有「實體」的想法。如僧亮、僧宗、僧柔等人，都只就「生滅相續」的角度來說明正因佛性；他們並不認爲眾生之中已有不變的成佛體性，也不認爲眾生的生死輪迴需要由不變的「實體」來保證。寶亮「神明妙體」概念的提出，是佛性思想走向「實體」化的重要發展，就此而言，他絕不只是集大成者而已，更代表著佛性思想發展的關鍵轉變。我們也看到，他的系統也還不是完全的眞常唯心型態，「神明妙體」仍然不被賦予「佛性」的地位，「正因」、「緣因」仍然只是緣慮心識中的作用；而「神明」與「心」作爲相續不斷的緣慮心識，更被他認爲是修道解脫工夫之所寄。在這些地方都還有著初期涅槃學影響的痕跡。也因爲如此，他的理論表現出佛性思想發展的過渡性，而更值得重視。

　　就「佛性」思想與「神不滅」課題的關係而言，寶亮學說的出現也標誌著二者關連性的新發展。「神明妙體」作爲眾生輪迴中不變的「實體」，不但是生死現象的根源，更擔負起對儲存業報的任務，它的實體性格無疑是十分強烈的。這與之前的涅槃學者只就「生滅相續」、「質料因」的角度談論正因佛性，並由此說明生死輪迴，在方向上全然不同。雖然此一觀點未必受到所有涅槃師的贊同，但他確實造成了重大的影響。梁武帝在〈立神明成佛義記〉中所呈現出的成熟一元唯心理論，即是寶亮學說影響下的產物。就在彼處，「神滅」、「神不滅」的論爭終於止息，而佛性學說的發展更向眞常唯心理論邁進一大步。

第二節　其他心爲正因說

一、心之冥傳不朽爲正因：法安

屬於「以心爲正因」者，另有「冥傳不朽」說。本說的倡議者，是南齊・中寺法安（454-498）。據《高僧傳》記載，法安年十八時便講佛性義，「永明中還都，止中寺。講《涅槃》、《維摩》、《十地》、《成實論》，相繼不絕」，並作有「《淨名》、《十地》義疏，并《僧傳》五卷」。〔註112〕其學問取向可見一斑。

今《大般涅槃經集解》中尚保存了法安的〈經題序〉及部分注釋。可惜的是，這些片斷多與佛性思想較無直接關係。欲知其佛性學說，只能借助後人的記載：

> 第五、中寺小安法師云：心上有冥轉不朽之義，爲正因體。此意神識有冥傳用，如心有異變相。至佛（此疑有脫文）。亦簡異木石等。一其日（此三字不詳）而已。亦出二諦也。（均正《大乘四論玄義》）

> 第四師以冥傳不朽爲正因佛性。此釋異前以心爲正因。何者？今直明神識有冥傳不朽之性，說此用爲正因耳。（吉藏《大乘玄論》）〔註113〕

二者記載相同。依均正，法安主張「心上有冥轉不朽之義，爲正因體」，又進一步解釋「此意神識有冥傳用，如心有異變相」；可知對法安而言，「心」即是「神識」，而心之「冥轉不朽」也就是神識的「冥傳用」，「冥轉」、「冥傳」蓋只是傳寫之誤。由此可知，則法安是取「心」或「神識」的某一部分特質——「冥轉不朽」作爲正因。吉藏將此說劃屬「以心爲正因」一類，但又特別指出此說與「前以心爲正因」不同，乃是以「冥傳不朽爲正因佛性」，特別是指以「神識有冥傳不朽之性」之「用」爲正因。由此可知，「冥傳不朽」也是指「心」的某一面作用，而「心」也即是「神識」，此與均正所述相合。

可以發現，法安將「心」等同於「神識」，此一說法似乎與同時稍早的僧宗（438-496）以「神明」說緣慮之「心」的主張類似。據《高僧傳》，二人都與曇斌有學問上的關係，不知他們是否互相影響？〔註114〕由引文推測，法安所說的「心」或「神識」，似乎也是指人之精神思慮作用之「緣慮心」，只不過他特

〔註112〕《高僧傳・法安傳》，同注5，頁328-329。
〔註113〕《大乘四論玄義》，同注2，頁46d；《大乘玄論》，同注1，頁35c。
〔註114〕《高僧傳・僧宗傳》，同注5，頁327-328；〈法安傳〉，頁328-329。

別專以此「心」之「冥傳不朽」的特性爲正因性。如前所述,《涅槃經》本以相續不斷的眾生作爲成佛之正因,但又特別強調「心」相續不斷的重要性:

> 眾生亦爾,悉皆有心。凡有心者,定當得成阿耨多羅三藐三菩提。以是義故,我常宣說一切眾生悉有佛性。

> 「眾生五陰空無所有,誰有受教修習道者?」……「一切眾生,皆有念心、慧心、發心、勤精進心、信心、定心。如是等法雖念念生滅,猶故相似相續不斷,故名修道。……汝言念念滅云何增長者,心不斷故,名爲增長。」〔註115〕

此一念念生滅、相似相續之「心」是生死輪迴中的「受教修習道者」。前述智藏以「心」爲正因、僧宗以「神明」爲正因,皆以此爲根據;而法安的學說同樣亦不例外。比較起來,法安只特別強調此「心」或「神識」的「冥傳不朽」方面,並以此爲正因,與僧宗、智藏等人直接以「心」、「神明」之全體爲正因有所不同;但他著重「心」的「冥傳不朽」,也就是心在生死輪迴中傳遞不壞的特質,與經文原來宣說「心」念念生滅、相續不斷的看法仍然相通。顯然法安以「心上有冥轉不朽之義」爲正因,理由同樣在於「冥傳不朽」相續不斷,是眾生相續成佛的基礎。這與其他涅槃師的看法是基本一致的。

不過,究竟法安是在何種意義上說心或神識「冥傳不朽」?如果他的想法與《涅槃經》原意相同,則「冥傳不朽」就是指精神心識,亦即緣慮心的念念生滅、相續不斷;如此則「冥傳不朽」並不是「心」的某種獨立特質,而只是對此心自身相續作用的描述之辭而已。此一解釋雖然合理,但法安所說「心上有冥轉不朽之義,爲正因體。此意神識有冥傳用,如心有異變相」之語仍有作不同詮釋的可能:如前所分析,此處「心」即「神識」,心之「冥傳不朽」即神識之「冥傳用」;問題在於「如心有異變相」應如何理解。如果我們將「心」解釋爲緣慮心,「冥轉不朽」解釋爲此心之念念相續,則此念念生滅心之「相似相續不斷」可以說本就是「心有異變相」的一種表現。但湯用彤則認爲:此「冥傳之用」與「異變相」二者乃是心的兩個不同方面。〔註116〕若是如此,則法安所謂「冥傳不朽」便不屬於心之種種「異變相」,而可能是「心」的某種獨立、恆常不變的特質;如此一來,具有此種恆常「冥傳不朽」特質之「心」,多少便具有眞常思想的意味。

〔註115〕〈師子吼菩薩品十一之一〉、〈十一之三〉,頁 524c、537a-b。
〔註116〕湯用彤:同注9,頁 507。

這兩種解釋何者爲是？由上下文意判斷，似乎前說較爲可能，但後說似也不無道理。均正在介紹諸家正因學說後，亦對各說提出批判。其中提到：

> 第五、小安法師云：即心有冥傳不朽之用爲正因故，眞如性爲正因體。又云同招提義也。（均正《大乘四論玄義》）〔註117〕

此處不但說法安以「心有冥傳不朽之用爲正因」，還指出此是以「眞如性爲正因體」。所謂「眞如性」的意涵雖無法確定，但無論如何，法安似乎認爲在「心」內的某一部分有被稱爲「眞如性」的存在，其特質在於「冥傳不朽」。看來「眞如性」確實有可能是某種「心」恆常不變的性質，「冥傳不朽」也許不只是念念生滅的相續不斷而已。又，此處亦提到法安之說「又云同招提義也」；依坂本幸男之見，此「招提」可能是指均正前面提到的「招提白琰公」，也就是慧琰。〔註118〕如前所言，慧琰是持僧旻之說而主張「眾生爲正因」的。「眾生正因說」的思想，也強調眾生「心識」在生死流轉中相續不斷而心獲湛然。此處說法安的學說與慧琰義同，可知他佛性理論的根本重心也還是《涅槃經》中「心」相續不斷的主張；只是法安在「相續」問題的理論建構上可能另有所見，「眞如性」、「冥傳不朽」之說即是他的創見。可惜今日已無法確知其詳細內容。寶亮的「神明妙體」之說，或許即與此說在旨趣上相似。

法安主張「心上有冥轉不朽之義，爲正因體」的理論，既然強調「心」的「冥傳不朽」，也就是在生死輪迴中相續不壞的特性，因此本來就具有十分強烈的「神不滅」意味。〔註119〕但在此必須指出的是，《涅槃經》本來就有「心」念念生滅、相續不斷的說法，法安的佛性說根本上仍是以此爲基礎。因此，說此一「佛性說」乃是受到「神不滅」思想影響的產物，並不正確。相反地，是因爲《涅槃經》本身具有這樣的思想因子，涅槃師們才能據此建構出各種「佛性」理論，並且進一步影響了「神不滅」思想的發展方向。我們已看到了許多涅槃師的例子，法安的情形也不例外。

二、心之避苦求樂之性爲正因：法雲

屬於「以心爲正因」一類的佛性理論，尚有法雲之「避苦求樂之性」之

〔註117〕《大乘四論玄義》，同注2，頁47d。

〔註118〕坂本幸男：〈六朝に於ける佛性觀〉，《文化》21：6（1957年），頁120。

〔註119〕湯用彤：同注9，頁507-508；Liu Ming-Wood，同注11，頁28。他們都認爲法安佛性說實際上就是神不滅論，並與梁武帝之說十分類似。

説。光宅寺法雲（467-529）與僧旻、智藏並爲「梁代三大法師之一」。據《續高僧傳》所載，法雲「爲僧成、玄趣、寶亮弟子」，又云：「大昌僧宗、莊嚴僧達，甚相稱讚。寶亮每曰：『我之神明殊不及也，方將必當棟梁大法矣。』齊永明中，僧柔東歸，於道林寺發講。雲諮決累日，詞旨激揚，眾所歎異。年小坐遠，聲聞難敍，命置小床處之於前，共盡往復。由是顯名。」〔註120〕可見法雲不僅穎悟過人，且與僧柔、僧宗等著名涅槃師皆關係匪淺。作爲寶亮的弟子，受到其師的思想啓發自是不在話下，其他涅槃師應該也對他思想的形成有所影響。

　　入梁之後，法雲亦極受梁武帝禮遇，「尋又下詔禮爲家僧，資給優厚，勅爲光宅寺主，創立僧制，雅爲後則」。〔註121〕當時正遇范縝（約 450-510）的〈神滅論〉所引發的形神論爭事件。梁武帝親自寫了〈敕答臣下神滅論〉對范縝提出反駁，並要求臣下表態。法雲也受命回應，並邀集王公朝貴一起回應武帝的號召，其成果即是梁・僧祐（444-518）《弘明集》中所見〈與王公朝貴書──并六十二人答〉一文。〔註122〕唐・道宣（596-667）《續高僧傳》對此事記載如下：

> 中書郎順陽范軫（縝），著〈神滅論〉。群僚未詳其理，先以奏聞。有勅令雲答之，以宣示臣下。雲乃遍與朝士書論之，文采雖異而理義倫通。又與少傅沈約書曰：「主上令答〈神滅論〉，今遣相呈。夫神妙寂寥，可知而不可説。義經丘而未曉，理涉旦而猶昏。至人凝照有本，襲道赴機，垂審臣下，旨訓周密。孝享之祀既彰，絫懷曾史之慕；三世之言復闡，紆綴波崙之情。預非草木，誰不歔欷！同把風猷，共加弘贊也。」約答曰：「神本不滅，深所伏膺，神滅之談，良用駭惕。近約法師殿内亦蒙勅答一本。歡受頂戴，尋覽忘疲，豈徒伏斯外道，可以永離眾魔。孔釋兼弘，於是乎在。實不刊之弘旨，百代之舟航。弟子亦即彼論，微厝疑黻。比展具以呈也。」〔註123〕

文中法雲之語，即《弘明集》所收〈與王公朝貴書〉一文；沈約答語亦見於

〔註120〕《續高僧傳・法雲傳》，同注 25，頁 463c。

〔註121〕同注 120，頁 464b。

〔註122〕梁武帝：〈敕答臣下神滅論〉、梁・法雲：〈與王公朝貴書──并六十二人答〉，梁・僧祐：《弘明集》（臺北，新文豐出版公司影印金陵刻經處本，1986 年）卷 10，頁 447-507。

〔註123〕同注 120，頁 464b。

〈六十二人答〉之中。依《弘明集》，法雲此文本是遍以朝士爲對象的公開信，但《續高僧傳》先提及「勅令雲答之，以宣示臣下。雲乃遍與朝士書論之，文采雖異而理義倫通」，後才敘及「又與少傅沈約書」云云，似乎法雲回應〈神滅論〉並遍與朝士者別有一文，並非現今所見〈與王公朝貴書〉之內容，而現存〈與王公朝貴書〉反而是一封給沈約的私函。或許因爲如此，有學者以爲梁武帝「勅令雲答之，以宣示臣下」的當即是「遍與朝士書論之」的這另外一篇文字，並且推論這篇文字很可能就是梁武帝的〈立神明成佛義記〉，法雲則是梁武帝此文的代筆人。〔註124〕但筆者認爲道宣《續高僧傳》所言應不可全然採信。首先，《弘明集》的作者僧祐親身經歷過這一場論爭，他將法雲此書稱爲〈與王公朝貴書〉，將沈約與其他朝貴的回應文合編爲〈六十二人答〉附之於法雲原文之後，必有依據。倘若法雲此文只以沈約爲對象，而另有與王公朝臣之文，僧祐斷無如此處置之理。其次，法雲此文實是隨附於梁武帝〈勅答臣下神滅論〉而轉寄諸王公大臣之書信，文中云「至人凝照有本，襲道赴機，垂審臣下，旨訓周密。孝享之祀既彰，桀懷曾史之慕；三世之言復闡，紂綴波崙之情」，顯然即是指〈勅答臣下神滅論〉及其文中所說「觀三聖設教，皆云不滅，其文浩博，難可具載。止舉二事，試以爲言。〈祭義〉云：唯孝子爲能饗親。〈禮運〉云：三日齋，必見所祭」而言。〔註125〕道宣沒有提到此一關鍵，顯然他的記錄是不完全的。沈約的回信說「歡受頂戴，尋覽忘疲，豈徒伏斯外道，可以永離眾魔。孔釋兼弘，於是乎在。實不刊之弘旨，百代之舟航」，所指的便是梁武帝之文；其他朝臣的回應中多有此類歌功頌德之語，當然也只能是對梁武帝御制文而發。由此觀之，沈約與其他朝臣的回應皆同爲梁武帝〈勅答臣下神滅論〉一文而發，並非先後的兩個事件；此與僧祐的編排情形一致，而與道宣的記載不合。可知應該以僧祐《弘明集》所述較爲可信。換言之，爲了回應梁武帝〈勅答臣下神滅論〉，法雲只曾作〈與王公朝貴書〉一文遍與諸大臣，其實並無另一篇文字存在。這樣看來，推論法雲爲〈立神明成佛義記〉代筆人的事實基礎並不存在。更重要的是，就佛性思想的型態來看法雲與〈立神明成佛義記〉亦不相同，此由下文及後章的分析可知。

〔註124〕牧田諦亮編：《弘明集研究·譯注篇下》（京都，京都大學人文科學研究所，1975 年），頁 553。

〔註125〕梁武帝：〈勅答臣下神滅論〉，同注 122，頁 447-448。

　　吉藏曾云「光宅《法華》當時獨步」，〔註126〕他在佛學上的最大成就，亦應首推其《法華經義記》，此書對後世《法華經》研究影響甚大。另在隋·吉藏、灌頂等人的著作中，亦多述及法雲對《涅槃經》的細部解釋意見。但這些材料似乎與佛性理論較不相關，故以下只就後人述及其佛性思想的資料進行討論。

　　元曉（617-686）指出：

　　　第三師云：衆生之心異乎木石，必有厭苦求樂之性。由有此性，故修萬行，終歸無上菩提樂果。故說心性爲正因體。如下文言「一切衆生悉皆有心，凡有心者必當得成阿耨菩提」，《夫人經》言「若無如來藏，下（不）得厭苦樂求涅槃」故。此是光宅雲法師義也。（元曉《涅槃宗要》）〔註127〕

據此，則法雲主張「衆生之心異乎木石，必有厭苦求樂之性」，此「性」是衆生得以修行得證佛果之根據，「故說心性爲正因體」。如前所見，寶亮本即主張「避苦求樂解用」爲正因；法雲作爲寶亮弟子，其正因學說顯然亦與其師有相似之處，可能即是直接受到寶亮影響。唯此處元曉的記載雖然指出法雲理論的特色，但仍有一些不清楚之處。此處既然先云「衆生之心異乎木石」，再云「必有厭苦求樂之性」，則異於木石之「心」與厭苦求樂之「性」似乎有所不同，此「性」應該只是「心」中之某一面向或特質；既說「由有此性，故修萬行」云云，則法雲之意應該是以此「性」爲正因；但下文卻說「心性爲正因體」，似乎又對「心」、「性」不作區別。問題是，究竟法雲是以異乎木石之「心」爲正因，抑或是以此「心」上之厭苦求樂「性」爲正因？而此問題又與「心」之具體意義爲何有關：究竟「心」是《涅槃經》中「一切衆生悉皆有心」之念念相續之緣慮心，還是《勝鬘經》（即《夫人經》）中所說的如來藏心？均正則說：

　　　第六、光宅雲法師云：心有避苦求樂性義，爲正因體。如解皆或（背惑）之性，向菩提性，亦簡異木石等無性也。故《夫人經》云：「衆生若不厭苦，則不求涅槃義。」釋云：以此心有皆（背）生死之性，爲衆生之善本，故所以爲正因。亦是出二諦外。又于時用師亮師義云：心有眞如性爲正體也。（均正《大乘四論玄義》）〔註128〕

〔註126〕隋·吉藏：《法華玄論》，《大正藏》卷34，頁363c。
〔註127〕新羅·元曉：《涅槃宗要》，《大正藏》卷38，頁249a。
〔註128〕《大乘四論玄義》，同注2，頁46d。

此云「心有避苦求樂性義」，區分「心」與避苦求樂之「性」，與元曉所言不異。下文進一步解釋云「如解背惑之性，向菩提性，亦簡異木石等無性也」，將避苦求樂之「性」說爲眾生去迷向悟的關鍵，也與前文所言相合。但就均正記載中所說「心有避苦求樂性義，爲正因體」、「此心有背生死之性，爲眾生之善本，故所以爲正因」之語來看，同樣也很難判定究竟法雲是以「心」爲正因，還是以「避苦求樂性義」、「背生死之性」爲正因。如果再考慮元曉、均正對於「正因體」、「正因」二詞的使用是否有別，則問題便更爲複雜。此處又言法雲「于時用師亮師義云：心有眞如性爲正體也」，這是指他有時亦使用其師寶亮之說法，「心有眞如性爲正體」即是指寶亮主張「神明妙體」爲緣慮之「心」內在眞體之主張；然則同樣以「避苦求樂」爲正因佛性的內容，寶亮、法雲師徒之間在佛性理論上的差異何在也是一個待解的問題。

對此問題，湯用彤根據上述引文所提出的解釋是：法雲其實是以心性爲正因體，而厭苦求樂則爲心性之用。他並且認爲寶亮、法雲同以神明之體爲正因佛性，而又謂其有避苦求樂之用。〔註 129〕換言之，師徒之間佛性思想其實是一致的。但是，（1）根據前節的分析，我們已經確定寶亮並不是以「神明妙體」爲正因，而是以此體在緣慮心識中之「避苦求樂之用」爲正因；對寶亮而言「心」只是念念生滅的緣慮心識，「正因」只是此心識之一部分功能。如果師徒思想一致，那麼，法雲所言「眾生之心異乎木石」的「心」是否也是指緣慮心識？法雲所言正因，是否也只是緣慮心識中的避苦求樂之用？（2）湯用彤使用「體、用」來解釋法雲的主張，認爲「心性」是正因體，「避苦求樂」則是其用。雖然就引文來看，「心」、「性」其實應該有別，但依據「心有避苦求樂性義」的敘述，若說「心」、避苦求樂之「性」之間有體、用關係亦無不可。但問題鍵仍舊在於「心」的具體意義是什麼。若不能確定法雲所言之「心」意義，便無法說明「心」與避苦求樂之「性」之間的關係。

這個疑問只能由其他材料來解決。均正對法雲的批判如下：

> 第六、光宅云：心有眞如性，故有避苦求樂用，眞性爲正因體。今雖意同第三家（案：即寶亮），無明初念始有，眞如性亦〔應〕始有；既始有，云何心滅，而眞如性脫心有爲，出在常住性？若爾不開心法，若然豈是正因體？又云避苦求樂性，亦是開善無（此字疑衍）

〔註 129〕湯用彤：同注 9，頁 499-501。

一類也。（均正《大乘四論玄義》）〔註130〕

此是兼評法雲「心有避苦求樂性義，爲正因體」以及「于時用師亮師義云：心有眞如性爲正體也」二説。先看對後者的評論。（1）均正述此説云「心有眞如性，故有避苦求樂用，眞性爲正因體」，這顯然即是寶亮的主張：念念生滅的緣慮心識背後有「神明妙體」、「眞如法性」，以此妙體爲基礎，因此緣慮心中有避苦求樂之「用」。是故均正也説法雲此意同於寶亮。寶亮原是以「避苦求樂解用」爲正因，均正説「眞性爲正因體」，是因爲他所用「正因體」、「正因」意義有別；「避苦求樂解用」既然以「神明妙體」、「眞如」爲體，故均正説「眞性爲正因體」。（2）如前所言，寶亮所説之「心」實是生滅相續之緣慮心，而均正此處批評法雲所用之寶亮義，也正著眼於此：「無明初念始有，眞如性亦應始有。既始有，云何心滅，而眞如性脱心有爲，出在常住性？」顯然此處所説之「心」即是「無明初念」，它乃是始有、有滅、有爲之法。均正的質疑是：若「眞如」是「心」之體，「心」既然是有爲、始有的生滅法，「眞如」也應該如此，它如何可能超出有爲之「心」外而擁有「常住性」？均正有其思想立場，自不必論。重點在於：由此處均正的評論便可得知，法雲與其師寶亮一樣，事實上都在「緣慮心」的意義下使用「心」一詞；「心」只是念念生滅之緣慮心識作用，並非常恆不變的眞常之心。如此，便可確知「心」在法雲思想中的確切意義。

其次，來看均正對法雲獨創之佛性義的批評。此處只簡短地説「又云避苦求樂性，亦是開善一類也」。（1）「又云避苦求樂性」是説法雲以「避苦求樂性」爲正因。由此語便可得知，均正在前文指出法雲主張「心有避苦求樂性義，爲正因體」、「此心有背生死之性，爲衆生之善本，故所以爲正因」，其實確切地説並非指「心」爲正因，而是指此「心」上之「避苦求樂性」、「背生死之性」爲正因。如此便解決了法雲是以「心」或是以「性」爲正因的問題。（2）此文又指出法雲之説「亦是開善一類也」。開善即是指開善智藏，前章已經分析過其佛性學説，指出他是以「六法」或「心」爲正因；據均正指出：

第八、定林柔法師（僧柔）義，開善知藏（智藏）師所用：通而爲語，假實皆是正因，故《大經・迦葉品》云「不即六法，不離六法。」別則心識爲正因體，故《大經・師子吼品》云「凡有心者，皆得三

〔註130〕《大乘四論玄義》，同注2，頁47d。依校記，「亦」下一有「應」字，又一無「無」字。

－407－

菩提」。故法師云：窮惡闡提，亦有反本之理。如草木無情，一化便
罪（盡），無有終得之理。眾生心識相續不斷，終成大聖。今形彼無
識，故言眾生有佛性也。故〈迦葉品〉亦云「非佛性者，墻壁瓦石」，
無情則簡草木等。此意有心識靈知，能感得三菩提果，果則俱二諦
也。（均正《大乘四論玄義》）〔註131〕

正如前章所言，智藏主張「六法」假實以及「心識」為正因，其實都是取其
生滅相續不斷之義而說。此處應注意「心」概念的用法：依智藏，眾生「有
心識靈知，能感得三菩提果」、「形彼無識，故言眾生有佛性」，「心」是眾生
於有別無情之物而獨能成佛之關鍵。但「心」的內容是什麼？相對於「草木
無情，一化便盡」，「眾生心識相續不斷，終成大聖」，可知眾生之「心」的重
要性便在其「相續不斷」，這才是眾生與草木之間能不能成佛的真正區別所
在。可知智藏所說之心乃是念念相續的緣慮之「心」；此意前章已有說明。現
在，回頭來看法雲的問題。均正說他「又云避苦求樂性，亦是開善一類也」，
認為他的佛性義與智藏旨趣相近。已知智藏的正因佛性說要點在於強調眾生
「心」之「相續不斷」，並以此緣慮「心」為正因；既然說法雲的主張「亦是
開善一類」，則這應該是說法雲的「心有避苦求樂性義」也是以「相續不斷」
概念為其核心，否則無以解釋此二人的佛性說為何能被視為一類。依均正所
述，法雲是以「避苦求樂性」為正因，但此「性」仍屬於「心」之作用；然
則均正之意，很可能是要說法雲所說的「心」與智藏一樣，都只是念念生滅
的緣慮之「心」。我們知道，智藏之說傳承自僧柔，而僧亮、僧宗、僧柔等初
期涅槃師，皆依《涅槃經》而以相續不斷的觀點解釋正因佛性；寶亮思想的
獨特之處便在於「神明妙體」概念的提出，開始承認眾生之中有某種不變的
「實體」，此是雙方不同之處。如果說法雲「亦是開善一類」，確實以「相續
不斷」為其佛性思想的要點，則他自創的佛性理論便具有回歸傳統涅槃思想
的傾向，這可能便是他與其師寶亮之間的思想差異所在。

　　從以上的推論結果，可以推知法雲佛性說的大致特質：基本上他與其師
寶亮的想法十分接近，皆以緣慮「心」中的「避苦求樂」之作用為正因，他
特稱之為「避苦求樂性」。早期他可能直接採用寶亮的理論，認為緣慮心識背
後另有不變的「真如妙體」，作為「避苦求樂之性」的根源；但在後來他自己
所創的佛性義中則排除了此一說法，直接強調緣慮之「心」的念念相續，認

〔註131〕《大乘四論玄義》，同注2，頁 46d-47a。

爲「避苦求樂性」只是緣慮之「心」的某種作用而已。換言之，他們師徒二人雖然同樣以緣慮「心」中的「避苦求樂」之作用功能爲「正因」，但寶亮認爲此作用必須以不變的「神明妙體」爲基礎，法雲則不承認這一點，而認爲「心」與「避苦求樂性」純粹只是生滅相續，背後並沒有不變的實體。

以上的分析亦可得到其他文獻資料的支持。吉藏的記載如下：

> 第五師以避苦求樂爲正因佛性。一切眾生，無不有避苦求樂之性；實有此避苦求樂之性，即以此用爲正因。然此釋復異前以心爲正因之説，今只以避苦求樂之用爲正因耳。故經云：若無如來藏者，不得厭苦樂求涅槃。故知，避苦求樂之用爲正因佛性也。……。
>
> 《勝鬘經》云「若無如來藏者，不得厭苦樂求涅槃」者，此正明由如來藏佛性力故，所以眾生得厭苦求樂，何時明厭苦求樂是正因佛性耶？彼師云：「指當果爲如來藏；以有當如來藏故，所以眾生得厭苦求樂者。」不然。性品云：「我者即是如來藏，如來藏者即是佛性。」明佛性本來有之，如貧女寶藏，何勞指當果爲如來藏？且當果體猶尚未有，而能令眾生厭苦求樂，豈非是漫語者哉！若據人證者，舊來誰作如此釋？此是光澤（宅）法師，一時推畫，作如此解。
>
> 經無證句，非師所傳，故不可用也。（吉藏《大乘玄論》）〔註132〕

吉藏亦表明此乃光宅法雲的學説。首先，他的敘述中清楚地指出法雲是「以避苦求樂爲正因佛性」，並稱此爲「避苦求樂之『性』」，甚至更明白地説他「即以此『用』爲正因」、「今只以避苦求樂之『用』爲正因耳」、「避苦求樂之『用』爲正因佛性也」。吉藏並且進一步解釋云「此釋復異前以心爲正因之説」，只是以「心」中「避苦求樂之用爲正因」，未如元曉、均正的轉述那樣將「性」與「心」糾纏不清。由此可以很明顯地看出，法雲確實只是以「避苦求樂」之「性」爲正因，而非以「心」爲正因；「避苦求樂」被他説爲是「心」上之「性」，只是在「心」中的某種特定之「用」。凡此皆與前文的分析結果完全一致，可資印證。

其次，由吉藏對法雲的批評內容看來，法雲還主張所謂的「當果如來藏」之説；他説「以有當果如來藏故，所以眾生得厭苦求樂」，「當果如來藏」被視爲是現在眾生之所以厭苦求樂的原因。吉藏則認爲此説不但牴觸了佛性本

〔註132〕《大乘玄論》，同注1，頁35c、36b。

有的經義，而且「果體猶尙未有」如何「能令眾生厭苦求樂」？吉藏的觀點姑且不論，法雲如何論證「猶尙未有」的「如來藏」能作爲現在眾生厭苦求樂之因也已無法得知，但此語卻著實透露出值得注意的訊息。我們知道，寶亮最先根據《勝鬘經》的「如來藏」概念，提出了「神明妙體」之說，主張此如來藏、妙體乃是一切眾生之中已有不變的「實體」。現在根據吉藏的描述，法雲雖然也使用「如來藏」一語，卻認爲此是「當果如來藏」，是眾生「猶尙未有」的「果體」。顯然他並未接受其師寶亮傾向「實體」性的「如來藏」概念，而是回歸到傳統涅槃學認爲眾生生滅相續中並無「實體」的想法。這一點也正與前文的分析相合：寶亮認爲緣慮「心」中的「避苦求樂解用」必須以「神明妙體」爲基礎，但法雲認爲「避苦求樂性」只是緣慮「心」之作用，並不需要實體性的基礎，此即是二人差異所在。〔註133〕

綜上所述，可看出法雲受到寶亮影響之深。雖然他退回傳統觀點，否認眾生之中有不變的「神明妙體」存在，但「避苦求樂之性」爲「正因」的說法脫胎於寶亮，仍舊是明顯而不爭的事實。雖然否認眾生存在的實體基礎，這並不表示他的主張便與「神不滅」議題無關，傳統「相續不斷」的觀點同樣也支持眾生在生死輪迴中的不斷不滅，前幾章的討論已見其例。法雲也親身涉入了范縝〈神滅論〉所引發的爭論，雖然他的〈與王公朝貴書〉並未透露任何思想性的意見，但不難推測，「相續不斷」的佛性觀點應該在他「神不滅」的想法中佔有重要地位。

結 語

本章分析了法安、寶亮、法雲的佛性思想。寶亮的佛性理論具有相當嚴密的結構，他被稱爲竺道生之後涅槃宗最重要的思想家，誠非過譽之言。他提出「神明妙體」概念，認爲此是由眾生至佛之間永恆不變的眞正「實體」，眾生的輪迴生死、作業受報以它爲存在根源，眾生的除迷解脫也以此爲基礎，它正是一切染淨存在的根源。寶亮也將此一「神明妙體」說爲四種佛性之間共通的體性：「正因」即「避苦求樂解用」乃是它之「用」；「緣因」即善行與

〔註133〕隋・灌頂：《大般涅槃經疏》：「諸師解藏義不同。論師言：佛果在當，即時未有故名爲藏；又言佛性眾生心神，心神自能避苦求樂，即是心神。」雖未明言其人，但就內容來看極可能便是法雲之說。《大正藏》卷38，頁102a。

觀智同樣是此妙體之「用」，觀智更以它爲對象；「果性」的「第一義空」、「中道解」由體識神明妙體而得；「果果性」大涅槃即以神明妙體、法性眞如爲其內涵。如前所見，初期涅槃學的義理完全排斥眾生實體的想法，而只就「生滅相續」的角度來說明正因佛性。寶亮「神明妙體」概念的提出，是佛性思想走向實體化的重要發展，代表著佛性思想發展的關鍵轉變。但他的系統也還不是完全的眞常唯心型態，「神明妙體」仍然不被賦予「佛性」的地位，「正因」、「緣因」仍然只是緣慮心識中的作用；而「神明」與「心」作爲相續不斷的緣慮心識，更被他認爲是修道解脫工夫之所寄。因爲如此，他的理論表現出佛性思想發展的過渡性，而更值得重視。

法安主張「心上有冥轉不朽之義，爲正因體」，雖認爲「心」亦有「眞如性」，但「心」根本上是「冥傳不朽」、在生死輪迴中相續不壞的。此說與眾生正因、神明正因相似，本來就具有十分強烈的「神不滅」意味。至於寶亮的弟子法雲，則顯示出較保守的思想趨向。他亦主張「心」之「避苦求樂之性」爲正因，但他退回傳統觀點，否認眾生之中有不變的「神明妙體」存在，而直接強調緣慮之「心」的念念相續，認爲「避苦求樂性」只是緣慮之「心」的某種作用而已。雖然他否認眾生存在的實體基礎，這並不表示他的主張便與「神不滅」議題無關，「相續不斷」的觀點同樣也支持眾生在生死輪迴中的不斷不滅。

就「佛性」思想與「神不滅」課題的關係而言，寶亮學說的出現標誌著二者關連性的新發展。「神明妙體」作爲眾生輪迴中不變的「實體」，不但是生死現象的根源，更擔負起對儲存業報的任務，它的實體性格無疑是十分強烈的。梁武帝在〈立神明成佛義記〉中所呈現出的成熟一元唯心理論，即是寶亮學說影響下的產物。

第十一章　形神之爭的終結與向佛性
說的轉向
——沈約、梁武帝的主體思想

　　梁・僧祐（444-581）《弘明集》卷9及卷10所收，是齊、梁之際范縝（約450-510）〈神滅論〉所引發之後期神不滅論爭的相關資料。根據此書所載，當時與范縝來往論難的神不滅論者與代表作品有：（1）梁武帝蕭衍（464-549）〈立神明成佛義記——并沈績序注〉，見卷9；〈敕答臣下神滅論〉，見卷10。（2）蕭琛（478-530）〈難神滅論——並序〉，收卷9。（3）曹思文〈難神滅論——並啓詔〉、〈重難神滅論〉，並見卷9。（4）法雲（467-529）〈與公王朝貴書——并六十二人答〉，見卷10。〔註1〕又據唐・道宣（596-667）《廣弘明集》卷22〈法義篇〉所載，沈約（441-513）亦有〈佛知不異眾生知義〉、〈六道相續作佛義〉、〈因緣義〉、〈形神論〉、〈神不滅論〉、〈難范縝神滅論〉等六篇文字，亦是為與范縝論難而作。〔註2〕

　　此次形神論爭，實是思想史之重大事件。但在這些「神不滅論者」中，蕭琛、曹思文針對范縝〈神滅論〉進行論難性之爭辯，其重點只在著力於神之「不滅」的論證或辯護，對於「神」作為眾生「主體」之義則並無涉及。而法雲以及王公朝貴62人應答之文，則多只是對梁武帝的附和之詞，並無思想意義。唯沈約的六篇文字與梁武帝的〈立神明成佛義記〉，表現出對於眾生「主體」問題的深刻思考成就。他們的「神不滅」理論，實立基於南朝「佛

〔註1〕見：梁・僧祐：《弘明集》（臺北，新文豐出版公司影印金陵刻經處本，1986年）卷9、10，頁401-507。

〔註2〕唐・道宣：《廣弘明集》（臺北，新文豐版出公司影印四部叢刊本，1986年）卷22，頁310-313。

性」思想之基礎，顯示出「神不滅」思想向「佛性」理論轉化的過程，以及
「形神之爭」最終的理論歸結方向。本章的工作，即在分析此二人的「主體」
思想，以爲全文的終結。當然，他們的作品是針對范縝〈神滅論〉而作，故
先對范縝思想作一簡介是必要的。

第一節　范縝〈神滅論〉之要旨

范縝〈神滅論〉的發表，以及圍繞范縝的〈神滅論〉所展開的「形神生滅
之爭」，無疑是思想史上的大事。〈神滅論〉之寫作，依據《梁書》、《南史》所
言，是范縝遊竟陵王西邸時所作，其著成當在南齊武帝時期（約 487-493）；但
許多現代學者根據《弘明集》、《廣弘明集》，認爲〈神滅論〉之發表當在梁武帝
天監六年（507）；亦有學者主調和之說，認爲〈神滅論〉歷經南齊與梁初二次
改訂。〔註3〕無論如何，此文一出，據說引起當時朝野震撼。由於他的神滅之
說，否定了於「形」之外有獨立的「神」存在，被認爲直接衝擊到佛教因果報
應、輪迴轉世，以及涅槃成佛之說，因此佛門中人紛紛起而護教。梁武帝以帝
王之尊，寫了〈敕答臣下神滅論〉，對范縝提出反駁，並要求臣下表態。法雲出
面邀集了六十二位王公朝貴一起回應武帝的號召，起而攻難〈神滅論〉，沈約、
蕭琛、曹思文等人還另外寫了專論與范縝往來論辯。〔註4〕此一「形神生滅之
爭」早已爲學者所關注，並作了深入研究；一般都同意，雖然在這場論爭中范
縝以寡敵眾，他的〈神滅論〉仍然是論辯上的勝利者，並且在理論成就上達到
了整個魏晉南北朝討論形神問題的最高峰。關於范縝思想，學者研究成果甚豐；
由於此非本文焦點所在，以下只略述〈神滅論〉最重要的核心觀點。

學者們之所以多認爲范縝的〈神滅論〉是整個魏晉南北朝形神論爭的最
高峰，並認爲他在思維理論上達到了當時的最高水準，是因爲〈神滅論〉在

〔註3〕唐・姚思廉：《梁書》（臺北，鼎文書局，1975 年）卷 48〈范縝傳〉：「縝在齊
世，嘗侍竟陵王子良。子良精信釋教，而縝盛稱無佛。……子良不能屈，深
怪之。縝退論其理，著〈神滅論〉。」頁 665。《南史》略同。但是，唐・道宣：
《續高僧傳・法雲傳》：「中書郎順陽范軫著〈神滅論〉，群僚未詳其理，先以
奏聞。有勅令雲答之，以宣示臣下，雲乃遍與朝士書論之。」《大正藏》卷 50，
頁 464b。近代胡適運用考據方法，指出〈神滅論〉發表當在梁武帝天監六年
（507），學者多從其說。相關討論，參見：潘富恩、馬濤：《范縝評傳》（南
京，南京大學出版社，1996 年），頁 42-55。

〔註4〕同注 1、2。

觀點與論證方法上，確實有超越前人之處。他說：

> 神即形也，形即神也。是以形存則神存，形滅則神滅也。……形者
> 神之質，神者形之用，是則形稱其質，神言其用，形之與神，不得
> 相異。……神之於質，猶利之於刃；形之於用，猶刃之於利。利之
> 名非刃也，刃之名非利也，然而捨利無刃，舍刃無利。未聞刃沒而
> 利存，豈容形亡而神在？〔註5〕

范縝認爲，神就是形，形就是神，它們是同一個事物的不同方面。他運用「體
用」關係，指出「形」之與「神」，是同一個事物的「質」與「用」的關係；
「神」是「形」的用，「形」是「神」的體，它們「名殊而體一」，〔註6〕是同
一個整體的不同兩面，而不是兩個各自獨立的不同存在。而「形」作爲質或
體，顯然才是唯一的存在，「神」只是「形」之用；就好比實際上存在的是刀，
刃不過是刀的作用而已。這也就是說，人的形體才是唯一的存在，常人所說
的「神」，也就是所謂精神作用或靈魂，其實只不過是此形體的作用或功能而
已，它其實是物質的某種作用。可以說在「形」之外別無「神」的存在。

　　把「神」還原成爲「形」的功能，這是一種「化約主義」（reductionism）
的一元唯物論觀點。在此之前，所有涉入形神生滅論爭者，不論主張神滅還是
神不滅，基本上都抱持「形神二元」的想法。如羅含說「神之與質，自然之偶」、
孫盛說「形既粉散，知亦如之」、宗炳（375-443）云「神妙形麤，而相與爲用」、
鄭鮮之（363-427）認爲形神二者「雖動靜相資，而精麤異源」、「各有其本，相
因爲用」，慧遠（334-416）也認爲神「感物而非物」、「假數而非數」；這些說法
都有意無意地假定「形」與「神」是兩種不同的存在。〔註7〕范縝認爲存在的
只有「形」，把「神」化約爲「形」的作用，這種一元論的主張乃是對傳統想法
的一大突破。事實上，〈神滅論〉初出，當時攻難范縝的蕭琛、曹思文等人，也
都能認知到這個差異。蕭琛便說：

> 論至今所持者形神，所訟者精理。……唯可於形神之中，辨其離合。
> 脫形神一體，存滅罔異，則范子奮揚蹈屬，金湯邈然；如靈質分途，

〔註5〕　梁·范縝：〈神滅論〉，見：梁·蕭琛：〈難神滅論〉所引，《弘明集》卷9，同
　　　　注1，頁408、411。
〔註6〕　同注5，頁411。
〔註7〕　劉宋·羅含：〈更生論〉；劉宋·孫盛：〈與羅君章書〉；劉宋·宗炳：〈明佛論〉；
　　　　劉宋·鄭鮮之：〈神不滅論〉；東晉·慧遠：〈沙門不敬王者論·形盡神不滅五〉。
　　　　見：《弘明集》卷2、5，同注1，頁204、205、84、208、234。

　　　　興毀區別，則予剋敵得儁，能事畢矣。〔註8〕

可知形神「一元」或是「二元」乃是雙方爭點所在。而范縝一元論的主張在
論證形盡神滅上顯然是有利的：人死之後形體的消滅乃是無可爭議的事實，
如果能證明所謂「神」在本質上也是屬於「形」的，那麼便能輕易且順理成
章地得出形盡神滅的結論。相較於此，之前主張神滅或神不滅者，由於都預
設了「形神二元」的前提，因此必須費心地證明在形體消亡的同時，另一種
無法被感知的存在──「神」會同時消滅或繼續存在，這在理論的簡潔性與
論證的難易度上都不如范縝。

　　范縝的成功之處，在於他不把「神」視為另一種不同的存在，因而無須
涉入關於「神」是什麼的複雜問題，並且因此無須面對「形」與「神」如何
相互作用的困難。而這正是過去「形神二元」論者的困境所在：論爭雙方長
期糾纏在這些問題上，無法從此模式中跳脫。范縝的形神一元觀則已突破此
一窠臼，然而，正如學者所說，范縝在形神理論上的突破關鍵在於「體用觀」
的運用。〔註9〕正因為范縝將「體用」範疇引入形神生滅問題的討論，並且藉
以完成了一元的形神觀，因此他的〈神滅論〉被認為在理論思辯方面達到了
當時此一領域的最高成就。

　　這樣的評價誠非過譽。但若只關注范縝〈神滅論〉的思想成就，而忽略
同一時期「神不滅」陣營所取得的理論進步貢獻，則非明智之舉。何況，沈
約與梁武帝所得的理論創獲，可能更具有思想史的重要性。

第二節　沈約：神不滅思想的轉化

　　沈約不只是南朝重要的文人，他在經、史、聲韻學等各方面亦有傑出成
就，實為當世博學之士。〔註10〕在佛學方面，針對范縝的〈神滅論〉，沈約作
有〈難范縝神滅論〉等論爭文字；一般也將他視為「神不滅論者」，放在形神
論爭的脈絡中進行研究。然而，學者們往往只關注沈約辯論上的技術細節，
而未能注意這些論證技巧背後的思想基礎。Whalen Lai 指出，被收在唐・道宣
《廣弘明集》卷 22 的六篇沈約作品：〈佛知不異眾生知義〉、〈六道相續作佛

〔註8〕　梁・蕭琛：〈難神滅論〉，同注 5，頁 407-408。
〔註9〕　高晨陽：〈范縝的形神論與玄學的體用觀〉，《文史哲》1987 年第 3 期，頁 14-15。
〔註10〕　沈約生平，見：《梁書》卷 13〈沈約傳〉，同注 3，頁 232-243。其成就參見：
　　　　姚振黎：《沈約及其學術探究》（臺北，文史哲出版社，1989 年）。

義〉、〈因緣義〉、〈形神論〉、〈神不滅論〉、〈難范縝神滅論〉，〔註11〕前五篇其實只是擁有次標題的同一篇文字。〔註12〕事實上，從議題的前後相承看來，這六篇文章自成一不可分割的整體。過去的研究多半只著重於其末後幾篇的辯論枝節，鮮少注意前幾篇文章中沈約所提出的深刻理論根基，因而未能給出公正的評價；實則沈約不只是對范縝提出論難而已，這一組文字更體現了他自己在佛學理論上的成就。因此，對沈約的神不滅思想重新進行分析是必要的；由此將可看出「神不滅」思想轉向「佛性」理論之情形。

一、背景問題

在進入分析之前，有必要對《廣弘明集》中所收沈約諸文的背景略作探究。由〈難范縝神滅論〉的性質看來，無疑沈約寫作此文的動機，在於駁斥范縝的〈神滅論〉。如前所言，由於〈神滅論〉的寫作時間尚有齊、梁二說之爭議，沈約這些文章的寫作年代也就隨之成為問題。

一般認為沈約這些文字作於南齊西邸時期。如《大正藏》校記所示，各本《大藏經》所收《廣弘明集》卷22目錄多有「〈眾生佛不相異義〉（南齊沈約字休文）」之文，此即〈佛知不異眾生知義〉之異名；又同書卷18「唐廣弘明集法義篇總錄」亦云「齊沈約〈立佛法義論〉（五首）、齊沈約〈難范縝神滅論〉」，此即是指沈約的六篇文章。〔註13〕據此則這六篇文章寫於南齊時代。道宣的根據不知為何，或許亦是以《梁書》、《南史》為據。現代學者似乎多從此說。確切時間，鈴木虎雄的《沈約年譜》繫在南齊永明五年（487）。但正如姚振黎所言，此年竟陵王蕭子良始開西邸，范縝、沈約等人之文必作於是年之後；只能說這是其寫作時間的上限。〔註14〕

亦有學者主張沈約之文寫於梁初。如前所言，當時梁武帝親自寫了〈立神明成佛義記〉對范縝提出反駁，並作〈敕答臣下神滅論〉要求臣下表態。

〔註11〕同注2。
〔註12〕Whalen Lai, "Beyond the Debate on "The Immortality of the Soul": Recovering an Essay by Shen Yueh", Journal of Oriental Studies, vol. 19, no. 2（1981），p.148. 此一判斷是正確的，《大正藏》本《廣弘明集》卷18「唐廣弘明集法義篇總錄」正稱之為「齊沈約〈立佛法義論〉（五首）、齊沈約〈難范縝神滅論〉」，《大正藏》卷52，頁221c。
〔註13〕唐・道宣：《廣弘明集》卷22、18，《大正藏》卷52，頁252c、221c。
〔註14〕鈴木虎雄著，馬導源編譯：《沈約年譜》（上海，商務印書館，1935年），頁22；姚振黎：同注10，頁30-31。

法雲出面邀集王公朝貴一起回應武帝的號召，文俱見〈與王公朝貴書——并六十二人答〉。其中亦有沈約之回應：

> 答：神本不滅，久所伏膺，神滅之談，良用駭惕。近約法師（慧約）殿內出，亦蒙勅答臣下一本。歡受頂戴，尋覽忘疲，豈徒伏斯外道，可以永摧魔眾。孔釋兼弘，於是乎在。實不刊之妙旨，萬代之舟航。
>
> 弟子亦即彼論，微歷疑竅，比展具以呈也。沈約呈。〔註15〕

所謂「弟子亦即彼論，微歷疑竅，比展具以呈」的具體成果，應該就是《廣弘明集》所收的這些文章。可是，由「弟子亦即彼論，微歷疑竅，比展具以呈也」的語氣看來，似乎沈約此時才將要著手寫作反駁〈神滅論〉的文字；若是如此，則這組文字寫成於梁代的可能性便很高，而時間可能就在〈與王公朝貴書〉稍後（507）。Whalen Lai 便依此主張沈約這些作品寫於梁代，並且認為前五篇乃是梁武帝〈立神明成佛義記〉的注釋。〔註16〕但引文之意，是說沈約將針對范縝〈神滅論〉另外提出質疑，「彼論」恐非武帝之文，而是指范縝之論，故注釋之說恐為無據。

　　究竟沈約這六篇文字作於何時，似乎仍是一個有爭議的問題。就內容方面看，〈難范縝神滅論〉很明顯地是針對范縝〈神滅論〉而作，但被稱為〈立佛法義論〉的前五篇文章則是沈約自己佛學思想的陳述；〈難范縝神滅論〉只就論證細節駁斥對手，〈立佛法義論〉的五篇文章卻旨在正面建立沈約自己的理論，在言辭枝末之外更透露了寶貴的思想史訊息。因此必須全面地觀照這些作品，才能完整地了解沈約的神不滅思想。以下即對此進行分析。〔註17〕

二、神不滅思想的內涵

（一）眾生佛性、知性常傳

　　沈約論神之不滅，以佛性思想為根基。六篇文章之首〈佛知不異眾生知

〔註15〕法雲：〈與王公朝貴書——并六十二人答‧沈約答〉，梁‧僧祐：《弘明集》卷10，同注1，頁450。

〔註16〕Whalen Lai，同注12，頁148。

〔註17〕關於沈約神不滅論的論辯部分，參見：任繼愈主編：《中國哲學發展史（魏晉南北朝）》（北京，人民出版社，1998年），頁822-828；潘富恩、馬濤：同注3，頁151-160；劉立夫：《弘道與明教：《弘明集》研究》（北京，中國社會科學出版社，2004年），131-132。其思想研究，見：Whalen Lai，同注12，頁138-157。

義〉便專論這個問題：

> 佛者，覺也。覺者，知也。凡夫之與佛地，立善知惡，未始不同也。
> 但佛地所知者，得善之正路；凡夫所知者，失善之邪路。凡夫得正
> 路之知，與佛之知不異也。正謂以所善非善，故失正路耳。故知凡
> 夫之知與佛之知不異，由於所知之事異，知不異也。凡夫之所知，
> 不謂所知非善，在於求善而至於不善。若積此求善之心，會得歸善
> 之路，或得路則至于佛也。此眾生之為佛性，寔在其知性常傳也。
> 〔註18〕

沈約認為，凡夫與佛「立善知惡，未始不同」，同樣具有能知善知惡的「知」
之能力。但佛所知乃「得善之正路」，凡夫所知為「失善之邪路」，二者卻有
善惡不同。沈約又云「凡夫之知與佛之知不異，由於所知之事異，知不異也」，
他認為能知善知惡的「知」之能力是眾生與佛的共同點，而以所知途徑的善
惡來說明二者之間的差異；凡聖之別在於他們所能知道的人生方向的善惡，
但他們辨別善惡的根本能力是一樣的。這樣看來，凡夫之所以沉淪，是因為
不知道真正「善」的道路。

　　下文又說「凡夫之所知，不謂所知非善，在於求善而至於不善」。此語似
與前文「凡夫所知者，失善之邪路」矛盾；對照「正謂以所善非善，故失正
路耳」的說法，可知沈約之意，應該是說凡夫的「知」之能力並非不願以善
之道路為其所知對象，只是「求善而至於不善」，空有求善之心卻不能得知善
途所在。值得注意的是，由此推求，可知眾生與佛共同的「知」之能力，並
不只是中性的認知功能而已，它本身即是意欲追求善途的「求善之心」；故沈
約續云「若積此求善之心，會得歸善之路，或得路則至于佛也」，指出正是由
此求善之心的累積，終得求得歸善之路而成佛。顯然此一「知」之能力，本
身即有向善的傾向。〔註19〕而且，它就是眾生能夠成佛的憑藉。

　　沈約云「佛者，覺也」，此是佛字本義；又云「覺者，知也」，此「知」
恐應讀為「智」。佛「知」之能力與眾生不異，但能知得善之正路，故稱為覺
悟之「智」。若「凡夫得正路之知」，便能得到同樣的智慧而「與佛之知（智）

〔註18〕　梁・沈約：〈佛知不異眾生知義〉，唐・道宣：《廣弘明集》卷22，同注2，頁
　　　　310。

〔註19〕　Whalen Lai 認為相續的「念」、「受知之具」能知善惡，但它本身是中性的。
　　　　Whalen Lai，同注12，頁153。此與筆者看法不同，且沈約的「念」乃是另一
　　　　不同概念。下詳。

不異也」。應注意的是沈約「此眾生之爲佛性，寔在其知性常傳也」此一結語：「眾生」之所以被稱爲「佛性」，就是因爲此一「知性」常傳不斷之故。既然「知」之能力本身傾向求善，本是眾生成佛的依據，而佛所得的覺悟也不過就是此「知」之所照，因此，沈約會以此「知」之能力說明佛性，並不令人意外；特別之處在於這一說法，透露出了沈約佛性思想的背景。

如前章所見，「眾生爲正因佛性」本是僧柔（431-494）、僧旻（467-527）、智藏（458-522）的學說。（1）僧旻主張「眾生爲正因體」，但特別強調「眾生之用總御心法」；智藏的「通義」主張「六法爲正因」，「別義」則以「心識爲正因體」。〔註20〕沈約則說「眾生之爲佛性，寔在其知性常傳」，不但同意「眾生」即是佛性，且將其具體內容歸之於「知性常傳」；這不是與「眾生」、「心識」之通、別二義的說法相合？（2）智藏說「眾生神明與如來種智，雖復小大之殊，而同是智慮」、「心是覺知」，〔註21〕以「神明」、「心」來指稱緣慮之心，以智慮覺知爲其內涵，並認爲眾生緣慮心與佛之種覺「同是智慮」。沈約則說「佛知不異眾生知」，佛之覺悟智慧也是此「知」所照；這不就是智藏所說眾生神明、如來種智「同是智慮」之意？（3）僧旻云眾生「生生流轉，心獲湛然」、智藏也說「眾生心識相續不斷，終成大聖」，〔註22〕由於緣慮心相續不斷，故眾生終能相續成佛。沈約說眾生之爲佛性在於其「知性常傳」，這不也就是「眾生心識相續不斷，終成大聖」的主張？顯然〈佛知不異眾生知義〉的立論基礎，就是「眾生正因說」；對他而言，「眾生正因說」有如自明的前題，他不過是發揮其奧義而已。

從思想內證的角度來看，沈約的佛性思想與僧柔、僧旻、智藏當有關連。他們皆是當世知名之士，在南齊時都曾應竟陵王招請，或遊歷西邸；入梁之後，僧旻、智藏、沈約亦皆受武帝禮遇而顯貴一時，〔註23〕可以想見彼此之間應當互有影響。以年齡推之，沈約較僧旻、智藏年長，竟陵王招士時，僧旻、智藏不過二、三十歲；沈約若當時受眾生正因說洗禮，恐應得之於僧柔。但若沈約此文寫在梁初，則受僧旻、智藏影響也不無可能。無論如何，沈約與「眾生正

〔註20〕 唐·均正：《大乘四論玄義》，《卍續藏經》第 74 冊，頁 46d-47a。
〔註21〕 《大乘四論玄義》，同註 20，頁 46a、51c。
〔註22〕 《大乘四論玄義》，同註 20。
〔註23〕 《梁書·沈約傳》，同註 10，頁 233、235-242；梁·慧皎著，湯用彤校注：《高僧傳·僧柔傳》（北京，中華書局，1997 年），頁 322；《續高僧傳·僧旻傳》，同註 3，頁 462a、c 以下；同書〈智藏傳〉，頁 466a 以下。

因說」的關係是相當清楚的。〔註24〕不過他選擇使用「知」此一概念，並強調「知」之所知對象是或善或惡的方向，此則是沈約自有創見之處。

　　另一個差異之處，在於沈約所說的「知」之能力同時也是「求善之心」，此則與舊說不同。依照智藏等之主張，「心」或「神明」只是能智慮覺知之緣慮心，並無主動向善的動力；而且「心非別慧，無斷惑之功」、「正因之心，不明習學」，〔註25〕甚至連修習斷惑的能力也不屬於此心。沈約說「求善之心」，則多少有些心性本淨的意味，與後來真常心的說法較為接近。

　　不過，沈約所說的「知性」，即「知」之能力或其內含的求善之心，終究並非所謂恆常不變的真常心，「知性常傳」仍舊是指相續不斷的緣慮之心。沈約把「知性常傳」的問題留在〈六道相續作佛義〉中說明。

（二）受知之具、相續不滅

　　〈六道相續作佛義〉是六篇文字的第二篇。由標題來看，已不難明白這是以眾生在六道輪迴中的相續不斷來說明成佛根據，同樣出自「眾生正因說」的觀點。沈約指出：

　　　　一切種智與五道六趣眾生，共有受知之分，無分異也。問曰：受知非知耶？答曰：非也。問：此以何為體？答曰：相續不滅是也。

　　　　相續不滅，所以能受知。若今生陶練之功漸積，則來果所識之理轉精，轉精之知來應，以至於佛，而不斷不絕也。若今生無明，則來果所識轉闇，轉闇之知亦來應，以至於六趣也。受知之具隨緣受知，知之美惡不關此受知之具也。〔註26〕

此處提出「受知之分」的概念，並說「受知」非「知」。參照〈佛知不異眾生知義〉的說法，似乎沈約所述的是一個三層次的系統：「受知之具」能接受「知」，其對象則為「所知」。但實情並非如此。下文沈約提到「轉精之知」、「轉闇之知」，又說「知之美惡不關此受知之具」，則此處之「知」是有明有暗、有美有惡的，與〈佛知不異眾生知義〉所說「凡夫之知與佛之知不異」

〔註24〕沈約的交游與學思淵源。參見：吉川忠夫：《六朝精神史》第三部〈沈約研究〉（京都，同朋社，1986 年），頁 199-249；孫昌武：〈悔愧與憂懼——沈約的宗教世界〉，《華林》第 1 卷（2001 年），頁 225-238。沈約的佛性、神不滅說受本土思想或其他涅槃師影響是可能的。本文只就思想內證的角度說明他與眾生正因說之淵源。

〔註25〕《大乘四論玄義》，同注 20，頁 52a-b。

〔註26〕梁・沈約：〈六道相續作佛義〉，同注 2，頁 310。

不同。筆者認為此是沈約字詞運用上的不嚴謹所致。依〈佛知不異眾生知義〉，凡夫與佛之「知」，即知善知惡的能力是相同的，只有「所知」對象有善惡方向的差別。在〈六道相續作佛義〉中，他則說「一切種智與五道六趣眾生，共有受知之分，無分異也」，指出佛與一切眾生的「受知之分」全無分異。既云經陶練之功，則「來果所識之理轉精」、「轉精之知來應」，反之若受無明干擾，則「來果所識轉闇」、「轉闇之知來應」，可知此「知」才是有差異的。比較其實際意涵，可知沈約所要說的其實只是兩個層次的概念：一切眾生與佛同具、全無差異的，是認知能力之「知」或「知性」、「受知之具」；而所認識的對象或「來果所識之理」，即「所知」，以及實際認識對象之具體知覺行為，也稱為「知」，此則是有差異的。由於沈約先以「知」表示「知性」、認知能力，後又以「知」表示具體的認知行為，因此用語上有些混亂。

　　此處所說的「受知之分」，相當於前文所說「知」之能力或「知性」，它是佛與眾生共具的。在強調「受知」非「知」，並非具體認知行為的同時，沈約亦進一步指出此「受知之分」乃是以「相續不滅」為其「體」，這也就是此文標題〈六道相續作佛義〉的意旨所在：眾生在六道輪迴之中相續不斷，最終得以成佛，是因為眾生皆有與佛相同的「受知之分」，它「相續不滅」最終自體轉變成佛。沈約下文進一步說明：「相續不滅，所以能受知。若今生陶練之功漸積，則來果所識之理轉精，轉精之知來應，以至於佛，而不斷不絕也。」若今生經過修行工夫，則來世便能認識更深刻之理、得到更正確的認知，而逐漸成佛；但前提是眾生必須有此「相續不滅」的受知之分才能「受知」，也才能在每一世的輪迴中「不斷不絕」地累積工夫以至於佛。很明顯地，沈約將「相續不滅」的「受知之分」，視為是今生來世修行過程中的連續體；因為有此「相續不滅」，眾生才能轉變成佛；眾生與佛乃是「相續不斷」的一體，故說是〈六道相續作佛義〉。不難看出，這就是「眾生正因說」所主張的「生生流轉，心獲湛然」、「眾生心識相續不斷，終成大聖」的觀點，也與僧旻、智藏的「本有於當」一體相續之義完全相合。

　　相對於累世修練、相續不斷成佛的過程，沈約指出：「若今生無明，則來果所識轉闇，轉闇之知亦來應，以至於六趣也。」若今生任由無明障蔽，則來生的認識轉闇，最終便淪落六道輪迴而不能得出。「受知之分」的「相續不斷」同樣是眾生輪迴不斷的根據。然則「受知之分」的不斷不滅，不但是眾生相續一體成佛的基礎，也是眾生生死輪迴中相續不斷的同一體；沈約「神

不滅」思想的根據即在於此。

　　我們看到，沈約認爲「知性」或「受知之分」是眾生與佛同一的，具有不變的普遍性；眾生的差異則由具體的認識之「知」或認識對象「所知」來說明。沈約又說「受知之具隨緣受知，知之美惡不關此受知之具也」：認知行動雖是「受知之分」或「受知之具」隨「緣」而有，但「知」或善或惡卻與受知之分無關。換言之，知之善惡乃是「緣」的影響，並不由受知之分決定。此則與後世所謂眞常唯心思想一般將染淨皆收攝於一心之作法不同。下文接著有此問答：

　　　問曰：〔受〕知非知，既聞命矣。受知受知，自是相續不滅。知自然
　　　因緣中來，與此受知之具，從理而相關？答曰：有此相續不滅，自
　　　然因果中來。有因有果，何得無美無惡乎！〔註27〕

既然「受知非知」，「受知之分」本身自是相續不滅，而或善或惡的「知」「自然因緣中來」，卻是「因緣」所造成；那麼「受知之分」與「知」有何相關？沈約的回答是：有此受知之分的相續不斷，便自然有由「因果」而來的「知」與之相應；但「知」是由因果條件造成的，其善惡區別也依此而決定。善惡與「因緣」、「因果」的關係，即是下篇〈因緣義〉所要說明的問題。

（三）性識、因緣與內因外緣

　　沈約在第三篇〈因緣義〉中云：

　　　凡含靈之性，莫不樂生；求生之路，參差不一。一爾（念）流遷，
　　　塗徑各異；一念之間，眾緣互起；一因一果，內有差忒。好生之
　　　性，萬品斯同，自然所稟，非由緣立。固知樂生非因緣，因緣非
　　　樂生也。雖然，復俱宅形骸，而各是一物。一念既召眾緣，眾緣
　　　各隨念起。善惡二念，誠有不同，俱資外助，事由一揆。譬諸非
　　　水非土，穀芽不生。因緣性識，其本既異。因果不惑，雖則必然，
　　　善惡獨起，亦有受礙。雖云獨起，起便成因，內因外緣，寔由乎
　　　此也。〔註28〕

此文的敘述分爲兩個層次，「含靈之性，莫不樂生」與「求生之路，參差不一」並不相同。就前者而論，沈約認爲「好生之性，萬品斯同，自然所稟，非由

〔註27〕同注26，頁310。首句疑闕「受」字。
〔註28〕梁・沈約：〈因緣義〉，同注2，頁310。「爾」字宮本作「念」；同注13，頁253a。

緣立」,「樂生」、「好生」之性是一切眾生的自然稟賦,不由因緣而來;「樂生非因緣,因緣非樂生」,此一好生樂生的天性並不屬於此文所要說明的「因緣」之範圍;他又指出「因緣性識,其本既異」,主張此種「性識」本能與所謂「因緣」乃是兩回事。認為眾生有樂生、好生之本能獨立於因緣作用之外,這是比較特殊的看法。

　　而「因緣」或「因果」即是由此樂生、好生之本性產生。沈約解釋云,雖然眾生樂生的天性無異,但「求生之路,參差不一」;就在一「念」流遷之間,招致「眾緣互起」,因此眾生各自的因果作用「內有差忒」、「塗徑各異」,造成了現實中千差萬別的眾生相。可知樂生天性是眾生相同的,眾生的現實差異顯然由「念」所造成。但為何相同的樂生本性會有不同的「念」,而導致不同的因果途徑?其具體過程如何?在下文指出「樂生非因緣」之後,沈約緊接著說「雖然,復俱宅形骸,而各是一物。一念既召眾緣,眾緣各隨念起」:雖然樂生之性相同,但由於眾生各自為獨立的生命,故各有不同的「念」並隨之召起不同的「緣」。「緣」是「念」的輔助:「善惡二念,誠有不同,俱資外助,事由一揆。譬諸非水非土,穀芽不生」,善惡之「念」皆有賴「緣」為其外助,才能具體形成眾生的殊別相。沈約進一步再解釋:「善惡獨起,亦有受礙。雖云獨起,起便成因,內因外緣,寔由乎此也。」善惡之「念」之生起必有或受或礙的對象,此即是「緣」。內在的善惡之「念」是「因」,其外在的輔助條件是「緣」,「內因外緣」所說的就是此一道理。眾生各各不同的生死流遷,就是此一「因緣」或「因果」作用的產物。

　　可以看出,沈約〈因緣義〉所要解釋的乃是眾生生死流轉的差異相。眾生之所以千差萬別,是因為各有不同的「因」、「緣」,根本上乃是善、惡之「念」所導致。善、惡之「念」是「因」,觸發了外在之「緣」,於是因緣或因果的連鎖反應開始,而有生死輪迴。〔註 29〕在〈六道相續作佛義〉中,是以「轉精之知」、「轉闇之知」的差別,來解釋眾生相續成佛或輪迴六道,似乎與此處所說不同。但沈約在彼處說「知自然因緣中來」、「有因有果,何得無美無惡乎」,將所「知」之善惡歸之於因緣、因果;在此文中,則進一步解釋「內因外緣」之義,並將它歸因於善惡之「念」;可知其實後文是對前文的說明,二者並不衝突。據此,沈約對生死輪迴作用的解釋應該是這樣的:眾生或善

〔註 29〕 Whalen Lai 認為沈約的因緣義具有三世意涵:過去業為緣、現在善惡之心為因、未來得佛為果。Whalen Lai,同注 12,頁 149、153。此與筆者看法不同。

或惡的「念」，引起外「緣」的呼應，因果相生的過程於是開始；因果作用是善惡之念所造成，它反過頭來能影響眾生「所知」之善惡，決定眾生輪迴的方向。〔註30〕

　　而沈約在因緣或因果之外，另外保留了「樂生」、「好生之性」或「性識」的獨立地位，認為善惡之「念」以及後續的因果作用由它所發出，但它自身卻不屬於此一因果作用的範疇。看來眾生的「好生之性」或「性識」似乎是不受生死因緣法則影響，並且是作為生死因果根源的某種存在。在〈六道相續作佛義〉中，沈約是以「知性」或「受知之分」作為眾生生死輪迴中相續不斷的同一體，其地位與此處所說「好生之性」或「性識」相似。但沈約將前者視為「相續不斷」的同一體，卻說後者不屬於因緣作用所攝，二者似乎有所不同。筆者認為，這二者應該屬於同一個概念，此由對下篇〈形神論〉、〈神不滅論〉的分析可以推知。沈約將「知性」、「性識」獨立於因緣之外，是因為他將「因緣」的意涵限定在較小的範圍，並且認為「性識」的相續不斷自成系統，與「念」所引生的因緣作用不相涉之故。

　　沈約在〈因緣義〉中所提出的「念」、「性識」概念是非常重要的，接下來的〈形神論〉便以此為核心。

（四）無念境界、情照別起

　　〈形神論〉以下的幾篇文字，較受學者關注。沈約在此文中，首先以「念」概念的角度導入對形神問題的討論：

> 凡人一念之時，七尺不復關所念之地。凡人一念，聖人則無念不盡。聖人無已，七尺本自若空；以若空之七尺，總無不盡之萬念，故能與凡夫異也。凡人一念，忘彼七尺之時，則目廢於視，足廢於踐；當其忘目忘足，與夫無目無足亦何異哉？凡人之暫無，本實有；無未轉瞬，有已隨之，念與形乖則暫忘，念與心謝則復合。念在七尺之一處，則他處與異人同，則與非我不異。但凡人之暫無其無，其無甚促；聖人長無其無，其無甚遠。凡之與聖，其路本同。一念而暫忘，則是凡品；萬念而都忘，則是大聖。以此為言，則形神幾乎惑人。〔註31〕

〔註30〕梁・沈約：〈捨身願疏〉：「靜念求我，無時可得，而積此淪昏，生生不已。一念儻值，曾未移時，障習相蕩，旋迷厥路。」可為參證。《廣弘明集》卷28，同注2，頁439。
〔註31〕梁・沈約：〈形神論〉，同注2，頁310-311。

學者多認為「一念之時，七尺不復關所念之地」云云是以「出神」來論證神不滅。〔註 32〕但這顯然忽略了「念」在沈約思想系統中的意義。正如〈因緣義〉中所述，沈約將善惡之「念」視為因緣過程的起點，是眾生生死輪轉的根源。此處的「念」概念也應該在此一脈絡下來理解。

沈約指出，凡聖之別在於「凡人一念，聖人則無念不盡」、「一念而暫忘，則是凡品；萬念而都忘，則是大聖」。「念」既是因緣輪轉的根源，聖人能夠將一切善惡之「念」皆除盡，不再受到生死因緣的束縛，此其所以為聖人。相反地，凡夫難免仍有善惡之念，最多只能做到「一念」，是故仍不免因緣流轉。能否「無念」決定了是否流轉生死，因此是凡聖區別的關鍵。我們記得，在〈六道相續作佛義〉中是以「所知」之精、闇解釋眾生相續成佛或輪迴六道，對此前二小節皆有說明。參照二文，顯然沈約認為聖人「所知」之精來自其「無念」境界；凡夫不能無善惡之念，此念引發因緣生死，故其所知仍「有美有惡」而輪迴六道。這些說法的內涵是可相通的。

「無念」的內涵為何？沈約以般若「空」之思想來解釋。此可由他對聖人境界的說明得知：「聖人無已，七尺本自若空；以若空之七尺，總無不盡之萬念，故能與凡夫異也。」聖人已達到「無己」的境界，對他而言此身本是空，不只如此，他連紛擾萬「念」也能空而盡之；色、心俱空，故與凡夫不同。聖人「七尺本自若空」與萬念俱盡的「無念」境界其實都是「空」智慧的展現，由此故能斷除因緣生死。如此看來，凡夫「一念之時，七尺不復關所念之地」的「一念」以及由此而來的忘形境地，應該也具有般若觀照或禪觀的意涵，而不只是簡單的「出神」而已。「一念」似指某種專注一境的狀態，所謂「念在七尺之一處，則他處與異人同，則與非我不異」，即是指在此種專注狀態下，也能體會忘形或色身法空的道理。然則「凡人一念」雖然不如聖人之無念，但專注「一念」之時，所得的空照能力也能使人暫時「目廢於視，足廢於踐」、「忘目忘足」而「忘彼七尺」；只是「凡人之暫無其無，其無甚促；聖人長無其無，其無甚遠」，凡人一念只能有暫時的般若觀智，也只能暫時體會色身之空，無法與聖人相比。〔註 33〕

〔註 32〕任繼愈：同注 17，頁 825-826。

〔註 33〕梁・沈約：〈懺悔文〉：「又尋七尺所本，八微是構，析而離之，莫知其主。雖造業者身，身隨念滅，而念念相生，離續無已。往所行惡，造既由心，行惡之時，其心既染。既染之心，雖與念滅，往之所染，即成後緣。若不本諸真諦，以空滅有，則染心之累，不卒可磨。今者興此愧戒，磨昔所染，所染得

　　顯然，沈約所說「無念」、「一念」所帶來的「忘形」效果，其實是以佛教「空」之教義爲其基礎。凡人專心一念，能暫時體證色身的空；聖人無念，則常體此空。對他而言諸法之「空」乃是不證自明的大前提。由此，沈約提出他對形神問題的看法：「以此爲言，則形神幾乎惑人。」何故？因爲就性空的角度來看，形、神都不是實有的；聖人必須體證「無念」、「七尺本自若空」方爲聖人，即是此故。因此，「形」、「神」問題本身就是一個惑人的虛假問題，其實並無「形」、「神」可供討論。

　　如此說來，沈約說「形」空「神」也空，難道他並不主張「神不滅」嗎？其實，沈約所說的形、神俱空，是指七尺色身與善、惡諸「念」的空。正如他在前幾篇文章中所說，「知性」、「受知之分」或「性識」是相續不滅、獨立於因緣作用之外的。在〈形神論〉的後半部分，他再度提到此一主張：

> 疑因果相主（生？），毫分不爽，美惡之來，皆有定業；而六度所修，咸資力致。若修此力致，復有前因，因熟果成，自相感召，則力致之功，不復得立，六度所修，幾於廢矣。釋迦邁九劫，勇猛所成，勇猛之因，定於無始，本不資九，安得稱劫？余以爲因果情照，本是二物；先有情照，却有因果，情照既動，而因果隨之。未有情照，因果何託？因識二塗，用合本異，其本既異，厥體不同。情照別起，於理非礙。六度九劫，差不足疑也。〔註34〕

沈約提出一個疑問：就「因果相生」的角度而言，眾生善惡「皆有定業」；但佛法又認爲「六度所修，咸資力致」。如果或善或惡都由因果所決定，則眾生如何有自由？如何可能自己選擇修習六度而成佛？這其實就是「決定論」（determinism）與「自由意志」（free will）的矛盾問題。沈約又說「若修此力致，復有前因，因熟果成，自相感召，則力致之功，不復得立，六度所修，幾於廢矣」；如果「力致」修行也由前因所決定，則它只是因果自行相生的產物，如何能說這是眾生自己的「力致之功」？如此則佛教勸人修行的說法便不能成立。不僅如此，所謂佛陀九劫勇猛修行之功，其實也只是無始以來因果自行相生的結果，「本不資九，安得稱劫」，如何能說是佛陀自己經過九劫

除，即空成性。其性既空，庶罪無所託，布髮頂禮，幽顯證成。此念一成，相續不斷。日磨歲瑩，生生不休，迄至道場，無復退轉。」所言色身之空、念念相續、即空成性、一念迄至道場等語，可爲參證。《廣弘明集》卷28，同注2，頁455-456。

〔註34〕同注31，頁311。

修行才成佛？

　　就佛教的觀點，這本不是問題；「因果」法則原非如「決定論」那樣嚴格，佛法採取的是介於決定論與自由意志之間的折衷立場。沈約將因果法則推論到極限，是爲了說明眾生在因緣因果的範疇之外，另有不受其拘束的「情照」，眾生的自由由此才能得到保證。沈約說「余以爲因果情照，本是二物；先有情照，却有因果，情照既動，而因果隨之。未有情照，因果何託？」；「情照」不但獨立於因果範疇外，而且它還是因果過程發動的基礎，先有此「情照」，才繼之有「因果」。此二者「用合本異，其本既異，厥體不同」，雖然作用相輔相成，但其「本」、「體」是不同的。由於「情照」在因果法則之先而且不受其支配，因此眾生的自由意志或修行工夫便可以此爲基礎得到說明，「六度九劫，差不足疑也」。

　　此處應注意的是：（1）在〈因緣義〉中，沈約已經指出「樂生非因緣，因緣非樂生」、「因緣性識，其本既異」，「性識」或好生、樂生之性獨立於因緣作用之外；而且，肇始因緣作用之「一念流遷」，就是由此樂生之「性識」所產生。在〈形神論〉中，沈約則說「因果情照，本是二物」，又說「未有情照，因果何託」。兩相對照，可知前文所說「性識」即是此處所言「情照」，它們是獨立於因緣或因果之外的存在，也是因緣、因果作用的基礎。（2）〈因緣義〉又提到「一念流遷，塗徑各異」、「一因一果，內有差忒」，由善惡之「念」所引發的因緣、因果作用，事實上就是眾生生死流轉的現象。〈形神論〉所說的「形神幾乎惑人」即是指「念」及其所引起的因果所造之「形」空幻不實，這仍是就因緣的範疇而說。但沈約既然認爲一「念」因緣造就之生死與形體之外，另有不屬因緣之「性識」、「情照」爲其基礎，則事實上他認爲在「形神幾乎惑人」的背後，有此一眞實不惑的存在。此即是沈約「神不滅論」的眞義：表面的「形神」，即色身與念是虛幻的，但作爲其基礎的「性識」、「情照」則是眞實的；「神不滅」是指此而言。（3）沈約在此說「情照別起，於理非礙。六度九劫，差不足疑」，然則「性識」、「情照」既然是意志自由的依據所在，也就是眾生在九劫之中修行的「主體」。在〈佛知不異眾生知義〉、〈六道相續作佛義〉中，則說「知性」、「受知之分」的相續不斷，是眾生貫串六道輪迴成佛的同一性所在。兩相比照，可以推知「性識」、「情照」即是「知性」、「受知之分」：這是眾生相續不斷的認知能力，是樂生好生的天性，也是自由意志的依據；它是輪迴中相續不滅之神，也是將來能相續成佛得到解脫

之佛性。〔註35〕這一點由下篇〈神不滅論〉可以得到支持。

（五）識鑒、性識與兼忘境界

〈神不滅論〉正面論證神之不滅。策略上，是先論佛之至知的超越性，再由眾生與佛同樣含靈的事實來論證其神不滅。在此擬就其中所反映的理論基礎進行解析。沈約云：

> 含生之類，識鑒相懸，等級參差，千累萬沓。昆蟲則不逮飛禽，飛禽則不逮犬馬，寓明昭著，不得謂之不然。人品以上，賢愚殊性，不相窺涉，不相曉解，燕北越南，未足云疋。其愚者則不辨菽麥，悖者則不知愛敬，自斯已上，性識漸弘。班固九品，曾未概其萬一。何者？賢之與愚，蓋由知與不知也。愚者所知則少，賢者所知則多。而萬物交加，群方緬曠，情性曉昧，理趣深玄。由其塗，求其理，既有曉昧之異，遂成高下之差。自此相傾，品級彌峻，窮其原本，盡其宗極，互相推仰，應有所窮。其路既窮，無微不盡，又不得謂不然也。〔註36〕

沈約指出，眾生之間「識鑒相懸」，彼此有高下之別。六道之間固然如此，即使人之間也同樣賢愚殊性。由此上推，當有「無微不盡」的至高之知，此即是佛之智。沈約又進一步指出「賢之與愚，蓋由知與不知也。愚者所知則少，賢者所知則多」，將眾生賢愚的「識鑒」之別解釋為「知與不知」或「所知」多少之別。此與〈佛知不異眾生知義〉說「凡夫之知與佛之知不異，由於所知之事異，知不異也」，以及〈六道相續作佛義〉所說「轉精之知來應，以至於佛」、「轉闇之知亦來應，以至於六趣」的說法完全相應，皆是以所知的精粗明暗說明眾生的差異；可以想見，「識鑒相懸」背後同樣是以普遍之「知性」、「受知之分」為基礎。又值得注意的是此處「自斯已上，性識漸弘」的說法：〈因緣義〉中已說「因緣性識，其本既異」，「性識」本是獨立於因緣作用之外的好生樂生天性，在此則指稱眾生的「識鑒」能力，如此則它又與「知性」、「受知之分」的概念相通。由此可以確知，（1）「知性」、「受知之分」與「性識」、「情照」確實是同一的概念，故沈約往往交互使用之。（2）相續不斷的「知性」、「受知之分」，獨立於因緣之外的「性識」、「情照」，正是沈約的「神

〔註35〕Whalen Lai 認為沈約以「念」之相續說明「神不滅」，並認為解脫即在中止「念」之相續。Whalen Lai，同注12，頁149、153。此與筆者看法不同。

〔註36〕梁‧沈約：〈神不滅論〉，同注2，頁311。

不滅論」所要論證的對象。又云：

> 且五情各有分域，耳目各有司存，心運則形忘，目用則耳廢。何則？
> 情靈淺弱，心慮雜擾，一念而兼，無由可至。既不能兼，紛糾遞襲，
> 一念未成，他端互起，互起眾端，復同前矣。不相兼之由，由於淺
> 惑。惑淺爲病，病於滯有；不淺不惑，出於兼忘。以此兼忘，得此
> 兼照，始自凡夫，至于正覺，始惑於不惑，不兼至能兼，又〔不得〕
> 謂不然也。〔註37〕

此則以〈形神論〉所說「一念」、「無念」的區別，來解釋佛與眾生之間所「知」
的不同。沈約認爲，眾生「情靈淺弱，心慮雜擾」，只能「一念」而不能兼照。
理由在於：凡夫不能體證「空」之理，「惑淺爲病，病於滯有」。反之，佛的
不淺不惑出於「兼忘」，此是般若觀照的智慧；「以此兼忘，得此兼照」，故佛
之「無念」智慧能夠無知而無不知，超越於凡夫之上而無所不盡。由凡夫修
行至得正覺的過程，即是由「始惑於不惑，不兼至能兼」的工夫歷程。此必
可達成，因爲佛與眾生「知性」、「受知之分」無異。下文即云：

> 又昆蟲夭促，含靈靡二，或朝生夕殞，或不識春秋，自斯而進，脩
> 短不一。既有其短，豈得無長？虛用損年，善攝增壽，善而又善，
> 焉得無之？又不得謂之不然也。生既可夭，則壽可無夭；〔夭〕既無
> 矣，則生不可極。形神之別，斯既然矣；形既可養，神寧獨異？神
> 妙形麤，較然有辨。養形可至不朽，養神安得有窮？養神不窮，不
> 生不滅，始末相校，豈無其人？自凡及聖，含靈義等，但事有精麤，
> 故人有凡聖。聖既長存，在凡獨滅，本同末異，義不經通。大聖貽
> 訓，豈欺我哉！〔註38〕

此處沈約由「形既可養，神寧獨異」論及「養形可至不朽，養神安得有窮」，其
根據在於「形神之別，斯既然矣」、「神妙形麤，較然有辨」的前提。此一論證
效力當然是很有限的，對此學者已多有分析。從沈約的理論模式看來，「神」指
不斷不滅的「知性」，與因緣範疇中的「形」「其本既異，厥體不同」，此是其區
分形、神的基礎。但其實沈約論證神不滅的眞正要點在於「昆蟲夭促，含靈靡
二」、「自凡及聖，含靈義等，但事有精麤，故人有凡聖」這些說法，也就是一
切眾生與佛共有「知性」、「受知之分」、「性識」、「情照」的主張；如前所述，

〔註37〕同注36。「不得」二字依《大正藏》本補，同注13，頁253c。
〔註38〕同注36。「天」字依《大正藏》本補，同注13，頁253c。

此一思想是由佛性學說衍生而來的。沈約認為，「聖既長存，在凡獨滅，本同末異，義不經通」，豈有佛所得之智慧永恆長存，作為其前身之凡夫知性反而斷滅的道理？此處隱藏的前提是：眾生「知性」本來就是「相續不斷」以至於佛的。顯然「神不滅」的結論已經包含在眾生佛性「相續不滅」的前提之中；這其實只是由知性不斷相續的定義直接導引出來的「恆真句」（tautology）。

很明顯地，〈神不滅論〉的全部論證都以前幾篇所述之理論為根基。也可看出，沈約如何將「神不滅」議題轉變為討論「佛性相續不斷」。佛性思想對神不滅論的影響與取代作用於此可見。

（六）神本非形

在最後一篇〈難范縝神滅論〉中，沈約不再提出自己的理論，純粹只針對范縝〈神滅論〉的論證細節提出批判。對此學者已有分析。本文不再涉及細節問題，只就這些論難背後所涉及的「體用」問題作一考察。

沈約對范縝的批判洋洋灑灑，但其根本論點只在批駁「形神相即」之說：

> 來論云：「形即是神，神即是形。」又云：「人體是一，故神不得二。」若如雅論，此二物不得相離，則七竅百體無處非神矣。七竅之用既異，百體所營不一，神亦隨事而應，則其名亦應隨事而改。……言神唯有一名，而用分百體，此深所未了也。若形與神對，片不可差，何則形之名多，神之名寡也？……。

> 若形即是神，神即是形，二者相資，理無偏謝。則神亡之日，形亦應消。而今有知之神亡，無知之形在，此則神本非形，形本非神，又不可得強令如一也。……。

> 來論又云：「生者之形骸，變為死者之骨骼。」案如來論，生之神明、生之形骸，既化為骨骼矣，明生之神明獨不隨形而化乎？若附形而化，則應與形同體。若形骸即是骨骼，則死之神明不得異生之神明矣！向所謂死，定自未死也。若形骸非骨骼，則生神化為死神；生神化為死神，即是三世，安謂其不滅哉！神若隨形，形既無知矣，形既無知，神本無質；無知便是神亡，神亡而形在，又不經通。若形雖無知，神尚有知，形神既不得異，則向之死形，翻復非枯木矣！

〔註39〕

〔註39〕梁・沈約：〈難范縝神滅論〉，同注2，頁311-313。

如前所見，范縝主張「神即形也，形即神也」，二者「名殊而體一」，只是同一物的兩個不同面向。〔註40〕就此看來，沈約並沒有歪曲范縝的原意，因為范縝的「體用觀」本即主張形神「一體」，而不認為是「二體相即」。沈約的攻擊焦點即在此：（1）若「形」就是「神」，根據形神一體原則，形體各部位各有名稱則神亦應多名；但此非事實，故知形神非一體。（2）根據形神一體原則，人死「神亡之日，形亦應消」，神亡則形亦必亡；但人死神亡而形尚存，故知形神非一體。（3）又根據形神一體原則，「此二物不得相離」，有「形」必有「神」；神既不離形，人死後形尚存，可知神當然不滅。如果生之形體即死之骨骼，則「死之神明不得異生之神明」，死者之神即是生者之神，神自然不滅。如果是生之形體變化為死之骨骼，則「生神化為死神」，此死者之神即由生者之神變化而來，同樣還是不滅。（4）如果辯稱死之形體本無知，「無知便是神亡」，此則有形無神，便違反形神一體原則。如果辯稱死之形體無知而神有知，既然形神一體，則如何可能有死人無知之形體？這都是利用歸謬證明法，由范縝自己「形神一體」的前提所導引出的矛盾。沈約其他的論難，如「刀利之喻」的問題，也都是以此為根據。

這樣看來，此文的焦點在於反對「形神相即」、「形神一體」；沈約的立場可由「神本非形，形本非神，又不可得強令如一」來概括。如前所述，他主張「因緣性識，其本既異」、「其本既異，厥體不同」，認為「性識」、「情照」的相續本獨立於因緣生死之外；這應該就是他強調形、神差別的理由所在。不過沈約雖然反對范縝「形神一體」的想法，但他也說「含靈之性，莫不樂生；求生之路，參差不一。一爾（念）流遷，塗徑各異；一念之間，眾緣互起；一因一果，內有差忒」，又說「先有情照，却有因果，情照既動，而因果隨之。未有情照，因果何託」，認為「念」所引生的因緣相生、生死流遷，都由「性識」、「情照」所發出，並以之為本；換言之，「形」乃以「神」為本。可知形、神之間雖然不能說有體用關係，但由「神」至「形」的派生關係是很清楚的。

三、小結：從神不滅到佛性思想

綜上所述，可知沈約的神不滅思想，實以「眾生正因」之說為理論基礎。他主張眾生的「知性」、「受知之分」相續不斷，是輪迴生死或修行成佛的連

〔註40〕梁・范縝：〈神滅論〉，同注5，頁408、411。

續同一體。它同時也是眾生好生、樂生的「性識」與代表自由意志的「情照」。此一相續不斷的連續體獨立於善惡之「念」所引發的因緣生死之外，但卻又是因果輪迴的根據。修行的目的，即在於「無念」、「兼忘」，使自己的「知性」所知純化，而達到佛陀智慧的境界。這些主張體現了沈約深刻的理論思維。

可以看出，沈約在形神辯論的枝末問題之外，在佛學理論方面實有極深刻的反省與成就。他將「神不滅」問題的基礎建立在對「佛性」意涵的思索之上；對他而言，二者同一無別，由眾生佛性、知性常傳來解釋神不滅，是再自然不過之事。這是一個很有意義的重要現象。（1）在此「神不滅」的內涵意義有了改變：不滅之神不再是過去所說的常存「實體」，而是相續不斷的知性或緣慮之心。這樣的主張更符合佛教一貫的「無我」立場，顯然是「神不滅」思想發展上的重大轉變。（2）此一轉變顯然是由《涅槃經》及其引發出來的「眾生正因說」所造成。事實上，沈約的理論即是「眾生正因說」的延伸，對他而言「神不滅」與「佛性」的界限並不存在。與其說這是「神不滅說」，不如說是「佛性論」；與其說他將「神不滅」問題的基礎建立在「佛性」思想之上，不如說他直接以「佛性」理論取代了傳統的「神不滅」之說，因而才造成了此一轉變。（3）沈約之所以能夠達成這一點，是因為《涅槃經》主張眾生與其緣慮心相續不斷，能夠對眾生的生死輪迴作出說明。這正是「神不滅」思想的關心問題。因此，對於像沈約這樣致力於「神不滅」思索的佛教學者而言，《涅槃經》的「佛性」思想無疑提供了一個新的理論方向與經典根據。「佛性」思想如何影響、改變，甚至取代了南朝的「神不滅」思想，在沈約的身上可以清楚看出。

如前所述，學者一般認為「神不滅」與「佛性」二者本是全不相關的問題：「神不滅論」攙雜本土靈魂思想，是對佛教教義的曲解；「佛性論」處理眾生普遍的成佛根據問題，與「神不滅論」所說的靈魂不滅無關。〔註41〕因此這一現象往往被視為只是思想上的夾雜與混亂。但如本文所分析，《涅槃經》的「佛性論」既然以眾生相續為核心，被用來改造並進一步取代舊有的神不滅論，是理所當然之事，絕不能說二者並不相關。又如沈約利用眾生正因說來解釋神不滅，「神」在此已不再是轉世的「實體」性存在，而是眾生相續不

〔註41〕古田和弘：〈中國佛教における佛性思想の一側面〉，《佛教學セミナー》30（1979），頁16-25；中西久味：〈六朝齊梁の「神不滅論」覺え書——佛性說との交流より〉，《中國思想史研究》第4號（1980），頁105-130。

斷的「知性」，這並不違反《涅槃經》與佛教的教義，因此恐怕也不能說是思想的夾雜混亂。正如本文所示，從《涅槃經》到南朝「眾生正因說」，再到沈約的神不滅思想，其理論發展一脈相承，正好顯示了「佛性論」影響並取代「神不滅論」的歷程。此一轉變與發展在思想史上的意義應值得重視。

第三節　梁武帝：形神論爭的終結與轉向

　　梁武帝蕭衍（464-549）在位的四十八年間，是南朝佛教發展的鼎盛時期。武帝作為一虔誠的佛教徒，以帝王之力全力扶植佛教，在位其間廣延名僧，屢設法會，不但投入譯經、造像、建寺等佛教事業，並且還積極涉入戒律制定等佛教內部事務，甚至四次捨身佛寺。除此之外，他於佛教義學方面，亦有相當興趣與造詣，自制「《涅槃》、《大品》、《淨名》、《三慧》諸經義記，復數百卷」，〔註42〕躬自講說。〔註43〕這給佛教的成長提供了良好的外緣背景，使得南朝佛教學派的發展以及思想義理的深化，得到空前蓬勃的發展。

　　如前所述，范縝〈神滅論〉之作引起齊、梁時朝野震憾。當時梁武帝以帝王之尊，寫了〈敕答臣下神滅論〉，對范縝提出反駁，並要求臣下表態。除此之外，梁武帝亦作有〈立神明成佛義記〉，則少為學者注意。此文收於梁·僧祐所編的《弘明集》卷9，亦是為反駁范縝〈神滅論〉所作。〔註44〕今本隨文附有其臣下沈績所作的〈序〉與〈注〉。沈績是響應梁武帝〈敕答臣下神滅論〉的王公大臣之一，除知其曾為建安王外兵參軍以外，其餘事蹟不詳。〔註45〕此文著成年代雖不見記載，〔註46〕但作為反駁〈神滅論〉的作品之一，它不但在現存

〔註42〕《梁書》卷3〈武帝本紀下〉，同注3，頁96。

〔註43〕關於梁武帝奉佛事蹟及當時佛教興盛情形，見：湯用彤：《漢魏兩晉南北朝佛教史》（北京，北京大學出版社，1997年），頁337-341、501-503；顏尚文：《梁武帝》（臺北，東大圖書公司，1999年），頁166-168。

〔註44〕湯用彤：同注43，頁506。此由〈立神明成佛義記〉本文及沈績〈序〉〈注〉中多處暗批范縝之語（詳下文），以及僧祐將它與蕭琛、曹思文等人攻難〈神滅論〉之文並收於《弘明集》卷9，即可看出。

〔註45〕法雲：〈與王公朝貴書——并六十二人答〉，《弘明集》卷9，《大正藏》卷52，頁62b。

〔註46〕伊藤隆壽推定其當寫成在天監元年至天監七年（502-508）之間。見：伊藤隆壽：〈梁武帝『神明成佛義』の考察——神不滅論から起信論への一視點〉，氏著：《中國佛教の批判的研究》（東京，大藏出版株式會社，1992年），頁249-250。案：伊藤氏在肯定此文為反駁〈神滅論〉而作的前提下，因認定〈神滅論〉著成於南齊末，故推斷範圍稍寬。若後者寫成於天監六年（507）（見注3），則〈立

「形神之爭」的相關文獻中處於最後期的位置；而且，就思想內容而論，〈立神明成佛義記〉更具有終結形神之爭的重要意義。

然而，學者似未能給它應有的重視，論及魏晉六朝的「形神生滅」問題時，似乎都不曾將它納入考慮，亦罕能注意此文在形神問題發展上的重要性以及它在思想史上的意義。從「佛性」思想的角度來看，學者們間或論及此文，亦多貶抑批判之辭，鮮少正面論及他在佛性思想或整個佛教思想史上的貢獻。反而是歐美及日本學者早已經先認識到梁武帝此文以及沈績〈注〉的價值，並且給予它相當的評價。〔註 47〕本節擬以前人的研究成果為基礎，對梁武帝思想進行深入探究。首先分析〈立神明成佛義記〉的思想義旨與特色，其次闡明梁武帝在推進「形神之爭」理論思維方面的成就與貢獻，最後略論它在神不滅思想的轉向以及南朝佛性思想發展中的地位。

一、〈立神明成佛義記〉思想分析

首先論析梁武帝〈立神明成佛義記〉思想要旨。我們可先由此文篇首的沈績〈序〉，概要地掌握其立文宗要：

> 夫神道冥默，宣尼固已絕言；心數理妙，柱史又所未說。非聖智不周，近情難用語遠故也。是以先代玄儒，談遺宿業；後世通辯，亦滯論來身。非天下之至慮，何得而詳焉！

> 故惑者聞識神不斷，而全謂之常；聞心念不常，而全謂之斷。云斷則迷其性常；云常則惑其用斷。因用疑本，謂在本可滅；因本疑用，謂在用弗移。莫能精求，互起偏執，乃使天然覺性，自沒浮談。聖

神明成佛義記〉的寫成容或只在天監六年至天監七年（507-508）之間。諏訪義純便將其繫於天監六年（507）。見：諏訪義純：〈梁武帝佛教關係事蹟年譜考〉，氏著：《中國南朝佛教史の研究》（京都，法藏館，1997 年），頁 29。

〔註 47〕 前此關於梁武帝思想的研究，可參看：湯用彤：同注 43，頁 501-508；任繼愈主編：《中國佛教史（第三卷）》（北京，中國社會科學出版社，1997 年），頁 30-38；郭朋：《中國佛教思想史（上卷）》（福建，福建人民出版社，1994 年），頁 518-529；方立天：〈梁武帝蕭衍與佛教〉，氏著：《魏晉南北朝佛教論叢》（北京，中華書局，2002 年），頁 188-219；賴永海：《中國佛性論》（北京，中國青年出版社，1999 年），頁 45-52；潘桂明：《中國居士佛教史》（北京，中國社會科學出版社，2000 年），頁 191-202。外國學者專就〈立神明成佛義記〉討論者，有：Whalen Lai, "Emperor Wu of Liang on the Immortal Soul, Shen Pu Mieh", Journal of American Oriental Society 101:2（1981 年）: pp.167-175.；伊藤隆壽：同注 46，頁 233-278。

> 王……是以著斯雅論，以弘至典。〔註48〕

沈績以臣子身分爲君王御制作〈序〉〈注〉，其注解應該受到梁武帝本人認可。根據沈績的說法，梁武帝作此文的動機，本在維護「宿業」、「來身」之說的實在性。而其中的關鍵問題，便在於澄清「天然覺性」的意義與內涵。一般俗人，或偏執於「識神」的永恆不變，或只見到「心念」的流動無常，因而落入「常見」或「斷見」，而不能明白二者之間乃是「體」「用」不即不離的關係，並非執於一偏所能概括。沈績的說明，雖然在用語上不盡與梁武帝原文相同，但已扼要地道出〈立神明成佛義記〉一文的重點：梁武帝所關心的，正是牽涉到佛教輪迴業報之說能否成立的「神滅」、「神不滅」問題。但是對他而言，輪迴業報的根本依據，必須在人人皆有的「佛性」中尋求，故此文名爲〈立神明成佛義記〉。單純地主張「神不滅」或「神滅」都只是一偏之見；必須用「體」「用」互攝的觀點才能掌握「形神生滅問題」的解答。以下依序分析梁武帝論證的細節。

（一）神明佛性之特質

首先，梁武帝指出，佛法修行的根本，在於先確立「正信」、「正解」；而人之所以能得到正信正解，在於人人本有不斷而常存的「神明」：

> 夫涉行本乎立信，信立由乎正解。解正則外邪莫擾，信立則內識無
> 疑。然信解所依，其宗有在。何者？緣神明以不斷爲精，精神必歸
> 妙果。〔註49〕

「神明」因爲永恆常存，故以「精」形容之，可稱爲「精神」。就此文觀之，「神明」或「精神」的意義可以從兩方面來看：一方面，此不斷滅的「精神」是人得以成佛的「主體」，故說依此「精神」有朝一日終將證得妙果的境地；另一方面，「精神」之所以「必歸妙果」，因爲它正是人得以認識、信仰佛理的根據，故梁武帝說「神明」是「信解所依」之宗本。沈績〈注〉亦云：

> （神明）以其不斷，故終歸妙極；憑心此地，則觸理皆明。明於眾
> 理，何行不成？信解之宗，此之謂也。

沈績以「心」與「神明」互釋，與梁武帝用法相同（詳下文）。「神明」不但是人得以成佛的主體，也是能夠把握真理的認識心；並且正是由於此「心」具有「觸理皆明」的認識功能，能夠建立佛法信解，故能作爲成佛根據，使

〔註48〕 梁·蕭衍：〈立神明成佛義記並沈績序注〉，《弘明集》卷9，同註1，頁401-402。
〔註49〕 同註48，頁403。

其自身達到涅槃妙果的境界。在此，梁武帝以「神明」為人成佛的根據，乃是以「神明」為「佛性」，而其著眼點似乎正是「神明」或「心」能夠明瞭眾理的能力。這樣看來，很顯然地「神明」一詞原來所要形容的正是此種明識功能。可以看到，梁武帝所說的「神明」，雖然在用語上看似是指某種不滅的「靈魂」之「神」，但其實它作為成佛根據的「佛性」，特別是以能明理之「心」來說佛性的意味十分濃厚。

下文云：

> 妙果體極常住，精神不免無常。無常者，前滅後生，剎那不住者也。
>
> 若心用心於攀緣，前識必異後者，斯則與境俱往，誰成佛乎？〔註50〕

沈績〈注〉云：「妙果明理已足，所以體極唯常；精神涉行未滿，故之不免遷變。」這是說如果「神明」達到了涅槃妙果，自然是處在永恆不斷的「唯常」境界；但是在未得妙果之前，「神明」或「精神」雖說恆常不斷，其自身不免仍有變化遷流的「無常」一面。梁武帝指出，這「神明」或「心」的無常面向，便是指它自身攀緣外境的情形；如果只就「精神」此一無常面而言，它只是意識的奔流交替而已，在其中人沒有成佛的可能。沈績〈注〉云：

> 夫心隨境動，是其外用；後雖續前，終非實論。故知神識之性湛然
> 不移，故終歸於妙果矣。

此處沈績將「神明」「心隨境動」的無常面向，稱為其「外用」，以區別於其恆常不斷、本爾湛然的本性一面。這是說，雖然「神明」有這無常的「外用」一面，但「神明」之本性是湛然不移的；相對於前滅後生的「無常」一面，只有此不移不斷的「神明」本性才是人「終歸妙果」的根據。關於「神明」的這「體」「用」二面，梁武帝下文另有說明。

以上是〈立神明成佛義記〉開頭部分對於「神明」的論述。梁武帝論此「神明」，特別著眼於它為明識之「心」的特色，以此作為人成佛的根據。唐・均正《大乘四論玄義》與新羅・元曉（617-686）《涅槃宗要》論及六朝諸家佛性學說，各有云：

> 第四、梁武蕭天子義：心有不失之性，真神為正因體。已在身內，
> 則異於木石等非心性物。此意因中已有真神性，故能得真佛果。故
> 《大經・如來性品》初云：「我者即是如來藏義。一切眾生有，佛性
> 即是我義。」即於木石等為異。亦出二諦外，亦是小亮氣也。（均正

〔註50〕同注48，頁404。

《大乘四論玄義》）〔註51〕

心有神靈不失之性。如是心神已在身內，即異木石等非情物，由是
能成大覺之果，故說心神爲正因體。〈如來性品〉云：「我者即是如
來藏義，一切眾生悉有，佛性即是我義。」〈師子吼〉中言：「非佛
性者，謂瓦石等無情之物，離如是等無情之物，是名佛性故。」此
是梁武簫焉（蕭衍）天子義也。（元曉《涅槃宗要》）〔註52〕

如均正所言，梁武帝之佛性說實承自寶亮（444-509）。如前章所言，寶亮甚受
梁武帝優禮，「天監八年初勅亮撰《涅槃義疏》十餘萬言」，武帝並親爲之作
〈序〉；二者之間有學術思想之關連亦是自然之事。〔註53〕如引文所見，均正、
元曉都指出了梁武帝將「心」、「性」、「神明」等同以解說佛性的特色，與上
文分析可以互參。由二者的敘述來看，梁武帝特別從對比於無情之物的角度，
來說明佛性的意義；也就是說，雖然梁武帝使用「神明」「眞神」來指稱「佛
性」，但是它的意義在於：擁有「神明」者便是有心性、有情的存在，而非如
木石一般爲「非心性物」、「非情物」。這樣看來，能否成佛的關鍵在於是否有
心性情，而「神明」或「眞神」的根本意涵實是在此「心性」方面；此可印
證上文說梁武帝著眼於心識能力而說「神明」爲「佛性」之意。吉藏（549-623）
《大乘玄論》列舉十一家佛性說，其中第六家「以眞神爲正因佛性」亦是就
梁武帝而言；他又說：

次以心爲正因，及冥傳不朽、避苦求樂及以眞神、阿梨耶識，此之
五解，雖復體用眞僞不同，並以心識爲正因也。（吉藏《大乘玄論》）
〔註54〕

這也說明，梁武帝的「神明」概念其實是以「心」爲其內涵。事實上，如本
文所示，以「神」、「神明」爲「心」之同義詞，本是漢語原有的用法，更是
六朝人普遍的習慣。如前所述，從初期翻譯佛典開始，早期的佛教學者康僧
會（？-280）、道安（312-385）、支遁（314-366），至初期神不滅論者慧遠
（334-416）、宗炳（375-443），解空第一的僧肇（384-414），直至南朝涅槃師
僧宗（438-496）、寶亮、僧旻（467-527）、智藏（458-522）等人，無一不是如

〔註51〕　《大乘四論玄義》，同注20，頁 46c-d。
〔註52〕　新羅‧元曉：《涅槃宗要》，《大正藏》卷38，頁 249a-b。
〔註53〕　《高僧傳‧寶亮傳》，同注23，頁 336-339。參見：Whalen Lai：同注47，頁
　　　　　168、173；伊藤隆壽：同注46，頁 262-264。
〔註54〕　隋‧吉藏：《大乘玄論》，《大正藏》卷45，頁 36a。

此。換言之，「神」、「神明」即是「心」，此乃是六朝佛教學者共通的語彙定義。然而，學者們論及梁武帝佛性思想時，多只注意到他以「神明」説佛性，因而認爲他以輪迴主體之「靈魂」爲佛性。但由上文的分析可以發現，雖説他使用了「神明」一辭，但實際上本是指「心」的意義而言。正如伊藤隆壽所指出的，它作爲「靈魂」的意味十分稀薄。〔註55〕嚴格説來，除了「不斷爲精」的説法勉強可説與一般所謂的「靈魂」意義相通之外，實在看不出「神明」與「靈魂」二概念之間有何必然關係。

（二）無明神明及其本一用殊

承上文論及「心」的無常一面，梁武帝接著論述「無明神明」與其「本」、「用」的問題。他説：

> 經云：「心爲正因，終成佛果。」又言：「若無明轉，則變成明。」
> 案此經意，理如可求。何者？夫心爲用本，本一而用殊；殊用自有
> 興廢，一本之性不移。一本者，即無明神明也。〔註56〕

梁武帝在此提出「心」概念，他明確地指出：「心」就是「無明神明」，它是與「殊用」相對的「一本之性」；此與前文沈績等同「心」、「神明」的用法呼應。他又説：此「心」便是成佛的「正因」，只要轉變其自身之「無明」爲「明」，便成佛果。那麼，何謂「無明神明」？「心爲用本，本一而用殊」的説法，雖然在詞彙上是「本」、「用」，顯然已運用了「體用」範疇；「體」顯然指「心」或「無明神明」，但此處的「用」又何所指？

梁武帝先釋「無明」之義：

> 尋無明之稱，非太虛之目。土石無情，豈無明之謂？故知識慮應明，
> 體不免惑，惑慮不知，故曰無明。〔註57〕

所謂「無明」，並非指一無所有的太虛無物，亦非「沒有『明』」之意；像土石無情之物，雖然無識無知，但並不是「無明」。後文梁武帝有云「心識性一」，由此可知「識慮」亦是指「心」而言。而此處言「識慮應明」，這是説，心識原來應當是清淨澄明的。顯然這是「心性本淨」的思想。在〈淨業賦〉中，

〔註55〕伊藤隆壽：同注46，頁259。
〔註56〕同注48，頁404-405。此處所引經文，如伊藤隆壽所指出，係出自《大般涅槃經》〈師子吼品〉與〈如來性品〉，《大正藏》卷12，頁769a、652a。同注46，頁262。此依《南本》，因南朝涅槃學者所宗爲《南本》之故。北本在同卷，頁524c、411a。
〔註57〕同注48，頁405。

梁武帝也說「觀人之天性，抱妙氣而清淨」，可與此文互相印證。〔註58〕此種本淨思想應是在《涅槃經》與如來藏思想影響下的產物。〔註59〕然則所謂「無明」，便是指本來應當為「明」的本心之識慮，由於自體的迷惑所落入的「惑慮不知」的不清明狀態。沈績〈注〉云：

> 明為本性，所以應明。識染外塵，故內不免惑。惑而不了，乃謂無明。

「明為本性」，心性的本來狀態應該是「明」；但由於迷惑不了，因此才稱之為「無明」。然則，由梁武帝「識慮應明，體不免惑，惑慮不知，故曰無明」的說法看來，「無明」雖說是本淨心性的迷惑，但「明」與「無明」實在只是指同一個心性或淨或染、或覺或迷的不同狀態而已；「無明」並不獨立於「明」而存在，「無明」即是「明」，它只是本淨「神明」的另一樣態而已。因此梁武帝引經文說「若無明轉，則變成明」，又說「心為用本」、「一本者，即無明神明也」，把「無明」與「神明」共同視為「一本」，並一起收歸於「心」之下。後文亦明白指出「無明即是神明」。這便說明：「無明」與「神明」同為一「心」，它們只是此一心的不同面相而已。梁武帝將「無明神明」合起來指稱「心」，顯然是為了說明「心」所同時具有的染淨二面。

「心」或「無明神明」既是「本」，那麼它的「用」是指什麼？下文云：

> 而無明體上有生有滅；生滅是其異用，無明心義不改。〔註60〕

在此心的「無明」狀態之下，於其「體」上便有「生滅」的現象；「無明神明」是「本」或「體」，「生滅」的現象便是其「用」。此處所說的「生滅」，指的是外在現實世界中的種種生滅變化現象，尤其特就人的生死輪迴而言，此觀後文可知。梁武帝認為：「心」即「無明神明」，它是一切生滅變化的根本。「心」與一切生滅變化現象之間乃是「體用」關係；生滅現象是「自有興廢」的殊別「異

〔註58〕梁・蕭衍：〈淨業賦〉，《廣弘明集》卷29，同註2，頁464。

〔註59〕賴永海認為此說近似部派佛教「心性本淨，為客塵煩惱所染」之說；伊藤隆壽則認為其心淨思想顯然以如來藏說為基礎。案：《大般涅槃經》有云「所謂佛性，非是作法，但為煩惱客塵所覆」、「性本淨故，雖復處在陰界入中，而不同於陰入界也」，《大正藏》卷12，頁411b、414a；梁武帝甚為熟悉《涅槃經》，由本文多處引用經文可知，故似不必遠求「客塵煩惱」於部派思想。更何況梁武帝將「無明神明」同歸一心，與部派區分心性客塵為二亦有不同（詳下文），故伊藤氏之說似為有據。見：賴永海：同註47，頁48；伊藤隆壽：同註46，頁260-261、271。

〔註60〕同註48，頁405。

用」，但是「無明神明」作為這些現象的「體」則是恆常不變的。〔註61〕

　　這裡有幾個地方值得注意：（1）梁武帝說「心」為「本」、「體」，生滅變化是其「用」，但是他特別指出「無明體上有生有滅」；這就是說，所謂的生滅現象之為「用」，是由染污的「心」之「無明」一面所引起的，並不是本來清淨的應「明」之「心」本有的作用。（2）順此，生死輪迴的現象，同樣也是人自己的無明「心」所造成的。然而，生死的變化只是「用」，作為「體」的「心」、「無明神明」則是永恆不變的。（3）由於現實中的一切事物本是生滅不停的，因此主張生滅變化乃是「心」之異用，等於是說此一流變的現實世界，也是由「無明神明」的「心」所造成的。並且此世界不過是此一「心」之「用」，它不能離開「心」而獨立存在，「心」才是現實世界之「體」。這樣的主張，顯然帶有相當強烈的「唯心主義」（Idealism）色彩。

　　若是如此，那麼前文「心用心於攀緣」的說法又該如何解釋？這是否暗示在「心」「性」之外另有外物客塵，而且攀緣外物客塵正是無明與輪迴的原因？應該指出，《涅槃經》中本就有「煩惱客塵」的說法，〔註62〕梁武帝在〈淨業賦〉中亦有「過恆發於外塵」、「既除客塵，反還自性」之語，〔註63〕但〈立神明成佛義記〉並無此說。就此文來看，梁武帝以「無明神明」之「心」為「體」，收攝一切生滅變化之「用」，此一特色十分明顯。細察原文，「若心用心於攀緣，前識必異後者，斯則與境俱往，誰成佛乎」一語說明的是其上文所言「精神不免無常」的一面；參照後文「殊用自有興廢，一本之性不移」等說法，可知「精神」或「無明神明」之無常一面，所指的是「無明神明」體上所生之「用」，也就是現實世界中的生滅變化。由此看來，或者「心用心於攀緣」是指心攀緣其自體所生之生滅遷變之「用」，或者「心用心於攀緣」自身也就是生滅遷變之「用」；但無論如何，此「用」不在「體」外，它依「心」而成用。這樣說來，所謂心「攀緣外境」並非心外別有外境可攀；就根本上

〔註61〕有學者認為此處所言「體」「用」乃是分指「神明」與「無明」，如：伊藤隆壽：同注46，頁265、272；潘桂明：同注47，頁195。Whalen Lai 則以為此「體」「用」分別指「心」與「識」而言；Whalen Lai：同注47，頁167、169、174。但由「一本者，即無明神明也」、「無明體上有生有滅，生滅是其異用」的說法來看，「無明神明」為「體」，「生滅」方是其「用」。不過，Whalen Lai 與伊藤隆壽都已經指出梁武帝以「心」、「神明」為生死輪迴基礎，並強調其說在形神論爭中的重要性。

〔註62〕見注59所引經文。

〔註63〕同注58，頁464-465。

來看，「精神」的無常，心念的攀緣，皆是「無明」之用，而它們都是此一「心」的產物。在此，「心」與外境不是截然二分的，它們被梁武帝用「體用」關係結合在一起。

似此，梁武帝使用「體用」概念，將「無明神明」之「心」與現實世界的生滅現象連結起來，用以說明雖然現象世界有生有滅，但「一本之性不移」、「無明心義不改」，「心」、「無明神明」是永恆不變的。他說：

> 將恐見其用異，便謂心隨境滅，故繼無明名下加以住地之目。此顯無明即是神明，神明性不遷也。〔註64〕

此處明白指出「無明」並不是外來的，它其實就是「神明」自體；雖然造就一切生滅變化，神明自體卻是永恆不變的。因此梁武帝於「無明」之下「加以住地之目」，表明「無明」不離「神明」。〔註65〕但人們往往迷惑於現象世界的生滅變化，卻不知道在變化之後，另有作爲其「體」的「心」存在。沈績〈注〉云：

> 惑者迷其體用，故不能精。何者？夫體之與用，不離不即。離體無用，故云不離；用義非體，故云不即。見其不離，而迷其不即；迷其不即，便謂心隨境滅。

一般人的錯誤，就在於不明白此中的「體用」關係。「體」與「用」是「不離不即」的：離體固然無用，此曰「不離」；但是用也不是體，此曰「不即」。惑者正是因爲不能認識這一點，故認爲心隨境滅。梁武帝與沈績的這些話，很明顯地是針對主張「神滅論」者，特別是范縝而發的。對此，後文將再進行分析。

下文續云：

> 何以知然？如前心作無間重惡，後心起非想妙善，善惡之理大懸，而前後相去甚迥；斯用果無一本，安得如此相續？是知前惡自滅，惑識不移；後善雖生，闇心莫改。故經言：「若與煩惱諸結俱者，名爲無明；若與一切善法俱者，名之爲明。」豈非心識性一，隨緣異乎？〔註66〕

〔註64〕同注48，頁405-406。

〔註65〕案《勝鬘經》云「無始無明住地」，《大正藏》卷12，頁22a。隋·吉藏：《勝鬘寶窟》云：「言住地者，本爲末依，名之爲住；本能生末，目之爲地。」《大正藏》卷37，頁50b。梁武帝蓋取「無明」依止「神明」並能生出興廢異用之意而說「住地」。

〔註66〕同注48，頁406。梁武帝所引經文，出自《大般涅槃經·如來性品》，《大正

舉例而言：此「心」可以行善，可以爲惡。雖然善惡之果，能如無間地獄之
懸隔於非想天，但無論如何，善惡總是同此一「心」所發動。梁武帝認爲，
正是因爲「心」是不變的「一本」，才能表現出不同的善惡之「用」；但現實
中善惡作爲的遷變，並不影響此「心」的永恆存在。此處又明白地指出「明」
與「無明」的差別，在於「心」與煩惱俱或與善法俱，這表示此二者不過是
同此一心或覺或迷的不同狀態，而「心」「識」之名也不過是此「本」隨緣而
得的異稱而已，作爲「本」或「體」的「無明神明」之「心」是永存不變的。

> 故知生滅遷變，酬於往因；善惡交謝，生乎現境。而心爲其本，未
> 曾異矣。以其用本不斷，故成佛之理皎然；隨境遷謝，故生死可盡
> 明矣。〔註67〕

現實中的生滅遷變是過去業力所致，而或善或惡則是當下所能掌握，但根本
上它們都是同一個「一本之心」所發出的「用」；而這隨境遷謝之「用」的具
體內容，就是生死輪迴。可以看到，梁武帝明確地現實中的生滅遷變與生死
輪迴之事，當成此一心之「用」。我們也可以清楚地看出梁武帝〈立神明成佛
義記〉一文的企圖：根據「心」或「無明神明」的「本一用殊」理論，不但
可以說明成佛的根據，同時也可以說明生死輪迴。沈績〈注〉云：

> 成佛皎然，狀其本也；生死可盡，由其用也。若用而無本，則滅而
> 不成；若本而無用，則成無所滅矣。

一方面，作爲一切生滅現象之「本」的「心」或「神明」，是永存不變、本來
清淨、明於眾理、必歸妙果的，它就是人所本具的佛性，它的存在保證了成
佛的可能性。另一方面，此「心」的「無明」一面所造成的「用」則是遷變
無常的，它就是一切現實世界中的生滅變化，這就說明了生死輪迴的現象。

以上是〈立神明成佛義記〉對於「無明神明」及其「體用關係」的論述。
可以看出，梁武帝的思想其實是寶亮佛性理論的進一步發展。如前所述，寶
亮改變了早期涅槃師排斥眾生有存在實體的思潮：他提出「神明妙體」概念，
認爲此是由眾生至佛之間永恆不變的真正「實體」，眾生的輪迴生死、作業受
報以它爲存在根源，眾生的除迷解脫也以此爲基礎；它正是一切染淨存在之
「體」，染淨存在則是其「用」。此是佛性思想走向實體化的重要發展。但寶
亮的工作並不完全，對他而言，「神明妙體」仍然不被賦予「佛性」的地位，

藏》卷12，652b。伊藤隆壽：同注46，頁270。北本見同卷，頁411b。
〔註67〕同注48，頁406-407。

「正因」、「緣因」仍然只是緣慮心識中的作用；而「神明」與「心」仍然也只是相續不斷的緣慮心識；這些概念都不等於「神明妙體」。就此而言，梁武帝的思想無疑是寶亮思想的進化：一方面，他繼承了寶亮「神明妙體」的概念，承認眾生在生死輪迴中確有不變的「實體」，此即「無明神明」；並且運用寶亮的「體用」思想，將生死解脫之作用俱收攝於「無明神明」之下。另一方面，他不再將「神明」與「心」只視爲緣慮心識，而直接將「神明妙體」、「神明」與「心」等概念簡化融合爲一，成爲「無明神明」的一本之「心」，並直接以此一本之「心」爲「正因佛性」。顯然，梁武帝的體系一元唯心思想的型態更爲完備，更爲類似後世所謂的眞常思想。

似此，梁武帝將「無明」與「神明」視爲同一個「心」的不同面向，並且以「體用關係」將「心」與現實世界的生滅變化結合起來。利用這種方法，梁武帝不只建立了自己的佛性理論，同時也解釋了現實世界的存在與生死輪迴的根源，這使得它不但是佛性思想，同時也具有一套形神理論所應有的功能，成爲一套特殊的思想系統。以下我們便來檢視此一思想體系的重要性與意義。

二、形神論爭的終結

（一）最高理論成就

其次，我們來檢視〈立神明成佛義記〉一文在魏晉南北朝「形神論爭」中的地位與意義。如前所言，因爲范縝將「體用」範疇引入形神生滅問題的討論，並且藉以完成了一元的形神觀，因此他的〈神滅論〉被普遍認爲在理論思辯方面達到了當時此一領域的最高成就。

但是，當我們把注意力放回梁武帝身上，便會發現，范縝〈神滅論〉所具有的這兩項優點，在〈立神明成佛義記〉中同樣也都具備。首先，梁武帝用「心」、「無明神明」來指稱常存不滅的佛性；而人的輪迴生死以及現實世界中的一切生滅現象，則是此「心」的「無明」一面所生起的「用」。「體」本身是恆常不變的，而「用」卻變化無常；但不論其「用」如何變化，「心」或「無明神明」本身都不移不斷。顯然這一套說法與范縝〈神滅論〉一樣運用了「體用」範疇。其次，「無明神明」是「體」，而輪迴生死只是此體之「用」，雖然「神明」不等同於所謂靈魂，但若單就形神論爭的角度來說，這也等於說「神」才是體，而「形」的生滅其實只不過是神之用；這顯然是一種一元唯心論的觀點。可以看到，梁武帝與范縝一樣，都完成了「形神一元」的理論型態。

　　比較起來，范縝主張「形者神之質，神者形之用」，梁武帝則主張「生滅是其異用，無明心義不改」，他們所完成的體系，其實在理論型態方面十分類似，都是運用體用範疇所建立的形神一元論，只是雙方對於「形」、「神」二者孰爲「體」孰爲「用」的看法正好相反，因而有唯心唯物的差異。假如我們認爲范縝的〈神滅論〉因爲運用「體用」範疇並完成「形神一元」的理論，因而是「形神論爭」中思辯成就最高的作品；那麼，基於同樣的理由，我們也應該承認梁武帝的〈立神明成佛義記〉，在理論的成就方面比起范縝〈神滅論〉毫不遜色。

（二）一元體系之完備

　　就思想史的發展而言，如同范縝〈神滅論〉是對神滅思想的重大革新，〈立神明成佛義記〉的出現也標誌著神不滅思想的重要進展，在形神論爭的發展過程中有其重要意義。

　　首先，關於「形神一元」方面。如前所述，歷來支持「神不滅」者所要面對的問題之一，便是如何說明「形」「神」之互動。並且，由於對佛教而言，形體的存在與生死輪迴密切相關，因此對「形」「神」關係的解釋還牽涉到迷悟之別的問題。走向形神一元對論證的簡潔與便利有幫助，而對持「神不滅論」的佛教徒而言，唯心主義一元論便是合理的選擇。如前章所見，中國佛教學者從一開始便顯露初強烈的眞常思想傾向，將生死輪迴與解脫還淨俱歸之於「心」之染淨。但是在「心」、「神」的存在關係上，則一向仍持二元論的立場。就此，宗炳的〈明佛論〉是很好的例子，如前所見，他在梁武帝之前便已經明確地提出了「心作萬有」〔註68〕的主張：

> 眾變盈世，群象滿目，皆萬世以來精感之所集矣。故佛經云：「一切諸法，由意生形。」又云：「心爲法本」、「心作天堂，心作地獄」，義由此也。〔註69〕

宗炳認爲，「心」因「情識」作用生出現象世界的具體事物，是此一現實世界的根源。這個說法已經具有強烈的唯心主義色彩，將它運用在形神範疇上，是可以建立形神一元之說的。然而，宗炳卻沒有這樣做，他認爲「神非形作，合而不滅」、「神妙形麤，而相與爲用」，依舊持形神二元的觀點。〔註70〕這是

〔註68〕劉宋・宗炳：〈明佛論〉，《弘明集》卷2，同注1，頁69。
〔註69〕同注68，頁81。
〔註70〕同注68，頁75、84。

因爲，他雖然主張「心作萬有」，但卻認爲心與物畢竟是兩種不同的存在；心雖說是萬物的根源，但心物並非一元。然而，這卻不免會遇到困難，在〈明佛論〉中，宗炳自設問答云：

> 既云心作萬有，未有萬有之時，復何以累心使感而生萬有乎？答曰：……但所以然者，其來無始，無始之始，豈有始乎？亦玄之又玄矣。〔註71〕

宗炳認爲「心」感物而生出萬有，萬有復再累心而生物，這是一個循環不絕的過程。〔註72〕但這種循環如何可能開始？若說先有物，則與「心作萬有」之說矛盾；若說本無一物，則「復何以累心使感而生萬有乎」？對此宗炳試圖藉由時間的無限來解決困難。而這同時也就是如何解釋迷惑妄執的問題。宗炳認爲「僞有累神，成精麤之識，識附於神，故雖死不滅」，這是淪落生死之海的原因。〔註73〕但最初的迷執是如何發生的？但僞有累心在先？還是心生僞有在先？宗炳還是只能用無限後退的方式來回答。無論如何，我們可以看到，正是因爲宗炳視「心」、「物」爲二，因此才有這種二者孰先孰後的問題。關鍵在於，在他的思想系統中心物畢竟懸隔，形神仍是二元而非一元。

相較之下，梁武帝的系統能用不同的方式處理這些問題。一方面，他說「無明體上有生有滅；生滅是其異用，無明心義不改」、「生滅遷變，酬於往因；善惡交謝，生乎現境。而心爲其本，未曾異矣」，同樣認爲現實世界的生滅變化都是「心」的作用；不同的是，梁武帝以無明神明爲「體」，生滅遷變爲「用」，利用「體用」範疇將「心」與「物」統一起來。這麼一來，二者實爲一元，「心作萬有」不再是心與物之間的派生關係，而是以心爲體的體用關係；故心與物之間的攀緣關係可以放在一元的體用範疇中來解釋，而可以避免在派生關係中面對心物二元的種種困難。另一方面，「無明即是神明」，它們只是一本之「心」或染或淨的不同面向。「無明」只是此心自身的迷惑無知狀態，它不是外來的，也不是獨立於「心」之外的某種存在。如此一來，或迷或覺都在此一「心」，無須向外別求迷執或解脫的根源；這樣便免除了以心物關係來說明迷執會遇到的困境。可以看到，梁武帝之所以能做到這一點，

〔註71〕同注68，頁85。
〔註72〕中西久味：〈宗炳「明佛論」について——その神不滅論形成の一側面——〉，《中國思想史研究》第二號（1978年9月），頁72。
〔註73〕同注68，頁83。

關鍵在於他把一切生滅染淨都收攝於一「心」之中。顯然梁武帝的唯心一元論對「神不滅」思想是有利的，而且其重要性不只是在論證神不滅上，在推進唯心思想上以及在相關的佛教義理的完備方面也有其貢獻。〔註74〕

在這方面，梁武帝的成就與范縝是類似的：如果說范縝的成功之處，在於他不把「神」視為另一種不同的存在，因而無須涉入「神」是什麼以及「形」與「神」如何相互作用的問題，那麼梁武帝的成功之處，便在於他不把「物」視為獨立於「心」的存在，因此也無須面對「心」、「物」之間如何作用的種種困難。而達到這一點的關鍵，同樣也是「體用」範疇的運用。就此，在推進理論思維的發展與深度方面，梁武帝的成就甚至超越了范縝。

（三）體用觀念之深化

在范縝與梁武帝之前，「體用」範疇並非從未被使用在形神生滅的論辯上，如前章所指出，慧遠在〈沙門不敬王者論・形盡神不滅五〉說「神也者，圓應無生，妙盡無名，感物而動，假數而行」，〔註75〕這一說法以「神」為體，以「物」為用，已是就「體用」範疇著眼的思想。〔註76〕但是慧遠仍然持形神二元的觀點，神雖然「感物而動，假數而行」，但畢竟與物不是一元的。因此，「體用」關係在慧遠而言，只是用以說明形神二者互動關係的特殊方式，還未能充分利用它來論證神不滅。對「體用」範疇的完全運用，要待范縝與梁武帝的發揮。

問題在於：同樣利用「體用」範疇來達到「形神一元」的結論，梁武帝的理論與范縝類型相似；〈立神明成佛義記〉本為反駁〈神滅論〉而作，前者是否受到後者的影響與啟發？這固然是很有可能的，但比較雙方論證的細節，梁武帝之「體用」思想應該另有來源；特別是沈績在〈序〉與〈注〉中所表現的體用思想，在理論思維的成就以及對後世的影響方面，甚至可說還超越了范縝。

梁武帝與范縝在「心物」、「形神」的關係方面意見相反，但梁武帝與沈

〔註74〕這一點或許受到《涅槃經》的影響。《大般涅槃經・憍陳如品》云：「一切眾生身及煩惱，俱無先後，一時而有。雖一時有，要因煩惱而得有身，終不因身有煩惱也。」《大正藏》卷12，頁599b。

〔註75〕東晉・慧遠：〈沙門不敬王者論・形盡神不滅五〉，《弘明集》卷5，同註1，頁233-234。

〔註76〕戴璉璋：〈玄學與形神思想〉，氏著：《玄理、玄智與文化發展》（臺北，中央研究院中國文哲研究所，2002年），頁226-227。

績並不就這一點攻擊范縝，反而自「體用」範疇的內涵本身入手。如前所述，沈績在〈序〉中指出：「惑者聞識神不斷，而全謂之常；聞心念不常，而全謂之斷。云斷則迷其性常；云常則惑其用斷。因用疑本，謂在本可滅；因本疑用，謂在用弗移。」在他看來，持「神不滅」爲「常見」，持「神滅」爲「斷見」，二者皆非正道。而世人之所以流於常斷二見，乃是因爲不明白「本」、「用」，也就是「體」、「用」關係的緣故。值得注意的是，（1）他認爲梁武帝〈立神明成佛義記〉的主張不屬於落於「常見」之「神不滅」思想；（2）他認爲范縝〈神滅論〉的錯誤在於他不懂「體用」關係。這是因爲沈績自身有其不同的「體用觀」所致。他注解梁武帝「而無明體上有生有滅；生滅是其異用，無明心義不改」云：

> 既有其體，便有其用。語用非體，論體非用。用有興廢，體無生滅者也。〔註77〕

沈績論「體用」關係，特別強調「語用非體，論體非用」，嚴格劃分「體」、「用」的界限。也就是說，「心」、「物」雖然一元，爲體用關係所聯繫，但「體」、「用」之間畢竟有別，故「用有興廢」、「體無生滅」這兩方面還是不同的。這也是梁武帝的想法，因此他一再說「殊用自有興廢，一本之性不移」、「生滅是其異用，無明心義不改」，指出「用」雖生滅無常，但「體」不移不改，特別強調了「體」與「用」的差異。對他們而言，「心」與「物」雖然被體用關係統合起來，根本上皆收於一「心」；但「體」、「用」究竟不同，故有「體」恆常不移而「用」興廢無常之別。由於區分了「體」、「用」，梁武帝可以同時安置恆常不變之「心」與遷變不居的現實世界。正是在這個意義上，沈績標榜其學說爲非常非斷的中道正見：以不變的一本之心爲體，故非斷見；不廢生滅變化的現實世界，故非常見。

此一「體用觀」與范縝所說有很大不同。如前所述，范縝認爲「神即形也，形即神也」、「形之與神，不得相異」，這是一種「化約主義」的觀點。在〈神滅論〉中，范縝企圖用物理作用來解釋所有精神現象；對他而言，並無所謂「神」的存在，只有「形」之作用。然則在他的「體用觀」中，不但形神是一元，而且「體」、「用」也是一致的，二者「名殊而體一」，並不表現爲不同的面向。他的目的只是要將「用」化約爲「體」的功用。此中，「體」、「用」並不是對等的兩個方面，他真正強調的是「體」的方面，「用」純粹只是體之

〔註77〕同注48，頁405。

用而已。相較於此，梁武帝與沈績雖然也主張體用一元，但他們重視的是
「體」、「用」的區分與差異。固然「用」是「體」之用，但是這並不妨礙「體」
與「用」有不同的性質或表現；對梁武帝而言，「體用關係」是「體」與「用」
這兩個不同面向的關係，不能將「用」的特殊性抹煞或化約掉。同樣作為「體
用觀」，其中的差異在於：范縝的體用觀更偏向純粹的一元論，而梁武帝的體
用觀則比較上具有某種程度的二元特質。這並不是說後者的一元論不純粹，
而是說相較於范縝的「體用」同一，他則比較嚴分「體」、「用」，並能容許二
者有一定的差異存在。

　　正是在此一意義下，沈績批評范縝「因用疑本」，不明白體用關係。他並
不是指摘范縝顛倒形神關係，亦非就〈神滅論〉的具體內容提出質疑，而是
指摘他在根本方法上「體」、「用」混淆不分。如前所引，在〈注〉中沈績進
一步說：

> 惑者迷其體用，故不能精。何者？夫體之與用，不離不即。離體無
> 用，故云不離；用義非體，故云不即。見其不離，而迷其不即；迷
> 其不即，便謂心隨境滅。

此處沈績用「不即不離」來說明「體」、「用」關係，在論證方法、理論思維
上比范縝，甚至比梁武帝所說都更進一步。范縝的論點是「神即形」、「形即
神」，二者「名殊而體一」、「不得相異」；這是說「神」即是「形」，二者彼此
等同。〔註78〕就「體用」範疇的角度來看，即表示「體」即是「用」、「用」
即是「體」，體用之間乃是等同關係。此一論點在沈績看來，犯了混淆「體」、
「用」的毛病。他認為，正確的「體用」關係應以「不離不即」來說明：就
「用」起於「體」、「用」不離「體」而言，「離體無用」，故說「不離」；但是，
就「體」、「用」畢竟有別而言，「用義非體」，故說「不即」。也就是說，「體」、
「用」雖為一體，但畢竟殊異；但「體」、「用」雖說殊異，但又究竟一體；
因此只能同時用「不即不離」這種兩面否定的雙非表述法來形容此種又同一、
又殊別的奇特關係。可以看到，此一「不即不離」的說法是與他在〈序〉中
離常斷二見的思想一致的，這顯然出自佛教中觀學說「雙遣」論法的影響。

〔註78〕一般將「神即形也，形即神也」中「即」字釋為「相即」；但〈神滅論〉本
　　　　文中，范縝假問難者之口云「形即是神者，手等亦是神邪」，此處「即」乃
　　　　作「即是」之意。問難者的理解出自范縝設計，當為范縝本意，否則范縝不
　　　　會不予駁斥。由此可知「神即形也，形即神也」亦應理解為「神就是形，形
　　　　就是神」。

以此「不即不離」的體用觀爲基礎，沈績批評范縝「見其不離，而迷其不即；迷其不即，便謂心隨境滅」。這是指摘范縝只看到「體」與「用」的相即、也就是「不離」一面，卻沒有看到二者之間也有「不即」的一面。正因爲范縝「迷其不即」，不知道「體」、「用」之間也有差異區別，才會主張「形之與神，不得相異」，才會有「心隨境滅」的錯誤看法。應該說，沈績對雙方「體用」觀念差異的掌握是正確的。如上所述，范縝強調「體」、「用」的一致與等同，而梁武帝與沈績重視的則不只是二者的一致，也注意到「體」、「用」差別的一面；用「相即」與「不即不離」頗能分別指出雙方體用觀的特色。而沈績「體用」「不即不離」的論述方式，就論證的技巧及思維的深度來說，確實也比范縝單純地論「體用相即」勝出一籌。值得注意的是：此一批評完全不涉及〈神滅論〉的具體論證內容，純粹以「體用範疇」的意涵爲攻難焦點，它避免細節問題上的糾纏，直接質疑范縝〈神滅論〉的論證方法。顯然這是在范縝之後形神生滅之爭的一個重大轉折與發展，而沈績在擴展形神之爭的理論深度方面更是有重要貢獻，可惜過去研究形神生滅之爭的學者似乎都沒有注意到。

雖然雙方都是以「體用」之名來進行論證，但是范縝與梁武帝、沈績所說的「體用」觀念顯然並不相同。若將此一差異放在思想史發展的脈絡，特別是「體用觀」演變的過程中來觀察，更可以看到梁武帝———沈績的「體用觀」的意義，以及它這方面超越范縝〈神滅論〉之處。范縝的「體用觀」自玄學繼承而來，〔註79〕但如上所述，梁武帝與沈績的說法則明顯地具有佛教思想的色彩。伊藤隆壽已指出，沈績在〈序〉中關於「常見」、「斷見」之說襲自當時盛行的佛教「二諦說」、「中道說」的論法，而梁武帝的「體用觀」則可能受到攝山僧朗三論學之影響；〔註80〕無論何者，中觀般若思想的影響都清晰可見。事實上，從前章的討論中，我們知道寶亮早已運用「體用」範疇來說明「神明妙體」與生死解脫的關係；筆者認爲此應是梁武帝與沈績「體用」思想的直接根源。

一個重要的事實是，沈績所使用的「體用」「不即不離」的說法，在隋唐佛學與宋明理學之中被普遍使用，幾乎成爲後世論述「體用關係」的標準套語；但在玄學家中，甚至直到范縝爲止，皆不見有類似論法。綜觀體用觀念的歷史，我們似乎可以說：玄學的「體用觀」屬於較傳統的典型，而隋唐之

〔註79〕高晨陽：同注9。
〔註80〕伊藤隆壽：同注46，頁255、266-267。

後的「體用觀」受到佛教般若方法的影響，引入「不即不離」之說，則是屬於體用觀念較新的發展階段。值得注意的是，島田虔次曾指出：梁武帝〈立神明成佛義記〉的沈績〈注〉乃是文獻所見最早確實的「體用對舉」的例子；而中西久味在此基礎上指出，「體用」作爲術語被使用可能始於寶亮。〔註81〕此一事實頗值得深思。若是如此，則梁武帝的〈立神明成佛義記〉與沈績的〈序〉、〈注〉，在此一「體用」觀念演變與豐富化的轉折過程中，很可能便佔有極重要的關鍵位置。關於「體用」此一哲學範疇在內涵上的演變過程，與佛教思想對此概念演變的影響情形，以及寶亮、梁武帝、沈績在此一過程中的位置與意義，還有待我們更進一步去深入探究。

如上文所分析，梁武帝〈立神明成佛義記〉及沈績的〈序〉、〈注〉，在理論思維的方法與成果方面絲毫不比范縝的〈神滅論〉遜色，甚至還頗有超越之處，在思想史上更可能有著重要的意義。似此，六朝的「形神生滅之爭」，由范縝而至梁武帝、沈績，在理論成就上已達到了最高峰，相關的論爭亦就此止息。伊藤隆壽認爲，梁武帝將形神二元觀轉而收攝爲神心一元的世界觀，這是形神論爭止息的理由之一。〔註82〕但是，形神生滅之爭終結的眞正主要原因，應該是「形神之爭」自身向「佛性思想」的轉向。

三、從神不滅說轉向佛性思想

（一）神明與中道佛性

如前所述，「神不滅」思想與「佛性」理論之間的交涉，是南朝思想史習見的現象。但是當代學者多認爲，「神不滅」與「佛性」是性質完全不同的問題；〔註83〕二者的混同是對佛性思想的曲解，是中國傳統靈魂不滅思想的殘餘混雜。特別是梁武帝的思想，學者對此多有貶辭。主要原因在於：（1）認爲他把「神明」，也就是流落在生死輪迴中的靈魂，與非有非無的佛性混爲一談；（2）他執持「佛性」爲現實中的實有物，完全背離了《涅槃經》「佛性者名第一義空」、「中道者名爲佛性」的思想。〔註84〕歸結來說，主要是認

〔註81〕島田虔次：〈體用の歷史に寄せて〉，塚本博士頌壽記念會編：《塚本博士頌壽記念佛教史學論集》（京都，塚本博士頌壽記念會，1961 年），頁 417、428-429。
中西久味：同注 41，頁 128。
〔註82〕伊藤隆壽：同注 46，頁 271。
〔註83〕同注 41。
〔註84〕同注 74，〈師子吼菩薩品第十一之一〉，頁 523b。

為「神不滅說」與「佛性說」本是兩個性質不同的課題,梁武帝卻混淆了二者的界限。

就第一點而言,或許梁武帝難辭其咎,因為他在〈敕答臣下神滅論〉中,正是以祭祀先祖的傳統來為神不滅說辯護,〔註 85〕這顯示他在概念上有某種程度的混亂。但正如前文已經說過的,不論就均正、元曉、吉藏對梁武帝佛性說的記述而言,還是就〈立神明成佛義記〉自身將「神明」與「心」視為同義語,用以指稱常住不壞、本自清淨的佛性的用法來看,「神明」的意涵主要在於「心性」方面,這是很明確的。而且,梁武帝與沈績本人也有「神明」不等於「靈魂」的自覺。我們已經見到沈績在〈序〉中將「神不滅」與「神滅」思想分別斥為「常見」與「斷見」,而標榜梁武帝之說為中道正見。這就表示在他們自己心目中,並不以為自己宣說的是靈魂不滅。因此,不應該望文生義地將「神明」理解為靈魂,並以此指摘梁武帝。

這同時也與前述中道佛性的問題相關。對他們而言,〈立神明成佛義記〉以「神明」或「心」為永恆不壞之「體」,以現實中的生滅遷變為「用」,體用「不即不離」,遠離「常見」與「斷見」,這正是兼顧佛性「空」與「不空」兩面的「中道」說法。正如《涅槃經》所云:

> 佛性者名第一義空,第一義空名為智慧。所言空者,不見空與不空。智者見空及與不空,常與無常,苦之與樂,我與無我。空者一切生死。不空者謂大涅槃。乃至無我者即是生死,我者謂大涅槃。見一切空,不見不空,不名中道。乃至見一切無我,不見我者,不名中道。中道者名為佛性。……眾生起見凡有二種,一者常見,二者斷見。如是二見不名中道,無常無斷乃名中道。〔註 86〕

與現代學者多就客觀意義之實相理解「中道」不同,《涅槃經》實以「中道」之觀智為佛性,此意前章已有說明。但它所強調的「中道」乃是對「空」、「不空」兩面的「雙見」、「雙收」,而非雙遣;〔註 87〕此中道佛性之觀智必須不離「空」與「不空」、「無我」與「我」這兩面來理解。這就表示,只見生死流轉中之假我固然不合佛性真義,但佛性之義也不能離開此生死流轉之假我來

〔註 85〕梁・蕭衍:〈敕答臣下神滅倫〉,《弘明集》卷 10,同注 1,頁 448。

〔註 86〕同注 84,頁 523b、524c。

〔註 87〕牟宗三:《佛性與般若》(臺北,學生書局,1977 年),頁 200-202;釋恆清:〈大般涅槃經的佛性論〉,氏著:《佛性思想》(臺北,東大圖書公司,1997 年),頁 54-57。

談，故云「見一切空，不見不空，不名中道」。在前幾章的討論中，已看到涅槃師們對此各有所見。然則梁武帝利用「體用」範疇來結合「神明」佛性以及生死流轉的生滅遷變，事實上是以他自己的理解來詮釋「中道佛性」的「空」與「不空」二面；對他而言，常住不滅的神明之「體」以及生滅遷變的「用」正相當於此「不空」與「空」、「我」與「無我」二面，故沈積亦以「非常非斷」標榜其說。是否符合《涅槃經》原意或可再商榷，但不能說梁武帝對《涅槃經》的理解與詮釋完全背離了經文的思想。因此，說梁武帝背離「中道佛性」之說、執佛性爲實有，未必是公允的說法。

　　梁武帝以這種方式理解佛性，其實是承自寶亮的佛性思想。如前所見，隋・吉藏《涅槃經遊意》云：「第一靈味高高（寶亮）：生死之中已有眞神之法，但未顯現，如蔽黃金。……本來已有常住佛體，萬德宛然，但爲煩惱所覆，若斷煩惱佛體則現也。」〔註88〕所謂生死中之「眞神」實是指「神明妙體」，此前章已說明。但學者一般認爲寶亮之說在義理上層次較高，認爲他所說的「神明」是指非有非無、兼賅二諦的佛性正因妙體。事實上，寶亮云：

> 若言無明因緣諸行（至）無二之性即是實性。……寶亮曰：此下第二重，明實相中道也。若直談昔教，偏取生死空有爲實；若就今經爲語，乃識神明妙體，眞如爲實。知金剛心已還，必是苦空無常，佛果必是常樂我淨；若作如斯之解，便於兩邊皆得實義，成中道行。所以然者，生死體空，亦從本來，無二無別；涅槃體如，如亦本來無相。此是體識諸法實相之理也。〔註89〕

寶亮認爲，經文所謂「無二之性即是實性」即是「實相中道」，具體而言即是指「神明妙體，眞如爲實」。他指出：眾生輪迴生死「必是苦空無常」，而解脫「佛果必是常樂我淨」，此是對中道的正確認識；但重點是，「生死體空，亦從本來，無二無別；涅槃體如，如亦本來無相」，生死之體空與涅槃體眞如是無二無別的，此一生死涅槃不二之性即是「諸法實相」，也就是「神明妙體，眞如爲實」。換言之，生死並不只是體空而已，其中實有「神明妙體」存在；此生死輪迴中的「神明妙體」與涅槃體的「眞如法性」是等同的，必須如是觀察而見生死涅槃不二，方見「中道」。可以發現，梁武帝的的佛性思想實承自此說，他們都認爲眾生生死輪迴背後有不變的眞實之體，此眞體與涅槃之性不二，唯有如是觀察

〔註88〕隋・吉藏：《涅槃經遊意》，《大正藏》卷38，頁237c。
〔註89〕梁・寶亮集：《大般涅槃經集解》，《大正藏》卷37，頁460b-c。

「生死」、「涅槃」不二才是所謂「中道」。而如前所言,梁武帝以「體用」來聯繫「神明」與現實世界的生滅無常,亦與寶亮將生滅染淨歸之於「神明妙體」用意相同。他們關心的顯然是同一件事:那就是如何理解上述《涅槃經》說「中道者名爲佛性」的思想。對他們而言,這意味著中道佛性必須是既超離世間生死法,同時又不離世間生死法的。正如均正《大乘四論玄義》評論梁武帝佛性所云:「亦出二諦外,亦是小亮氣也。」〔註90〕不但指出他與寶亮思想的相似,也提到梁武帝所言佛性「出二諦外」。是故,假如我們認爲寶亮此種論法掌握了佛性「中道」之旨,那麼梁武帝又何嘗不然?

由此,或許我們可以解釋爲何梁武帝要以〈立神明成佛義記〉這樣一篇討論「佛性」的專文,來處理「神不滅」的問題:因爲他們認爲《涅槃經》所言之「佛性」超生死法而又不離死法,是生死涅槃不二之法,是故以「佛性」來解說生死輪迴與解脫成佛,亦是合情合理之事。這樣看來,指摘梁武帝混淆「佛性」學說與「神不滅」思想的界限,是不精確的。正如上述,他並未把「佛性」與「靈魂」等同起來;他以「神明」之「用」這一面來擔負解說生死輪迴的任務,是因爲他所繼承的寶亮佛性思想本來便有佛性不離生死法的主張。因此,正確地說,他並未混同「佛性說」與「神不滅說」,而是以「佛性說」涵蓋了或說取代了原來的「神不滅說」。

(二)神不滅思想的轉向

梁武帝的情形,與沈約一樣,對於思考「佛性說」與「神不滅說」的關係是一個啓示。在前章的討論中,我們已經看到南朝涅槃「佛性」思想可爲「神不滅」理論應用的情形。在本章,我們也看到沈約的「神不滅」思想即是「眾生正因」佛性說的延伸運用,而梁武帝的〈立神明成佛義記〉更是寶亮「佛性」思想深化發展後,進一步運用在「神不滅」問題上的成果。顯然,「佛性」與「神不滅」思想之間並不是毫無關係、涇渭分明的。很顯然地,「神不滅」思想的發展至此確實已逐步向「佛性」理論轉向,最終造成「形神之爭」的終結。

正如本文第一章所指出,所謂如來藏——佛性思想,本就具有甚強烈的「神我」意味,如來藏原本就被宣說爲生死輪迴之所依。〔註91〕論及如來藏的經典,如劉宋・求那跋陀羅所譯的《勝鬘師子吼一乘大方便方廣經》及《楞

〔註90〕《大乘四論玄義》,同注51。
〔註91〕印順:《如來藏之研究》(新竹,正聞出版社,2003年),頁132-134。

伽阿跋多羅寶經》，便分別說：

> 生死者，依如來藏。以如來藏故，說本際不可知。世尊，有如來藏
> 故說生死，是名善說。……死生者，此二法是如來藏。

> 如來之藏是善不善因，能遍興造一切趣生，譬如伎兒變現諸趣。〔註92〕

甚至《大般涅槃經・如來性品》也說：

> 如來祕藏其味亦爾，爲諸煩惱叢林所覆，無明眾生不能得見。藥一
> 味者譬如佛性，以煩惱故出種種味，所謂地獄、畜生、餓鬼、天、
> 人。〔註93〕

這些經文，都明確地指出依據「如來藏」、「佛性」而有生死輪迴。生死輪迴的
基礎豈不就是「神不滅說」所關注的焦點嗎？現在，劉宋以來新譯出的這些如
來藏系佛典，明說如來藏佛性就是生死輪迴所依之基礎，對於中國佛教徒而言，
這豈不是用來補充甚至取代舊有神不滅思想的最佳選擇？而事實上，這些思想
也確實影響了當時的涅槃學者們；舉例來說，如前章所見寶亮便說：

> 既體諸佛所師法，便知生死是虛妄，依如來藏有故，不假遠避也。

> 眾生五陰，依正因性有；非是正因性，依五陰有。然此中推撿，
> 與《勝鬘經》明義一種。生死依如來藏有也，非如來藏依生死。

> 〔註94〕

這正是以《勝鬘經》爲根據，主張眾生的生死五陰皆因如來藏而有。似此，
當時學者以佛性爲生死輪迴之根據，並用以之來解說輪迴現象，完全是合情
合理，亦符合經教的看法。如寶亮甚至說：

> 眾生行業，不常不斷，而果報不忘。眾生若造業直以虛僞神明爲體，
> 應逐三相無常；若逐三相，所作善惡業云何得在？而起業後，經百
> 千萬劫，由自得報故，知有法性，爲神解主，常繼眞不滅。其體既
> 無興廢，用那得滅？……「雖念念滅，無所失」者，既眞俗共爲神
> 明，俗邊乃可三相滅，就眞邊往取，癡義常存，故無所失也。……
> 如其無此法性爲體，起業之後，寄致何處？〔註95〕

〔註92〕劉宋・求那跋陀羅譯：《勝鬘師子吼一乘大方便方廣經》，《大正藏》卷12，頁
222b；《楞伽阿跋多羅寶經》，《大正藏》卷16，頁510b。
〔註93〕同注84，〈如來性品四之四〉，頁408b。
〔註94〕同注89，頁524c、頁539b。
〔註95〕同注89，頁548c。

正是因為此「神明妙體」是體無興廢、不在生、住、滅三相中流轉的不滅實體，因此眾生雖然輪迴生死，作業受報依然有寄託之處。這不但是以佛性思想解說生死輪迴，甚至用以解釋作業受報之主的「實體」問題了。顯然在此「佛性」思想已經完全取代了「神不滅說」的地位，而這一切都是根據新譯的如來藏經教而成立的。

其次，可以從另一個角度來觀察。我們看到，「佛性」如何取代原來的「神不滅」思想。如本文首章所言，若觀察「神不滅說」被提出的本來用意，更可以看出二者之間的關聯。東晉・袁宏（328-376）在他的《後漢紀》中，對於佛教的特質有以下的概括：

> 又以為人死精神不滅，隨復受形，生時所行善惡，皆有報應，故所貴行善修道，以鍊精神而不已，以至無為而得為佛也。〔註96〕

劉宋・劉義慶（403-444）的《世說新語・文學》裡亦提及：

> 佛經以為袪練神明，則聖人可致。劉孝標注：釋氏經曰：「一切眾生，皆有佛性。但能修智慧，斷煩惱，萬行具足，便成佛也。」簡文云：「不知便可登峰造極不？然陶練之功，尚不可誣。」〔註97〕

再看北齊・魏收（506-572）《魏書・釋老志》所言：

> 凡其經旨，大抵言生生之類，皆因行業而起。有過去、當今、未來，歷三世，識神常不滅。凡為善惡，必有報應。漸積勝業，陶冶粗鄙，經無數形，澡練神明，乃致無生而得佛道。〔註98〕

正如前章所指出，此言足可代表當時一般士人對佛教的認識水準。此處說「精神不滅」、「識神常不滅」，故死後有報應輪迴；但值得注意的是，他們都指出因為有此一不滅的「精神」或「神明」，使人能據此「鍊精神」、「袪練神明」、「澡練神明」，最後「以至無為而得為佛」、「乃致無生而得佛道」。這也就是說，當時的佛教徒主張「神不滅」，並不只是因為「精神」是輪迴報應的主體，故須加以申說而已；或許更重要的是，此一「精神」或「神明」也是人得以成佛的依據，更是成佛的「主體」。因此，「神不滅」的主張，一開始除了作為輪迴報應說的理論基礎之外，本來就具有「人之所以能夠成佛的根據」的

〔註96〕東晉・袁宏：《後漢紀》（臺北，商務印書館四部叢刊初編縮本 006，1965 年）卷 10，頁 84。

〔註97〕劉宋・劉義慶編撰，余嘉錫箋疏：《世說新語箋疏》（臺北，華正書局，1989年），頁 229。

〔註98〕北齊・魏收：《魏書》（臺北，鼎文書局，1980 年）卷 114〈釋老志〉，頁 3026。

意義。而成佛根據問題，豈不正是後來「佛性思想」關注的焦點？明乎此，則東晉簡文帝口中的「神明」，在梁・劉孝標（462-521）的眼中看來等於「佛性」，此一現象便無足爲奇。

因此，沈約、梁武帝以「佛性說」取代「神不滅說」，這一發展完全是順理成章之事。由此，我們對「神不滅說」與「佛性說」的關係，可以提出以下的解釋：「神不滅說」的提出，本有作爲「主體」思想的意義；除爲解釋生死輪迴外，本是要爲人的成佛提供根據。而成佛根據，即後世所言「佛性」。在《涅槃經》等如來藏系經典未傳入之前，佛教徒未能接觸佛性思想，因此作爲「主體」思想的「神不滅」主張，便很自然地擔負了這二方面的理論需求。《涅槃經》傳入之後，輪迴與成佛「主體」的問題可以依佛性思想得到解決，因此，對於當時的佛教思想家而言，捨棄原來的「神不滅說」，轉而支持以新譯出經典爲依據的「佛性說」，是再自然不過的事。

這樣看來，那些看似將「佛性」與「神不滅」思想混爲一談的現象，包括沈約的「神不滅」思想，梁武帝〈立神明成佛義記〉的出現，都可以在此「神不滅說」向「佛性說」轉向的過程中得到解釋。另一方面，我們也可以理解爲何寶亮、沈績要以此種方式理解「中道佛性」：因爲涅槃佛性思想，對他們而言，同時也是解答生死輪迴問題的關鍵。

由上所述，可知梁武帝〈立神明成佛義記〉一文的重要性。作爲一篇佛性論文，同時也是形神論爭最後期的專文，他運用中道佛性超離生死、又不離生死的特性，以「體用」「不即不離」的方式解答成佛根據與生死輪迴這兩個問題。與其他涅槃師專注於《涅槃經》之研究不同，梁武帝以專文直接投入神滅不滅的論爭，正因如此，它恰好向後人展示出「神不滅」思想向「佛性」思想的轉向過程，具有象徵性的意義。如果上述解釋可以成立，我們也可以對「形神之爭」的止息提出解釋：在梁武帝之後，生死輪迴的問題必須在「佛性說」的範疇內討論，「形神生滅」的爭論已經不能獨立存在。隨著佛性思想的深化發展，它完全變成佛教內部的義理問題，不再爲一般俗世之人所能涉入。

四、佛性說的發展：寶亮、梁武帝與《起信論》

梁武帝的〈立神明成佛義記〉一文，在佛性思想的發展史上亦有重大意義。他上承寶亮開始向實體化發展的佛性說，下開隋唐佛教心性論之先河，其重要性不可忽視。

如前所述，寶亮提出了「神明妙體」概念，將眾生的輪迴生死、作業受報以及除迷解脫皆收攝於此不變之實體，此是佛性思想走向實體化的重要發展。但是對他而言，「神明妙體」仍然不被賦予「佛性」的地位，「正因」、「緣因」只是此「體」在緣慮心識中的作用，而「神明」與「心」仍然也只是相續不斷的緣慮心識。顯然其思想仍有強烈的過渡性質。

而梁武帝的思想無疑是寶亮思想的進化：如前所見，他繼承了寶亮「神明妙體」的概念，承認生死輪迴與解脫還滅過程中確有不變的實體，並且運用「體用」思想，將生死解脫俱收攝於「無明神明」之下。但同時他將「神明妙體」、「神明」與「心」等概念簡化融合為一，成為「無明神明」的一本之「心」，並直接以此一本之「心」為「正因佛性」。較之寶亮所言，此說在系統上顯然更為簡潔一致。梁武帝的體系顯然已是完備的一元唯心思想，與後世所謂的真常思想更為類似，可說是寶亮之後佛性思想更進一步的重要發展。

而其學說，更可能與後世佛性思想的發展有關。梁武帝直接以不變的妙體之「心」指稱人人皆有的清淨本性，它不但是人成佛之主體，並且還是可以明瞭眾理的認識心。深入來看，〈立神明成佛義記〉提出「一本者，即無明神明」、「無明即是神明」，認為或覺或迷皆不離此本淨之心；並且說「心為用本，本一而用殊」、「無明體上有生有滅；生滅是其異用，無明心義不改」，以「體用」概念將世界收攝在一「心」之中；這樣的說法，在理論型態上已經非常接近隋唐佛教的心性論思想。具體地說，這些思想特質與稍後出現的《大乘起信論》十分相似，而《起信論》對於隋唐佛教諸宗派影響甚鉅。因此，〈立神明成佛義記〉在中國佛教心性思想發展上的地位亦值得注意。

〈立神明成佛義記〉與《大乘起信論》在思想理論型態上的相似，學者早已論及。Whalen Lai 指出，梁武帝對「體用」圖像的使用，以及同時用「無明」、「神明」來指同一個不滅的心之思想，與《起信論》「一心二門」的說法十分類似，這兩部作品可能有關；梁武帝的學說並且預示了唯識與華嚴宗的思想。〔註99〕伊藤隆壽也認為，《起信論》由「起信」出發論述「一心二門三大」的結構，與〈立神明成佛義記〉在基本構造上一致；而且，其「一心二門」說與武帝的「神明」概念也相合。伊藤氏並且提示，由梁武帝晚年至《起信論》的譯出中間不過數年的時間，〔註100〕並認為梁武帝思想可能

〔註99〕Whalen Lai：同注47，頁167、169。
〔註100〕舊說《起信論》為梁・真諦（499-569）所譯，根據唐・法藏《大乘起信論義

是《起信論》的先驅。〔註101〕確實，這兩部作品之間有許多類似之處，可引《起信論》文爲證：

> 依一心法有二種門。云何爲二？一者心眞如門，二者心生滅門。是二種門皆各總攝一切法。此義云何？以是二門不相離故。……此義云何？以一切心識之相，皆是無明。無明之相，不離覺性，非可壞，非不可壞。如大海水，因風波動，水相風相不相捨離。……是故三界虛僞，唯心所作。離心則無六塵境界。……當知世間一切境界，皆依眾生無明妄心而得住持。是故一切法，如鏡中像，無體可得，唯心虛妄。以心生則種種法生，心滅則種種法滅故。〔註102〕

《起信論》說「心眞如門」、「心生滅門」二者不相離，因爲「無明」並非離此「覺性」而有，二者有如水之於波，不相捨離；此「一心二門」的說法，與〈立神明成佛義記〉指出「心」有「神明」、「無明」兩面，「無明即是神明」說法十分類似。而此處三界唯心、生滅門不離眞如門的思想，也與梁武帝「生滅是其異用，無明心義不改」、以「體用」關係收攝外在世界的說法非常近似。

這兩部作品在思想型態上如此相似，在成書年代上又如此接近，不禁讓人懷疑二者之間是否有關聯。《起信論》向來有中土僞作之爭議，若眞是如此，那麼二者的關係便更值得深思。林彥明曾經提出一說：當時教界受梁武帝此欽定學說所刺激，而附和共鳴，遂向逃避北方法難南下的地論宗學人學習，而新撰成《起信論》。〔註103〕若此文確實是《起信論》思想的先聲，那麼它在中國佛教思想發展史上的地位便值得重視。以目前的材料，或許尚不足以對此作出肯定的答覆，但解明這些問題，對於將對理解中國佛教思想的演變過程至有助益，也將對理解南朝至隋唐期間佛教的發展情形將會有所幫助。

由此看來，梁武帝的〈立神明成佛義記〉在中國佛教思想史上，特別是心性思想的發展史上，很可能是一篇極爲重要的作品。它的意義與地位還有待更進一步的研究。

記》所說，譯出於梁元帝承聖三年（554），上距梁武帝之死（549）只 5 年。《大正藏》卷 44，頁 246a。

〔註101〕伊藤隆壽：同注 46，頁 273。

〔註102〕梁・眞諦譯：《大乘起信論》，《大正藏》卷 32，頁 576a、c、577b。

〔註103〕林彥明：《起信論の新研究》（私家版，1945 年），見：鐮田茂雄著，佛光出版社譯：《中國佛教通史（四）》（高雄，佛光出版社，1993 年），頁 344-345 引。

結 語

本章針對沈約、梁武帝的「神不滅」思想進行分析，指出其說本質上實是「佛性」理論之運用。沈約的神不滅思想，實以「眾生正因」之說為理論基礎。他主張眾生的「知性」、「受知之分」相續不斷，是輪迴生死或修行成佛的連續同一體。它同時也是眾生好生、樂生的「性識」與代表自由意志的「情照」。此一相續不斷的連續體獨立於善惡之「念」所引發的因緣生死之外，但卻又是因果輪迴的根據。修行的目的，即在於「無念」、「兼忘」，使自己的「知性」所知純化，而達到佛陀智慧的境界。沈約將「神不滅」問題的基礎建立在對「佛性」意涵的思索之上，這是一個很有意義的重要現象。對他而言「神不滅」與「佛性」的界限並不存在。可以說，他直接以「佛性」理論取代了傳統的「神不滅」之說。之所以能夠達成這一點，是因為《涅槃經》主張眾生與其緣慮心相續不斷，能夠對眾生的生死輪迴作出說明。「佛性」思想如何影響、改變，甚至取代了南朝的「神不滅」思想，在沈約的身上可以清楚看出。

而梁武帝的〈立神明成佛義記〉，除了體現「神不滅」思想向「佛性」理論轉化的過程之外，更具有終結「形神之爭」的意義。他提出了一套特殊的佛性學說，認為「心」或「神明」為人人皆有的本淨佛性，它是明理之心，因此它也是人之所以能夠成佛的「主體」。他認為，「無明」不離「神明」而有，它們只是同一個「心」的染淨二種不同面向。現實世界中的一切生滅無常，都是此心「無明」一面之「用」；相對於此，此「心」之「體」則是永恆不變的。他用「體用關係」將「心」與現實世界結合起來，以此，梁武帝不只建立了自己的佛性理論，同時也解釋了現實世界的存在與生死輪迴的根源。就此而言，梁武帝的〈立神明成佛義記〉也達成了不遜於范縝〈神滅論〉的理論成就。此外，梁武帝不僅推進了唯心思想的發展，在佛教義理的完備方面有所貢獻，而且他與沈績引入了佛教「不即不離」的論述模式，在「體用」概念的深化與運用上更勝過范縝一籌。若說梁武帝與沈績達到了「形神之爭」理論成就上的最高峰，應非過譽之言。而〈立神明成佛義記〉上承寶亮思想，而與《大乘起信論》可能有關，更可能在中國佛教心性思想發展史上有重要的意義。

學者一般認為「神不滅」與「佛性」二者本是全不相關的問題。但如本文所分析，從《涅槃經》到南朝「眾生正因說」，再到沈約的神不滅思想，其

理論發展一脈相承，正好顯示了「佛性論」影響並取代「神不滅論」的歷程。
而梁武帝發揮寶亮思想，運用「佛性」理論說明「神不滅」問題，更顯示出
「神不滅」思想向「佛性」理論轉化與終結的演變方式，實是思想史發展的
潮流趨勢。由此，便可看出中國佛教「主體」思想發展的最終方向。

第十二章　結　論

　　本文之寫作，目的探討「神不滅」思想的發展演變與思想史意義。企圖說明從漢末直至齊梁，中國佛教初期「神不滅」思想的發展表現出向「佛性」理論轉化的趨勢，並且說明從「神不滅」到「佛性」理論的發展，本質上乃是爲中國佛教「主體」思想的發展歷程。

　　在早期譯經中，「神」、「心」、「意」等概念，往往被指爲眾生輪迴生死的根源與解脫涅槃的關鍵。考察這些概念，可知它們在原語上本指「心」（citta）、「意」（manas）、「識」（vijñāna）而言；此三者不但在概念內涵上本可相通，其漢文譯語亦往往可見互用混用的情形。就佛教原來立場而言，「心」、「意」、「識」只是心之流動，並非一固定不變的「實體」；但由於翻譯傳達的失眞以及漢語歧義性所帶來的諸般問題，使得讀者對於「神」、「心」、「意」作爲「主體」而非「實體」之義，未能有充分的認識。這無疑會使他們傾向將輪迴與解脫「主體」同時看成眾生之「實體」，而背離佛教「無我」的精神。初期的「神不滅」理論兼從「主體」、「實體」方面立論，使其所說之「神」帶有不滅靈魂之意味，即出自此一影響。更重要的是，作爲「主體」的「心」、「意」、「識」在概念內容上原本都指向「心」之功能，漢文譯語的「神」、「心」、「意」也都是如此；這一點對於本土學者理解「主體」問題的方式以及「神不滅」理論發展的根本方向，有極關鍵的影響。這種情形，恰巧與中國儒、道二家重視「心」之「主體」作用的思想傳統，不謀而合。再加上從「實體」方面理解「心」的詮釋傾向，可知後來中國佛教學者將生死與涅槃皆收攝於一「心」的思考方式，實其來有自。中國學者初步理解佛教教義時，當即據此建立他們對於「主體」的理解與思想。「神不滅」思想的建立，即以此爲其理論根基。

考察漢晉時期初期佛教學者的思想，如〈牟子理惑論〉、康僧會、支謙、謝敷、郗超等漢、晉時期佛教學者的「主體」思想，以及兩晉般若學者道安、支遁以及心無義等諸家般若理論中的「主體」觀念。可以發現，雖然他們的思想取向各有不同，但其「主體」理論卻有著相當一致的特色：他們都肯定眾生「主體」之存在，認為輪迴與解脫之過程都是「主體」染淨變化所造成，認為是「主體」迷惑而輪迴，亦是「主體」覺悟而解脫。而「心」、「意」、「神」這些意涵可以互通的概念，便被他們用以指稱決定眾生流轉還滅、並在此過程中作業受報的「主體」。根本上，將染淨、生死解脫均歸之於一「心」，可說是早期學者的普遍思想傾向。在他們對「主體」問題的思索中，可以清楚看到早期譯經所帶來的影響；同時，學者們普遍未能掌握眾生「主體」的緣起性空之義，甚至以「實體」模式來解釋心、神概念，則應是出自傳統主體觀點的影響。這些早期學者的「主體」理論模式，即是後來中國佛教真常思想發展之先聲，更影響了「神不滅」思想的發展方向。他們雖然未曾系統地建立「神不滅」理論，但他們的主張無疑是「神不滅」思想的真正先驅。

考察慧遠、宗炳「神不滅」思想之論述方式，可知實以「主體」思想為基礎。慧遠與宗炳都認為：「心」、「神」是眾生輪迴與解脫的「主體」，而輪迴與解脫乃是主體染淨的變化所致。「心」、「神」受「情」、「識」牽引影響，是造成生死輪迴的原因；反之若「神」不再受「情」污染牽引，便是解脫境界。慧遠主張「心」、「神」是本來清淨的形上「實體」，「神」、「形」雖然二元但有著「體用」關係，此是他在理論思維上的創見。宗炳對於「神」概念的界定方式與慧遠大致相同，不同之處，在於他對「神」、「識」關係以及「識」在輪迴解脫中的作用有更詳細的說明。而他們都將輪迴與解脫作用歸之於「主體」之「心」、「神」的染淨，此一思想實具有相當近似後世「真常」思想的特色。但此一「主體」模式其實是初期佛教學者的普遍共見，此是他們的「神不滅」思想的真正背景。可知所謂「神不滅」理論本質上乃是「主體」思想在「神不滅」問題上的運用，因此若將所謂「神」解釋為「靈魂」，便窄化了「神」作為主體的意義。觀察慧遠與宗炳之思想，便可知道「神不滅」理論的發展終究是佛教「主體」思想發展的環節之一，它的發展方向取決於佛教思想界對於「主體」問題的思考方式。隨著新譯經典思想的導入，學者們對於「主體」問題有不同的思考，「神不滅」理論的方向也將隨之改變。

僧肇承繼了鳩摩羅什的大乘中觀思想，對於中觀「無我」之義深有所會。

他提出「心識相傳」理論，認為眾生之「心」雖然性空不實，卻是能抉擇流轉或還滅方向的「主體」，因而是輪迴業報的基礎與解脫的根源；此說捨棄以「實體」性的不滅之「神」來解說輪迴業報的傳統作法，改變了「神不滅」問題的思考方向。但另一方面，他認為「般若」與「聖心」不是實相性空，而是不可用性空描述的實有智慧主體；此則未能完全擺脫「主體」實有思想的陰影，而與中觀思想有所差異，顯是中國本土思想傳統的影響。而僧肇以「神」、「神明」概念為「心」之同義詞，用以兼指聖人與眾生之心，認為凡聖皆有「神」、「神明」，唯其「神」、「神明」有異；此亦繼承自中國本土的語彙習慣，而與魏晉時的才性論思想若合符節。由此看來，佛教中觀學說與中國本有的思想傳統，在僧肇思想中同樣佔有極重要的位置。僧肇身為首位能較精確理解般若奧義的學者，對於佛教理論的掌握確實遠超過前人；不獨般若思想如此，在「神不滅」問題方面亦可見其突破。但身為中國學者，他在意識底層亦不免以傳統思想作為其思考背景；般若不空、主體實有、神明概念的沿用等現象，便是此一思想背景的影響。僧肇思想中的玄佛交會或佛教中國化現象，於此可見。

　　《涅槃經》的傳入，是六朝佛教發展史上的一重大轉折，也是「神不滅」思想轉向的關鍵。由本文之分析，可知：（1）《涅槃經》基本上以「佛性」為佛之體性，此一立場貫串全經而未改變。但為了解釋「眾生如何可能有佛性」的困難，前分「本有」具足體性的思想，在續譯部分漸次被眾生「未來當有」佛性的觀點所取代。（2）「正因」為「佛性」之因，與作為佛之體性的「佛性」並不等同。「正因」意指形成一物的原始材料，其意涵與所謂「質料因」相近。（3）《涅槃經》主張「眾生」為佛性正因，是指眾生在生死輪迴中「相續不斷」，終將自體轉變而成佛。（4）「心」在經中一般指生滅相續之緣慮心，它即是眾生成佛的關鍵。這樣的解釋，實與隋唐以下學者對《涅槃經》的解讀方式大異其趣，但卻是涅槃師們立說的根據。但此卻正是「佛性」思想與「神不滅」思想契合之關鍵：「眾生」在生死輪迴中「相續不斷」而為佛性「正因」，此生死中「相續不斷」的眾生「正因」豈不就是「輪迴主體」？「正因佛性」的意義在於作為佛之前身，然則「正因」概念豈不就是「成佛主體」的另一種表現方式？延續不滅的眾生或心，被說為是未來成佛者，這豈不是正是「神不滅」的關注焦點？「正因」概念既是「輪迴主體」亦是「解脫主體」，「神不滅」思想援用「佛性」理論，最終並向「佛性」理論轉化的方向發展，其

理論根據即在此。

竺道生為世人尊為「涅槃聖」，乃是南朝涅槃佛性思想的開創者。本文以「佛性當有」與「受報之主」問題為中心，對竺道生的佛性思想重作探究。首先，我們發現：他認為生、佛雖不二但亦不一，「理」、「法」等概念作為佛性皆是未來待證的境界，而「佛性」之本義更直指佛之果性。如此不但證成並說明了「佛性當有」的內涵，也讓我們對其思想之全貌有更深刻的認識。根本上，道生的佛性說接近涅槃師的一般模式，與「實相佛性」的觀點不合。順此，我們發現：道生雖然主張「無我」，但也認為生死解脫之中有一能作能受的「主體」，此即「受報之主」或「佛性我」。雖然由於資料的限制，不能確定「大悟之分」、「心」何者是「佛性我」的真正內涵，但他運用佛性理論來解釋輪迴主體問題乃是不爭的事實。可知在涅槃學說發展的初期，「佛性」理論已經被認為與輪迴解脫主體問題息息相關。這一點對於了解稍後南朝佛性論與神不滅思想的交會，以及中國佛教看待輪迴主體問題的理論變遷，都有重要意義。

南朝涅槃佛性思想的第一種主要類型，乃是「眾生為正因說」。經由分析，可知僧旻、智藏的「眾生為正因」、「六法為正因」之說，基本上仍遵守《涅槃經》佛性說之原旨，只是比起經文原意更強化了「心」、「神明」的重要性。他們認為眾生之為「正因」，是因為它在生死輪迴中相續不斷轉變成佛；進一步推究，乃是「心」、「神明」相續轉變成大覺種智。而僧亮的佛性思想，基本上也屬於「眾生正因」的類型。他主張因果有別的五種佛性說，主張佛性現無當有等思想特色，此則有助於我們理解涅槃師的一般理論傾向。僧亮也著眼於「眾生」念念相續不斷的性質說其為「正因」，認為雖然沒有貫串三世的不變「實體」，但相續不斷的眾生，或精確地說是「心」，卻擔負著造業與受報「主體」的角色。這是值得注意的。眾生、心、神明是「生生流轉」、「相續不斷」的連續體，由眾生至佛更被宣說為是「更無二體」的；念念相續的眾生或神明雖然不是某種固定不變的「實體」，但卻具有「人格同一性」。這樣的佛性理論說明了眾生成佛的根據，同時也確定了生死輪迴中眾生不斷不滅的延續性。「心」或「神明」雖然不是實體，但卻以時空連續體的型式貫串輪迴生死的歷程。雖然它不以「神不滅論」的型式出現，但卻已具備神不滅論的特質，並且展示了神不滅理論的全新可能模式。

涅槃佛性思想的第二種主要類型，則是「理或神明為正因說」，曇愛、法

瑤、慧令、僧宗等人皆屬之。曇愛「當果爲正因體」之說的內容雖缺乏資料
確認，但應是指「眾生」本身因爲具有無明之心，修行必得「當果」，故說爲
正因；此與「眾生正因」之實有相通之處。法瑤的說法則與其他涅槃師有許
多不同：他直言「佛性」即是「正因」，二者之間並無區別；並且認爲正因佛
性是超越有無斷常、爲現在眾生「本有」的「理」，其具體內容即能生善的「慈
惻」之性。法瑤思想的繼承者慧令，則轉而以十二因緣生死流轉的事實爲佛
性「理」，並引入「神明」概念，認爲生死中輪轉的神明，相續轉變爲成佛時
的法身；可見此派學說向主流佛性思想轉變的跡象。而僧宗作爲南朝知名的
涅槃學者，其思想自有獨特之處。他主張三因二果的佛性模式，在一般狀況
下直接以果性爲佛性，並主張果性當有，這些都反映出南朝佛性思潮的特色，
而與後世的佛性觀頗爲不同。一般認爲，僧宗與法瑤同樣以「理」爲佛性，
但其實「神明」作爲正因才是其佛性理論的核心。他將「神明」界定爲眾生
相續不斷的緣慮之心，認爲它相續爲一，終將自體轉變成佛。而他特別強調
眾生「神明」的差異性，並以「神明」一語來詮釋經文原有的緣慮心概念，
這都顯示其「神明」概念其實淵源於魏晉才性論的傳統。「神明」概念被引入
佛性討論的領域，對其後涅槃學者影響至鉅。雖然他所說的「神明」不是一
般所說恆常不變的靈魂或神我，但主張眾生「神明」相續不斷，承認它在生
死輪迴中假名爲我的觀點，卻爲神不滅之說開啓了新的思考方向。然則「神
明佛性說」並不能被簡單地說成是佛性思想與神不滅說的混雜，毋庸說它是
結合才性論思潮與佛性學說的新產物；正是透過這一新的佛性思維，神不滅
論的方向於焉轉變。

　　涅槃佛性思想的第三種主要類型，則是「心爲正因說」，包括寶亮、法安、
法雲的佛性思想。寶亮的佛性理論具有相當嚴密的結構，而被稱爲竺道生之
後涅槃宗最重要的思想家。他提出「神明妙體」概念，認爲此是由眾生至佛
之間永恆不變的眞正「實體」，眾生的輪迴生死、作業受報以它爲存在根源，
眾生的除迷解脫也以此爲基礎，正是一切染淨之根源。寶亮更將此一「神明
妙體」說爲四種佛性之間共通的體性。初期涅槃學的義理完全排斥眾生實體
的想法，而只就「生滅相續」的角度來說明正因佛性。寶亮「神明妙體」概
念的提出，是佛性思想走向實體化、眞常化的重要發展。但他的系統也還不
是完全的眞常唯心型態，「神明妙體」仍然不被賦予「佛性」的地位，「正因」、
「緣因」仍然只是緣慮心識中的作用；而「神明」與「心」亦只是相續不斷

的緣慮心識。正因他的理論表現出佛性思想發展的過渡性，而更值得重視。法安主張「心上有冥轉不朽之義，爲正因體」，認爲「心」根本上是「冥傳不朽」、在生死輪迴中相續不壞的。此說與眾生正因、神明正因相似，本來就具有十分強烈的「神不滅」意味。寶亮的弟子法雲，則顯示出較保守的思想趨向。他亦主張「心」之「避苦求樂之性」爲正因，但否認眾生之中有不變的「神明妙體」存在，而直接強調緣慮之「心」的念念相續，認爲「避苦求樂性」只是緣慮之「心」的作用。雖然如此，「相續不斷」的觀點同樣也支持眾生在生死輪迴中的不斷不滅。

最後，本文觀察「神不滅」思想轉向「佛性」理論的實例：沈約、梁武帝。他們的「神不滅」思想本質上實是「佛性」理論之運用。沈約的神不滅思想，實以「眾生正因」之說爲理論基礎。他主張眾生的「知性」、「受知之分」相續不斷，是輪迴生死或修行成佛的連續同一體。它同時也是眾生好生、樂生的「性識」與代表自由意志的「情照」。此一相續不斷的連續體獨立於善惡之「念」所引發的因緣生死之外，但卻又是因果輪迴的根據。修行的目的，即在於「無念」、「兼忘」，使自己的「知性」所知純化，而達到佛陀智慧的境界。沈約將「神不滅」問題的基礎建立在對「佛性」意涵的思索之上，這是一個很有意義的重要現象。對他而言「神不滅」與「佛性」的界限並不存在。可以說，他直接以「佛性」理論取代了傳統的「神不滅」之說。「佛性」思想如何影響、改變，甚至取代了南朝的「神不滅」思想，在沈約的身上可以清楚看出。而梁武帝的〈立神明成佛義記〉，除了體現「神不滅」思想向「佛性」理論轉化的過程之外，更具有終結「形神之爭」的意義。他提出了一套特殊的佛性學說，認爲「心」或「神明」爲人人皆有的本淨佛性，也是人之所以能夠成佛的主體。他認爲，「無明」不離「神明」而有，它們只是同一個「心」的染淨二種不同面向。現實世界中的一切生滅無常，都是此心「無明」一面之「用」；相對於此，此「心」之「體」則是永恆不變的。他用「體用關係」將「心」與現實世界結合起來，以此，梁武帝不只建立了自己的佛性理論，同時也解釋了現實世界的存在與生死輪迴的根源。就此而言，梁武帝達成了不遜於范縝〈神滅論〉的理論成就。此外，梁武帝不僅推進了唯心思想的發展，在佛教義理的完備方面有所貢獻，而且他與沈績引入了佛教「不即不離」的論述模式，在「體用」概念的深化與運用上更勝過范縝一籌。若說梁武帝與沈績達到了「形神之爭」理論成就上的最高峰，應非過譽之言。而此文上承寶亮思想，而與《大乘起信論》可能有關，更可能

在中國佛教心性思想發展史上有重要的意義。學者一般認爲「神不滅」與「佛性」二者本是全不相關的問題。但如本文所分析，從《涅槃經》到南朝「眾生正因說」，再到沈約的神不滅思想，其理論發展一脈相承，正好顯示了「佛性論」影響並取代「神不滅論」的歷程。而梁武帝發揮寶亮思想，運用「佛性」理論說明「神不滅」問題，更顯示出「神不滅」思想向「佛性」理論轉化與終結的演變，實是思想史發展的潮流趨勢。由此，便可看出中國佛教「主體」思想發展的最終方向。

如上所見，本文盡可能地展示初期中國佛教「主體」思想的發展過程，指出「神不滅」思想轉向「佛性」理論的思想演變。希望說明：「神不滅」與「佛性」思想之間的交涉現象並非無意義的混雜，而是思想史或佛教史演變的重要轉折。並且希望指出：「神不滅」思想轉向「佛性」的歷程，根本上乃是佛教「主體」思想演進的歷程，它取決於當時學者對此問題的思想模式。如本文所示，初期的「神不滅」論其實即是早期「主體」思想的投射與運用，故顯示出將染淨收攝於「心」、「神」主體的特質；般若學以及涅槃學發展的初期，學者普遍以「相續不斷」來解釋「主體」之輪迴與成佛，表現在「神不滅」思想上便有沈約的理論成果；從寶亮開始，佛性思想又再走向實體化的方向，其結果便是梁武帝唯心一元論的思想體系。可見，「神不滅」理論的發展歷程背後其實有相當重要的思想史背景，絕對不只是論爭層次的問題而已。

如果說中國佛教發展的特色在於「心性論」，則本文對於「主體」問題的研究或可作爲理解隋唐以下心性思想發展的基礎。如本文所示，中國佛教從一開始便展現出強烈眞常思想的傾向，積極肯定「心」、「神」主體之存在與地位。雖然般若學與涅槃學流行初期，一度盛行將「心」、「神」理解成只是「相續不斷」的緣慮心識，但經由寶亮、梁武帝的建構，「心」、「神」又再度取得了實存「主體」兼「實體」的地位，並且隨著「體用」範疇的用地，將世間染淨生滅皆收攝於此「心」的一元唯心思想終告成熟。這可視爲是隋唐佛教的「心性論」思想的發展前趨。

筆者企圖對中國佛教初期「主體」思想的演變發展，特別是「神不滅」思想轉向「佛性」理論的發展歷程，描繪出一個大致的輪廓。雖然如此，「主體」思想的演變乃是思想史的重大課題，此一工作必然尚有遺漏疏失之處。希望此文中所作的初步嘗試，可以是將來進一步研究的基礎。

參考書目

一、中國古籍

1. 先秦・孔子等著，宋・朱熹集注：《四書章句集注》（臺北，里仁書局，1991 年）。
2. 先秦・左丘明著，楊伯峻注：《春秋左傳注》（臺北，洪葉文化事業有限公司，1993 年）。
3. 先秦・老子著，朱謙之校釋：《老子校釋》（《老子釋證》）（臺北，里仁書局，1985 年）。
4. 先秦・莊子著，清・郭慶藩編：《莊子集釋》（臺北，萬卷樓圖書有限公司，1993 年）。
5. 先秦・荀子著，清・王先謙集解：《荀子集解》（北京，中華書局，1997 年）。
6. 先秦・屈原等著，宋・洪興祖補注：《楚詞補注》（北京，中華書局，2002 年）。
7. 西漢・嚴遵著，王德有點校：《老子指歸》（北京，中華書局，1997 年）。
8. 西漢・董仲舒著，清・蘇輿義證：《春秋繁露義證》（北京，中華書局，1996 年）。
9. 曹魏・劉邵著，李崇智校箋：《人物志校箋》（成都，巴蜀書社，2001 年）。
10. 曹魏・王弼著，樓宇烈校釋：《王弼集校釋》（臺北，華正書局，1992 年）。
11. 西晉・陳壽著，劉宋・裴松之注，盧弼集解：《三國志集解》（臺北，藝文印書館，1958 年）。
12. 東晉・袁宏：《後漢記》（臺北，商務印書館四部叢刊初編縮本 006，1965 年）。

13. 東晉・干寶撰，汪紹楹校注：《搜神記》（臺北，里仁書局，1982 年）。

14. 劉宋・范曄：《後漢書》（臺北，鼎文書局，1983 年）。

15. 劉宋・劉義慶編撰，余嘉錫箋疏：《世說新語箋疏》（臺北，華正書局，1989 年）。

16. 劉宋・劉義慶：《幽明錄》，魯迅：《古小說鉤沉》（臺北，盤庚出版社，1978 年）。

17. 梁・沈約：《宋書》（臺北，鼎文書局，1980 年）。

18. 北齊・顏之推著，王利器集解：《顏氏家訓集解》（北京，中華書局，1996 年）。

19. 北齊・魏收：《魏書》（臺北，鼎文書局，1980 年）。

20. 唐・房玄齡等撰：《晉書》（北京，中華書局，1996 年）。

21. 唐・姚思廉：《梁書》（臺北，鼎文書局，1975 年）。

22. 唐・李延壽：《南史》（臺北，鼎文書局，1976 年）。

23. 唐・李鼎祚著，清，李道平纂疏：《周易集解纂疏》（北京，中華書局，1998 年）。

二、佛教經籍

1. John Rose Carter and Mahina Palihawadana（ed.），*The Dhammapada*，（New York, Oxford University Press, 1987）。

2. 《法句經》，《漢譯南傳大藏經》（高雄，元亨寺漢譯南傳大藏經編譯委員會編譯，1998 年）第 26 冊。

3. 《經集》，《漢譯南傳大藏經》第 27 冊。

4. 《長老偈經》，《漢譯南傳大藏經》第 28 冊。

5. 後秦・佛陀耶舍、竺佛念譯：《長阿含經》，《大正藏》（臺北，新文豐出版公司，1983 年）卷 1。

6. 失譯：《般泥洹經》，《大正藏》卷 1。

7. 東晉・僧伽提婆譯：《中阿含經》，《大正藏》卷 1。

8. 劉宋・求那跋陀羅譯：《雜阿含經》，《大正藏》卷 2。

9. 劉宋・求那跋陀羅譯：《央掘魔羅經》，《大正藏》卷 2。

10. 前秦・曇摩難提譯：《增壹阿含經》，《大正藏》卷 2。

11. 吳・康僧會譯：《六度集經》，《大正藏》卷 3。

12. 吳・支謙譯：《太子瑞應本起經》，《大正藏》卷 3。

13. 吳・維祇難、竺將炎譯：《法句經》，《大正藏》卷 4。

14. 唐・玄奘譯：《大般若波羅蜜多經》，《大正藏》卷 5-7。

15. 西晉‧無羅叉譯：《放光般若經》,《大正藏》卷 8。

16. 西晉‧竺法護譯：《光讚經》,《大正藏》卷 8。

17. 後秦‧鳩摩羅什譯：《摩訶般若波羅蜜經》,《大正藏》卷 8。

18. 東漢‧支婁迦讖譯：《道行般若經》,《大正藏》卷 8。

19. 吳‧支謙譯：《大明度經》,《大正藏》卷 8。

20. 西晉‧竺法護譯：《摩訶般若鈔經》,《大正藏》卷 8。

21. 後秦‧鳩摩羅什譯：《小品般若波羅蜜經》,《大正藏》卷 8。

22. 劉宋‧求那跋陀羅譯：《大法鼓經》,《大正藏》卷 9。

23. 劉宋‧求那跋陀羅譯：《勝鬘師子吼一乘大方便方廣經》,《大正藏》卷 12。

24. 北涼‧曇無讖譯：《大般涅槃經》,《大正藏》卷 12。

25. 劉宋‧慧嚴等改治：《大般涅槃經》,《大正藏》卷 12。

26. 東晉‧法顯譯：《佛說大般泥洹經》,《大正藏》卷 12。

27. 吳‧支謙譯：《佛說維摩詰經》,《大正藏》卷 14。

28. 後秦‧鳩摩羅什譯：《維摩詰所說經》,《大正藏》卷 14。

29. 東漢‧安世高譯：《佛說大安般守意經》,《大正藏》卷 15。

30. 東漢‧安世高譯：《陰持入經》,《大正藏》卷 15。

31. 後秦‧鳩摩羅什譯：《佛說首楞嚴三昧經》,《大正藏》卷 15。

32. 東晉‧佛陀跋陀羅譯：《大方等如來藏經》,《大正藏》卷 16。

33. 北魏‧菩提流支譯：《佛說不增不減經》,《大正藏》卷 16。

34. 劉宋‧求那跋陀羅譯：《楞伽阿跋多羅寶經》,《大正藏》卷 16。

35. 後秦‧竺佛念譯：《鼻奈耶》,《大正藏》卷 24。

36. 龍樹造,後秦‧鳩摩羅什譯：《大智度論》,《大正藏》卷 25。

37. 世友著,唐‧玄奘譯：《阿毘達磨品類足論》,《大正藏》卷 26。

38. 五百羅漢造,唐‧玄奘譯：《阿毘達磨大毘婆沙論》,《大正藏》卷 27。

39. 姚秦‧曇摩耶舍、曇摩崛多等譯：《舍利弗阿毘曇論》,《大正藏》卷 28。

40. 世親造,唐‧玄奘譯：《阿毘達磨俱舍論》,《大正藏》卷 29。

41. 龍樹造,後秦‧鳩摩羅什譯：《中論》,《大正藏》卷 30。

42. 無著造,唐‧玄奘譯：《攝大乘論本》,《大正藏》卷 31。

43. 世親造,唐‧玄奘譯：《攝大乘論釋》,《大正藏》卷 31。

44. 無性造,唐‧玄奘譯：《攝大乘論釋》,《大正藏》卷 31。

45. 世親造,唐‧玄奘譯：《大乘成業論》,《大正藏》卷 31。

46. 訶梨跋摩造,後秦‧鳩摩羅什譯：《成實論》,《大正藏》卷 32。

47. 梁・眞諦譯：《大乘起信論》，《大正藏》卷 32。

48. 隋・智顗：《妙法蓮華經玄義》，《大正藏》卷 33。

49. 隋・吉藏：《法華玄論》，《大正藏》卷 34。

50. 唐・澄觀：《華嚴經探玄記》，《大正藏》卷 35。

51. 隋・吉藏：《勝鬘寶窟》，《大正藏》卷 37。

52. 隋・智顗：《觀無量壽佛經疏》，《大正藏》卷 37。

53. 梁・寶亮集：《大般涅槃經集解》，《大正藏》卷 37。

54. 隋・灌頂：《大般涅槃經玄義》，《大正藏》卷 38。

55. 隋・灌頂：《大般涅槃經疏》，《大正藏》卷 38。

56. 隋・吉藏：《涅槃經遊意》，《大正藏》卷 38。

57. 新羅・元曉：《涅槃宗要》，《大正藏》卷 38。

58. 後秦・僧肇選：《注維摩詰經》，《大正藏》卷 38。

59. 隋・吉藏：《中觀論疏》，《大正藏》卷 42。

60. 唐・窺基：《成唯識論述記》，《大正藏》卷 43。

61. 唐・法藏：《大乘起信論義記》，《大正藏》卷 44。

62. 隋・吉藏：《大乘玄論》，《大正藏》卷 45。

63. 東晉・慧遠問、後秦・鳩摩羅什答：《鳩摩羅什法師大義》，《大正藏》卷 45。

64. 後秦・僧肇：《肇論》，《大正藏》卷 45。

65. 唐・元康：《肇論疏》，《大正藏》卷 45。

66. 唐・玄奘著，明・普泰補註：《八識規矩補註》，《大正藏》卷 45。

67. 唐・宗密：《禪源諸詮集都序》，《大正藏》卷 48。

68. 世友造，唐・玄奘譯：《異部宗輪論》，《大正藏》卷 49。

69. 隋・費長房：《歷代三寶紀》，《大正藏》卷 49。

70. 唐・道宣：《續高僧傳》，《大正藏》卷 50。

71. 唐・道宣：《廣弘明集》，《大正藏》卷 52。

72. 唐・道宣：《大唐內典錄》，《大正藏》卷 55。

73. 日本・安澄：《中論疏記》，《大正藏》卷 65。

74. 日本・宗法師：《一乘佛性慧日抄》，《大正藏》卷 70。

75. 唐・均正：《大乘四論玄義》，《卍續藏經》（臺北，中國佛教會影印卍續藏經委員會，1968 年）第 74 冊。

76. 隋・吉藏：《大乘三論略章》，《卍續藏經》第 97 冊。

77. 梁・寶唱著、日本・宗性抄：《名僧傳抄》，《卍續藏經》第 134 冊。

78. 劉宋・竺道生：《妙法蓮花經疏》，《卍續藏經》第 150 冊。

79. 陳・慧達：《肇論疏》，《卍續藏經》第 150 冊。

80. 梁・僧祐：《弘明集》（臺北，新文豐出版公司影印金陵刻經處本，1986年）。

81. 梁・僧祐著，蘇晉仁、蘇鍊子點校：《出三藏記集》（北京，中華書局，1995 年）。

82. 梁・慧皎著，湯用彤校注：《高僧傳》（北京，中華書局，1997 年）。

83. 唐・道宣：《廣弘明集》（臺北，新文豐出版公司影印四部叢刊本，1986年）。

84. 唐・玄奘譯，韓廷傑校釋：《成唯識論校釋》（北京，中華書局，1998 年）。

85. 宋・賾藏主集，蕭萐父、呂有祥、蔡兆華點校：《古尊宿語錄》（北京，中華書局，1997 年）。

86. 杜繼文釋譯：《安般守意經》（高雄，佛光出版社，2004 年）。

87. 洪修平釋譯：《肇論》（高雄，佛光出版社，1996 年）。

三、當代專著

1. Fredrick Copleston 著，傅佩榮譯：《西洋哲學史（第一卷)》（臺北，黎明文化事業公司，1991 年）。

2. Fredrick Copleston 著，鄺錦倫、陳明福譯：《西洋哲學史（第四卷)》（臺北，黎明文化事業公司，1993 年）。

3. Fredrick Copleston 著，朱建民、李瑞全譯：《西洋哲學史（第五卷)》（臺北，黎明文化事業公司，1993 年）。

4. Peter A. Angels 著，段德智等譯：《哲學辭典》（臺北，貓頭鷹出版社，1999）。

5. Richard H. Robinson 著，郭忠生譯：《印度與中國的早期中觀學派》（南投，正觀出版社，1996 年）。

6. Ted Honderich（ed.） *The Oxford Companion To Philosophy.* （Oxford and New York, Oxford University Press, 1995.）。

7. 小林正美：《六朝佛教思想の研究》（東京，創文社，1993 年）。

8. 中國社會科學院哲學研究所中國哲學史研究室編：《中國哲學史資料選輯——魏晉隋唐之部中》（北京，中華書局，1990 年）。

9. 中嶋隆藏：《六朝思想の研究——士大夫と佛教思想》（京都，平樂寺書店，1985 年）。

10. 中嶋隆藏編：《出三藏記集序卷譯注》（京都，平樂寺書店，1997 年）。

11. 方廣錩：《道安評傳》（北京，崑崙出版社，2004 年）。

12. 木村英一編：《慧遠研究——研究篇》（東京，創文社，1962 年）。

13. 木村英一編：《慧遠研究——遺文篇》（東京，創文社，1960 年）。

14. 王曉毅：《儒釋道與魏晉玄學生成》（北京，中華書局，2003 年）。

15. 北京大學哲學系編譯：《西方哲學原著選讀（上卷）》（北京，商務印書館，1999 年）。

16. 布施浩岳：《涅槃宗の研究（前篇）》（東京，國書刊行會，1973 年）。

17. 布施浩岳：《涅槃宗の研究（後篇）》（東京，國書刊行會，1973 年）。

18. 任繼愈主編：《中國佛教史（第一卷）》（北京，中國社會科學出版社，1997 年）。

19. 任繼愈主編：《中國佛教史（第二卷）》（北京，中國社會科學出版社，1997 年）。

20. 任繼愈主編：《中國佛教史（第三卷）》（北京，中國社會科學出版社，1997 年）。

21. 任繼愈主編：《中國哲學發展史（魏晉南北朝）》（北京，人民出版社，1998 年）。

22. 印順：《如來藏之研究》（新竹，正聞出版社，2003 年）。

23. 印順：《空之探究》（新竹，正聞出版社，2000 年）。

24. 印順：《般若經講記》（新竹，正聞出版社，2003 年）。

25. 印順：《唯識學探源》（新竹，正聞出版社，1992 年）。

26. 吉川忠夫：《六朝精神史》（京都，同朋社，1986 年）。

27. 牟宗三：《才性與玄理》（臺北，學生書局，1997 年）。

28. 牟宗三：《佛性與般若》（臺北，學生書局，1977 年）。

29. 呂澂：《中國佛學源流略講》（臺北，里仁書局，1998 年）。

30. 呂澂：《印度佛學源流略講》（上海，上海人民出版社，2002 年）。

31. 李潤生：《僧肇》（臺北，東大圖書公司，2001 年）。

32. 周叔迦輯撰、周紹良新編：《牟子叢殘新編》（北京，中國書店，2001 年）。

33. 屈大成：《大乘《大般涅槃經》研究》（臺北，文津出版社，1994 年）。

34. 林麗眞：《王弼老、易、論語三注分析》（臺北，東大圖書公司，1988 年）。

35. 牧田諦亮編：《弘明集研究·譯注篇》（京都，京都大學人文科學研究所，1975 年）。

36. 姚振黎：《沈約及其學術探究》（臺北，文史哲出版社，1989 年）。

37. 英·羅素著，馬元德譯：《西方哲學史》下卷（北京，商務印書館，1997 年）。

38. 孫炳哲：《肇論通解及研究》，《中國佛教學術論典》第 19 冊（高雄，佛

光山文教基金會，2001 年）。

39. 徐復觀：《中國藝術精神》（臺北，學生書局，1998 年）。

40. 高崎直道：《如來藏思想の形成》（東京，春秋社，1974 年）。

41. 高崎直道等著，李世傑譯：《如來藏思想》（臺北，華宇出版社，1985 年）。

42. 涂豔秋：《僧肇思想研究》（臺北，東初出版社，1996 年）。

43. 區結成：《慧遠》（臺北，東大圖書公司，1987 年）。

44. 張岱年：《中國古典哲學概念範疇要論》（北京，中國社會科學出版社，2000 年）。

45. 張曼濤主編：《四十二章經與牟子理惑論考辯》（臺北，大乘文化出版社，1978 年）。

46. 曹虹：《慧遠評傳》（南京，南京大學出版社，2002 年）。

47. 望月信亨主編：《望月佛教大辭典》（東京，世界聖典刊行協會，1969 年）。

48. 荻原雲來：《漢譯對照梵和大辭典》（臺北，新文豐出版公司，1988 年）。

49. 許抗生：《僧肇評傳》（南京，南京大學出版社，1998 年）。

50. 許理和（Erich Zurcher）著，李四龍、裴勇等譯：《佛教征服中國》（南京，江蘇人民出版社，2003 年）。

51. 郭朋：《中國佛教思想史（上卷）》（福州，福建人民出版社，1994 年）。

52. 陳沛然：《竺道生》（臺北，東大圖書公司，1988 年）。

53. 勞思光：《新編中國哲學史（一）》（臺北，三民書局，1995 年）。

54. 勞思光：《新編中國哲學史（二）》（臺北，三民書局，1993 年）。

55. 勞思光：《新編中國哲學史（三上）》（臺北，三民書局，1993 年）。

56. 湯用彤：《漢魏兩晉南北朝佛教史》（北京，中華書局，1997 年）。

57. 黃俊威：《無我與輪迴》（中壢，圓光出版社，1995 年）。

58. 塚本善隆編：《肇論研究》（京都，法藏館，1955 年）。

59. 楊惠南：《印度哲學史》（臺北，東大圖書公司，1995 年）。

60. 楊惠南：《佛教思想發展史論》（臺北，東大圖書公司，2003 年）。

61. 楊憲邦主編：《中國哲學通史（第二卷）》（北京，中國人民大學出版社，1988 年）。

62. 鈴木虎雄著、馬導源編譯：《沈約年譜》（上海，商務印書館，1935 年）。

63. 劉立夫：《弘道與明教：《弘明集》研究》（北京，中國社會科學出版社，2004 年）。

64. 劉果宗：《竺道生之研究》（臺北，文津出版社，2003 年）。

65. 劉貴傑：《東晉道安思想研究》（臺北，文津出版社，1992 年）。

66. 劉貴傑：《竺道生思想之研究》（臺北，商務印書館，1984 年）。

67. 劉貴傑：《僧肇思想研究──魏晉玄學與佛教思想之交涉》（臺北，文史哲出版社，1985 年）。

68. 劉貴傑：《廬山慧遠大師思想析論──初期中國佛教思想之轉折》（新店，圓明出版社，1996 年）。

69. 潘桂明：《中國居士佛教史》（北京，中國社會科學出版社，2000 年）。

70. 潘富恩、馬濤：《范縝評傳》（南京，南京大學出版社，1996 年）。

71. 鄭基良：《魏晉南北朝形盡神滅或形盡神不滅的思想論證》（臺北，文史哲出版社，2002 年）。

72. 盧桂珍：《慧遠、僧肇聖人學研究》（臺北，國立臺灣大學出版委員會，2002 年）。

73. 蕭登福：《道家道教與中土佛教初期經義發展》（上海，上海古籍出版社，2003 年）。

74. 賴永海：《中國佛性論》（北京，中國青年出版社，1999 年）。

75. 賴永海：《中國佛教文化論》（北京，中國青年出版社，1999 年）。

76. 顏尚文：《梁武帝》（臺北，東大圖書公司，1999 年）。

77. 羅因：《「空」、「有」與「有」、「無」──玄學與般若學交會問題之研究》（臺北，國立臺灣大學出版委員會，2003 年）。

78. 鎌田茂雄著，佛光編輯部譯：《中國佛教通史（第四卷)》（高雄，佛光出版社，1993 年）。

79. 鎌田茂雄著，關世謙譯：《中國佛教通史（第一冊)》（高雄，佛光文化事業公司，1998 年）。

四、期刊論文、專書論文

1. Liu Ming-Wood, "The doctrine of Buddha-nature in the Mahayana *Mahaparinirvana-sutra*, " Journal of the International Association of Buddhist Studies （Wisconsin）, vol. 5（1982）, pp.63-94.

2. Liu Ming-Wood, "The early development of the Buddha-nature doctrine in China", Journal of Chinese Philosophy, 16:1（1989）, pp.1-36.

3. Whalen Lai, "Beyond the Debate on "The Immortality of the Soul": Recovering an Essay by Shen Yueh", Journal of Oriental Studies, vol. 19, no. 2（1981）, pp.138-157.

4. Whalen Lai, "Emperor Wu of Liang on the Immortal Soul, *Shen Pu Mieh*", Journal of American Oriental Society 101:2（1981）: pp.167-175.

5. Whalen Lai, "Sinitic Speculations on buddha-nature: The Nirvāna school", Philosophy East and West 32, no. 2（1982）, pp.135-149.

6. 三枝充惠：〈《般若經》的成立〉，梶山雄一等著，許洋主譯：《般若思想》
（臺北，法爾出版社，1989 年），頁 97-133。

7. 小川弘貫：〈シナ如來藏佛教について〉，《印度學佛教學研究》11：1=21
（1963 年），頁 119-122。

8. 小川弘貫：〈シナ初期の佛性解釋〉，《駒澤大學佛教學部研究紀要》21
（1962 年），頁 83-99。

9. 小林正美：〈竺道生の實相義について〉，《印度學佛教學研究》28：2（1980
年），頁 251-256。

10. 中西久味：〈六朝齊梁の「神不滅論」覺え書——佛性説との交流より〉，
《中國思想史研究》第 4 號（1980 年），頁 105-130。

11. 中西久味：〈宗炳「明佛論」について——その神不滅論形成の一側面〉，
《中國思想史研究》第二號（1978 年 9 月）頁 53-82。

12. 中村元：〈インド思想一般から見た無我思想〉，氏編：《自我と無我——
インド思想と佛教の根本問題》（京都，平樂寺書店，1974 年），頁 1-142。

13. 中村元：〈佛陀的教義〉，玉城康四郎主編，李世傑譯：《佛教思想（一）
在印度的開展》（臺北，幼獅文化事業公司，1995 年），頁 1-40。

14. 方立天：〈梁武帝蕭衍與佛教〉，氏著：《魏晉南北朝佛教論叢》（北京，
中華書局，2002 年），頁 188-219。

15. 方立天：〈道安的佛教哲學思想〉，氏著：《中國佛教散論》（北京，宗教
文化出版社，2003 年），頁 1-24。-

16. 方立天：〈僧肇評傳〉，氏著：《魏晉南北朝佛教論叢》（北京，中華書局，
2002 年），頁 111-153。

17. 方立天：〈慧遠評傳〉，氏著：《魏晉南北朝佛教論叢》（北京，中華書局，
2002 年），頁 51-91。

18. 方立天：〈論竺道生的佛學思想〉，氏著：《魏晉南北朝佛教論叢》（北京，
中華書局，2002 年），頁 154-187。

19. 水谷幸正：〈佛性について〉，《印度學佛教學研究》4：2=8（1956 年），
頁 243-246。

20. 水野弘元：〈心識論與唯識説的發展〉，氏著，釋惠敏譯：《佛教教理研究
——水野弘元著作選集（二）》（臺北，法鼓文化事業公司，2000 年），
頁 383-434。

21. 水野弘元：〈原始佛教的心〉，氏著，釋惠敏譯：《佛教教理研究——水野
弘元著作選集（二）》（臺北，法鼓文化事業公司，2000 年），頁 33-67。

22. 王開府：〈初期佛教之「我」論〉，《中華佛學學報》第 16 期（2003 年），
頁 1-22。

23. 王曉毅：〈支道林生平事蹟考〉，《中華佛學學報》第 8 期（1995 年 7 月），

頁 243-271。

24. 冉雲華：〈中國早期禪法的流傳和特點〉，《華岡佛學學報》第 7 期（1984年），頁 63-99。

25. 古田和弘：〈中國佛教における佛性思想の一側面〉，《佛教學セミナー》30（1979 年），頁 16-25。

26. 平川彰：〈初期佛教的倫理〉，玉城康四郎主編，李世傑譯：《佛教思想（一）在印度的開展》（臺北，幼獅文化事業公司，1995 年），頁 41-72。

27. 玉城康四郎：《佛教思想（一）在印度的開展》〈序〉，氏編，李世傑譯：《佛教思想（一）在印度的開展》（臺北，幼獅文化事業公司，1995 年），頁 5-15。

28. 石峻：〈讀慧達「肇論疏」述所見〉，張曼濤主編：《三論典籍研究》（臺北，大乘文化出版社，1979 年），頁 295-308。

29. 伊藤隆壽：〈竺道生の思想と"理の哲學"〉，氏著：《中國佛教の批判的研究》（東京，大藏出版株式會社，1992 年），頁 185-232。

30. 伊藤隆壽：〈梁武帝『神明成佛義』の考察——神不滅論から起信論への一視點〉，氏著：《中國佛教の批判的研究》（東京，大藏出版株式會社，1992 年），頁 233-278。

31. 安藤俊雄：〈北魏涅槃學の傳統と初期の四論師〉，橫超慧日編：《北魏佛教の研究》（京都，平樂寺書店，1978 年），頁 179-197。

32. 早島鏡正：〈初期佛教的無我思想〉，玉城康四郎主編，李世傑譯：《佛教思想(一)在印度的開展》（臺北，幼獅文化事業公司，1995 年），頁 73-100。

33. 竹內肇：〈羅含の「更生論」について〉，《宗教研究》54：3＝246（1983年 2 月），頁 253-254。

34. 李幸玲：《六朝神滅不滅論與佛教輪迴主體之研究》，《國立臺灣師範大學國文研究所集刊》39（1995 年），頁 171-322。

35. 村上嘉實：〈肇論における真〉，塚本善隆編：《肇論研究》（京都，法藏館，1955 年），頁 238-251。

36. 坂本幸男：〈六朝に於ける佛性觀〉，《文化》21：6（1957 年），頁 113-128。

37. 周大興：〈即色與遊玄：支遁佛教玄學的詮釋〉，氏著：《自然・名教・因果：東晉玄學論集》：（臺北，中央研究院中國文哲研究所，2004 年），頁 213-278。

38. 周伯戡：〈三法度論初探〉，《東方宗教研究》第 1 期（1987 年 9 月），頁 17-30。

39. 林憲道：〈『肇論』に於ける「神明」について〉，《駒澤大學佛教學部論集》22（1991 年），頁 327-337。

40. 林麗真：〈從魏晉南北朝志怪小說看「形神生滅離合」問題〉，《第一屆魏

晉南北朝文學與思想學術討論會論文集》（臺北，文史哲出版社，1991年），頁 89-131。

41. 板野長八：〈慧遠僧肇の神明觀を論じて道生の新說に及ぶ〉,《東洋學報》30：4（1944 年 11 月），頁 447-505。

42. 松村巧：〈釋道安における佛教思想の形成と展開〉,《東洋文化（東京大學）》62（1982 年 3 月），頁 61-98。

43. 竺沙雅章：〈盧山慧遠年譜〉，木村英一編：《慧遠研究——研究篇》（東京，創文社，1962 年），頁 535-543。

44. 邱敏捷：〈〈宗本義〉與〈涅槃無名論〉的作者問題〉,《佛學研究中心學報》第 8 期（2003 年），頁 43-71。

45. 紀志昌：〈東晉居士謝敷考〉,《漢學研究》20：1（2002 年 12 月），頁 55-83。

46. 孫昌武：〈悔愧與憂懼——沈約的宗教世界〉,《華林》第 1 卷（2001 年），頁 225-238。

47. 島田虔次：〈體用の歷史に寄せて〉，塚本博士頌壽記念會編《塚本博士頌壽記念佛教史學論集》（京都，塚本博士頌壽記念會，1961 年），頁 416-430。

48. 高晨陽：〈范縝的形神論與玄學的體用觀〉,《文史哲》1987 年第 3 期，頁 12-15。

49. 陳寅恪：〈支愍度學說考〉，氏著：《金明館叢稿初編》（北京，三聯書店，2001 年），頁 159-187。

50. 梶山雄一：〈慧遠の報應說と神不滅論〉，木村英一編：《慧遠研究——研究篇》（東京，創文社，1962 年），頁 89-20。

51. 湯用彤：〈王弼聖人有情義釋〉，氏著：《魏晉玄學論稿》（上海，上海古籍出版社，2001 年），頁 66-75。

52. 湯用彤：〈謝靈運辨宗論書後〉，氏著：《魏晉玄學論稿》（上海，上海古籍出版社，2001 年），頁 103-109。

53. 湯用彤：〈釋法瑤〉，氏著：《理學、佛學、玄學》（臺北，淑馨出版社，1992 年），頁 195-203。

54. 菅野博史：〈『大般涅槃經集解』の基礎的研究〉,《東洋文化（東京大學）》66（1986 年），頁 93-173。

55. 楊郁文：〈以四部阿含經爲主綜論原始佛教之我與無我〉,《中華佛學學報》第 2 期（1988 年，1994 年修訂），頁 1-63。

56. 廖明活：〈東晉佛教的「即色」義〉,《大陸雜誌》100：5（2000 年 5 月），頁 20-26。

57. 廖明活：〈東晉佛教諸家「本無義」述評〉,《書目季刊》90：4（1986 年 7 月），頁 48-59。

58. 福永光司、松村巧:〈六朝的般若思想〉,梶山雄一等著,許洋主譯:《般若思想》(臺北,法爾出版社,1989 年),頁 259-294。

59. 福永光司著,邱敏捷譯註:〈僧肇與老莊思想──郭象與僧肇〉,《正觀雜誌》第 26 期(2003 年),頁 157-194。

60. 蔡振豐:〈《安般守意》經、注、序中格義問題的考察〉,《臺大中文學報》第 10 期(1998 年),頁 299-322。

61. 蔡振豐:〈支道林莊子逍遙義新詮及其般若學〉,《中央大學人文學報》第 24 期(2001 年 12 月),頁 185-212。

62. 蔡振豐:〈道安經序思想的轉折及在格義問題上的意義〉,《臺大文史哲學報》第 48 期(1998 年 6 月),頁 253-292。

63. 蔡纓勳:〈評述東晉般若學心無義的思想〉,《中國佛教》32:1(1988 年 1 月),頁 28-33;《中國佛教》32:2(1988 年 2 月),頁 17-22。

64. 諏訪義純:〈梁武帝佛教關係事蹟年譜考〉,氏著:《中國南朝佛教史の研究》(京都,法藏館,1997 年),頁 11-78。

65. 橫超慧日:〈涅槃無名論とその背景〉,塚本善隆編:《肇論研究》(京都,法藏館,1955 年),頁 167-199。

66. 橫超慧日:〈釋經史考〉,《支那佛教史學》1:1(1937 年),頁 75-110。

67. 賴鵬舉:〈東晉慧遠法師〈法性論〉義學的還原〉,《東方宗教研究》新 3 期(1993 年),頁 29-56。

68. 霍韜晦:〈原始佛教無我觀念的探討〉,張曼濤主編:《原始佛教研究》(臺北,大乘文化出版社,1798 年),頁 135-160。

69. 戴璉璋:〈玄智與般若──依據《肇論》探討玄佛關係〉,氏著:《玄理、玄智與文化發展》(臺北,中央研究院中國文哲研究所,2002 年),頁 293-346。

70. 戴璉璋:〈玄學與形神思想〉,氏著:《玄理、玄智與文化發展》(臺北,中央研究院中國文哲研究所,2002 年),頁 199-244。

71. 篠田正成:〈佛性とその原語〉,《印度學佛教學研究》11:1=21(1963 年),頁 223-226。

72. 釋恆清:〈大般涅槃經的佛性論〉,氏著:《佛性思想》(臺北,東大圖書公司,1997 年),頁 1-71。

73. 龔雋:〈僧肇思想辯證──《肇論》與道、玄關係的再審查〉,《中華佛學學報》第 14 期(2001 年),頁 135-158。

五、學位論文

1. 蔡振豐:《魏晉佛學格義問題的考察──以道安為中心的研究》(臺北,

臺灣大學中國文學研究所博士論文，林麗眞教授指導，1998）

2. 釋彥暉：《梁靈味寶亮法師佛性思想之研究》（臺北，中華佛學研究所碩士論文，釋聖嚴教授指導，1992）

後　記

　　本文的寫作構想，肇始於擔任林麗眞老師「魏晉玄學研究論著目錄」、「東晉三教關係研究」、「歐美學界研究『六朝思想史』成果考察」、「東晉玄佛學交涉問題研究」等研究計畫助理之時。在老師的指導之下，使我有機會接觸相關文獻資料，並且確定論文方向。歷經三年，此論文終於能夠完成。謹在此向老師致上最深的謝意。

　　在論文寫作期間，也得到許多師長的幫助：廖肇亨老師協助我蒐尋日文資料，黃俊威老師指導我進行修改，各位口試老師更給了我許多寶貴意見，使我受益良多，至爲感激。所上的師長、學長姊及同學們也給了我各種有形無形的支持與鼓勵，謹在此表達感謝之意。

　　更要感謝的，是我的母親。多年來，您默默支持起這個家，鼓勵我在漫長的求學道路上向前進，因爲您無私的付出，才有這本論文的成果。您辛苦了，謝謝您！

謝如柏

2006 年 7 月 8 日